U0133597

書香滿懷

落 蒂 著

文 學 叢 刊

文史哲出版社印行

國家圖書館出版品預行編目資料

書香滿懷 / 落蒂著.-- 初版 -- 臺北市：文史
哲，民 104. 01
　　頁；　公分（文學叢刊；343）
　　ISBN 978-986-314-240-9（平裝）

1.詩評 2.書評

820.9108　　　　　　　　104000565

文　學　叢　刊　₃₄₃

書　香　滿　懷

著　　者：落　　　　　　　蒂
出　版　者：文　史　哲　出　版　社
　　　　　http://www.lapen.com.tw
　　　　　e-mail：lapen@ms74.hinet.net
登記證字號：行政院新聞局版臺業字五三三七號
發　行　人：彭　　正　　雄
發　行　所：文　史　哲　出　版　社
印　刷　者：文　史　哲　出　版　社
臺北市羅斯福路一段七十二巷四號
郵政劃撥帳號：一六一八〇一七五
電話886-2-23511028 ‧傳真886-2-23965656

定價新臺幣四二〇元

中華民國一〇四年（2015）二月初版

ISBN 978-986-314-240-9　　09343

出版前言

　　一個創作者開始創作，大部份都從模仿開始。而模仿就是從閱讀名家名作，抄錄名家名句，學習名家的遣詞用字，文章布局，入門大概略同於書法學習中的臨帖。

　　我回想自己的學習寫作歷程也大概如此，因此家中收藏了很多名家名作，買不到的就到舊書攤搜尋，買不起的只好在書店分次閱讀。也剪貼報紙副刊中的好文章，因此家中累積了甚多剪貼本，以前孫如陵編中央副刊，鼓勵剪貼，也辦剪貼簿展覽，還曾把部份剪貼簿送展呢。

　　讀多了，當然有自己的看法，往往和同學好友如陳海雄、林福建、蘇石山等通信討論。這種習慣發展到後來就是寫書評。我是一個詩人，讀詩集的機會最多，詩刊也較喜歡登詩評，因此就寫起詩評來，包括賞析、詩人論、小評等，只要有詩刊約稿，也有意見要表達，就提筆寫了，這些評文有談蘇紹連、寒林、林野、吳承明、陳寧貴、雨弦、子青、曾美玲……等，都收在這本《書香滿懷》中。寫的時候，這些人還很年輕，如今蘇紹連已成詩壇名家，

雨弦也當到國立台灣文學館的副館長退休，我自己
也已年過七十，白髮蒼蒼一老叟，內心感慨良多。

　　到學校教書，指導學生文藝社團，或到救國團
指導文藝營，也有機會編寫講義，這些篇章都寫於
十幾二十年前，有余光中文學成就初探、楊牧詩集
第一部研究（當時第二、三部尚未出版）、周夢蝶研
究、鄭愁予研究……現在也收集在這裡，做為自己
文學成長中的一點回憶。

　　在詩刊寫多了，有些報紙副刊的主編知道了也
會來信約稿，因此也出過幾本賞析、詩人論的書，
有一些名家的詩集評文沒有收在任何一本書中，數
量也不足成一冊書，只好收在本書中，也算讀書心
得報告之一，這些文章有洛夫、向明、向陽、汪啓
疆、陳克華、龔華、蕭蕭、夏菁等的大作，感謝他
們的作品，曾經讓我「書香滿懷」。

　　前面說過一個創作者往往從模仿、閱讀別人的
文章開始，但那樣不會產生自己的風格，沒有真我，
辨識度不高，在文壇上無法立足，何況我不是一個
專業的批評家。因此幾年前便決定少寫評文，專心
寫詩，寫出屬於真我的文章。因此在這一段比較不
忙的時間裡，便抽空把過去近三十年的評文整理整
理，請文史哲彭老闆幫忙出版。初稿樣張打出來竟
有三百多頁，真是積沙成塔啊。

　　一校完成後，便把這些心路歷程在出版前夕略
為提一提。感謝隱地出版很多好書，讓我時常書香

滿室，走到那裡都書香滿懷。每一次讀到他寫他的文學夢，都十分感動，因為我的台北住家無法存放所有的書，只好一次次搬運回北港老家，搬書之時，常覺奇重無比，很是勞累。想到出版家出書那麼多，我常戲稱「這是重工業」，奇重無比，也奇累無比。

　　更感謝作家、詩人們寫的好書，讓我的人生因而豐富許多，我家沒有酒櫃只有書櫥，但往往書香勝酒香。最後謝謝彭老闆，我已經麻煩他太多了，不知道心存文化事業推廣的他，何時累到拒絕我出版的要求？也謝謝另外二位文史哲的工作伙伴彭小姐和魏先生，辛苦你們啦。

書 香 滿 懷

目　　次

出版前言 ……………………………………………………1

書香滿懷 ── 讀隱地《我的宗教我的廟》 …………………9

世紀情深 ── 讀陳正家《走過一世紀》 ……………………15

親切有味 ── 讀蕭蕭《父王‧扁擔‧來時路》 ……………20

梅遜和他的《野葡葡記》 ……………………………………24

意外的驚喜 ── 讀向明《走在詩國邊緣》 …………………28

遊出生命力 ── 淺談遊學集 …………………………………32

為歷史補償 ── 讀《我向南逃》 ……………………………36

看我！良好的雕刀 ── 讀吳鈞堯《金門》 …………………40

旅人之歌 ── 讀華韻《旅人之歌》 …………………………44

當作家遇到了出版家 ── 讀隱地日記《2002 隱地》 ………48

王鼎鈞的文學世界 ── 讀蔡倩茹的《王鼎鈞論》 …………52

閱讀的方向 ── 讀張春榮《現代散文廣角鏡》 ……………56

詩人說故事 ── 讀吳晟《一首詩一個故事》 ………………60

文學藝術一鑑開 ── 讀劉森堯《天光雲影共徘徊》⋯⋯⋯63

關心我們的鄉土 ── 讀吳晟《筆記濁水溪》⋯⋯⋯67

詩來詩往趣味多 ── 讀向明《詩來詩往》⋯⋯⋯⋯70

鑒照與啓發 ── 讀王充閭《滄桑無語》⋯⋯⋯⋯73

尋找現代桃花源 ── 讀隱地《自從》⋯⋯⋯⋯⋯76

說故事能手 ── 讀王鼎鈞《山裡山外》⋯⋯⋯⋯⋯79

學者說書 ── 讀郭強生《書生》⋯⋯⋯⋯⋯⋯85

十六棵燦爛玫瑰 ── 讀姚宜瑛《十六棵玫瑰》⋯⋯⋯89

母親的書最耐讀 ── 讀劉森堯《母親的書》⋯⋯⋯94

亮麗的新詩美學 ── 讀蕭蕭《台灣新詩美學》⋯⋯⋯98

百年國變知多少 ── 讀朱介凡《百年國變》⋯⋯⋯102

貝多芬的僕人 ── 讀張秀文《貝多芬的中國女僕》⋯⋯106

古典的現代花朵 ── 讀洪淑苓《扛一棵樹回家》⋯⋯110

百感交集話人生 ── 讀隱地《人生十感》⋯⋯⋯113

明月如窗如映 ── 讀夏菁《可臨視堡的風鈴》⋯⋯⋯117

撲鼻泥土蔬菜香 ── 讀蘇石山《田園吟唱》⋯⋯⋯120

台灣囝仔的故事 ── 讀《看牛囝仔》⋯⋯⋯⋯⋯124

俯仰涵千象 ── 淺談葉于模散文⋯⋯⋯⋯⋯130

評介「十行集」 ── 向陽尋求「中國新詩形式」的
　　心路歷程⋯⋯⋯⋯⋯⋯⋯⋯134

止不住的孤寒 ── 細讀向陽詩集「歲月」⋯⋯⋯143

尋找自己的天空 ── 讀向陽詩集「四季」⋯⋯⋯149

信手拈來，自成妙品 ── 讀龔華詩集《玫瑰如是說》⋯152

水已自在開花 ── 讀蕭蕭《後更年期的白色憂傷》⋯156

邁向光燦的文學之旅 ── 序劉明蓁詩集⋯⋯⋯162

百感交集讀雪嶺 —— 試論夏菁新詩集《雪嶺》……………165

飛出自己的姿勢 —— 讀張貴松詩集《記憶的煙塵》………174

故事性強，體悟人生深刻 —— 讀《詩想起》……………179

外表樸素，內涵豐繁 —— 再讀《思想起》……………182

品好詩如品好酒，痛快！ —— 讀子青詩集《詩雨》………187

試評「問雨」 —— 寒林寫詩十年的心路歷程……………189

風燈的良心 —— 吳承明其人其詩……………200

評介「騎鯨少年」 —— 談陳克華的詩……………208

一把很好的雕刀 —— 略談蘇紹連的「茫茫集」……………213

試評「釀酒的石頭」 —— 談洛夫的詩……………216

火星四濺的鐵砧 —— 我看向明詩集「青春的臉」………227

試評陳寧貴的詩集 —— 「商怨」的各種特色……………232

悲傷的旅人 —— 讀向明詩集《水的回想》……………240

試評「夫妻樹」 —— 論雨弦的詩……………245

詩壇的一彎清流 —— 試評戴宗良的詩……………251

評介「千羽是詩」 —— 談李政乃的詩……………257

站在水瓶中的杭菊 —— 我看邱振瑞的詠嘆和無奈………263

淺而有味淡而有致 —— 談林野的詩……………265

余光中的文學成就初探 ……………267

楊牧詩集第一部之研究 ……………277

鄭愁予詩作研究 ……………290

以哲思凝鑄悲苦的詩人 —— 周夢蝶詩作研究……………302

眾神的廟宇 —— 讀「爾雅詩選」……………314

思想與語言之美 —— 向曾美玲的人生與新書賀喜……………322

大家來寫小詩 ……………326

面對大海頓悟人生 —— 讀洛夫長詩〈背向大海〉 ………… 335

再度出航譜新曲 —— 評介《流轉的容顏》 ……………… 341

探索台灣土地之美 —— 讀汪啓疆新詩集

　　《台灣‧用詩拍攝》 ……………………………… 344

波　濤 —— 小論海洋詩 ……………………………… 354

附錄：本書作者寫作年表 ……………………………… 356

書香滿懷

—— 讀隱地《我的宗教我的廟》

　　讀到隱地散文集《我的宗教我的廟》，頗有通體舒暢的感覺。隱地有序文「寫在前面」中說：「《我的宗教我的廟》是我的第二十六本書，而主持的出版社創社剛好也是二十六年。在邁入社慶前夕，出版自己的新書，代表過去關注文學花圃的心路歷程。」在讀書風氣不是很好的台灣，純文學書籍出版能熬過二十六年，同時也沒放棄寫作且出了二十六本書，能不令人佩服？

　　這是一本真正的散文集，為什麼我說它是一本真正的散文集？因為內容包羅萬象，有寫日常瑣事如整理書桌，尋找一張小紙片的，有談愛情的，有說跑步的，更有回憶看舊電影，這樣的內容已夠豐富了吧！別急，還有旅遊國外的記錄、參加世界筆會的過程，以及他重新出發寫作寫詩的種種趣事，讀來令人莞爾，這麼「散」的內容，真正符合了近人譚載生論散文：「散文寫作的奧秘，全在一個散字」。也符合了余光中在高師大演講：「談散文」時提到的有關寫作題材：「……現代散文應是無所不包，才能成為多元的、多度空間的、感覺繁富的文章。……」（余光中「談散文」收錄在吳承明《清清流水》青草地出版）

　　這麼豐富的內容，當然引起我重讀研究的興趣，並且將心得條列於后供讀者參考分享。

娓娓道來，十分吸引人

　　隱地習慣以閒話家常寫文章，十分親切有味，比如他談整理書桌，尋找一張紙，讀來就如同在說讀者自己，其實很多人都有隨手一扔的習慣，等到要用時「把桌上所有堆積的雜物翻天似地搜索，什麼小螞蟻、小蟑螂都找出來了，而經常找不到的是 ── 我要尋找的那張紙。」真是深獲我心！在談看電影也是娓娓道來，讓讀者好像回到了那個以看電影為唯一娛樂的年代，影帝柯俊雄的風姿，《俠女》徐楓的神韻，《婉君表妹》中楚楚可憐的唐寶雲……一一都在喚醒讀者的記憶，至於《西施》、《山中傳奇》、《今天不回家》……等人人耳熟能詳的國片，也都在他的筆下復活了起來。

　　這麼親切的文筆，使他談起愛情來，就有如下的敘述：「愛情使人笑、使人哭、使人歡樂又使人憤怒……愛情是鹽、愛情是糖、愛情是一瓶烏醋、愛情是一枚苦瓜，愛情更是一隻小辣椒。……」他在談現代詩受讀者冷落時，也發出了肺腑之言：「……詩是寫給廣大讀者看的，詩，不只是為了和詩人比賽才寫的……總要有幾個人肯回頭看看跟在後頭的詩讀者，他們如果跟不上，你不能慢下來嗎？……詩人和讀者一起跑更能感到溫暖……」就是那麼親切，好像鄰居在話家常一樣，這種文章，讀起來渾身暢快，不終卷絕不罷手。

心心念念台灣的人們

　　隱地出國旅遊的幾篇文章，也很用心觀察，並提出優缺點和台灣比較，例如在遊聖彼得堡時這麼說：「我可真佩服老外的閱讀習慣。無論多麼老的老太太、老先生，身邊永遠可以摸出一本書來。只要有一絲絲時間，他們就開始閱讀。……我們的閱讀人口一向只有青少年，如今青少年又迷上網，出版業要不衰退也難！」除了感慨於國人不愛閱讀之外，也耽心出版業的前途。一個國家的出版業不發達，這個國家的文化前程不言可喻。再看到外國的經濟困頓，他也提出了警語：「……這樣一個豐富文化的民族，擁有金碧輝煌文化財產的民族，怎麼會走到今天這樣經濟困頓的地步呢？可見祖先是一代，子孫是一代，沒有好的子孫接棒，一切枉然！」是的，下一代不行，一切枉然，多麼震撼人心！

　　他旅遊北歐，用心觀察，一般人眼中的北歐，都是高福利的國家，應是人人羨慕的天堂，可是隱地卻指出：「他們擁有的煩惱，並不比任何一個亞洲人少—離婚率高達百分之四十九……國民所得更高的瑞典人，年收入三萬美元，他們是世界自殺率最高的國家。」因此他指出：「可見人的問題，並不只是在吃飽喝足。……」因此他在「閱讀筆記」一文的末段指出：「有人說，拯救寂寞靈魂和痛苦心靈最好的辦法就是宗教和閱讀。」真是一針見血，我自己喜歡閱讀，從閱讀中我得到快樂，所以頗為同意他下面的話：「……而閱讀，如果讀對了書，等於你找到了光，找到了良師益友，找到了真我，

確實能使我們從墮落消沈頹廢提升到一種踏實、飽滿的境界，閱讀也是一種滌洗，滌洗我們身心的庸俗，回歸人的簡樸本性。」我更同意他在談虹影的小說中所說的：「……隨著她的筆鋒的揮舞，我們一顆閱讀小說的心，或激動或惱怒，或嚮往……」如果你跟隱地一樣，也時時「泡一杯咖啡，放一首好的音樂，看一本好書……」如此的人生，雖貧猶富，怎會寂寞無聊？甚至痛苦自殺？

實實在在書寫，是真的人的文學

有很多人成名之後，許多祕密便不希望外人知道，而人類偏偏有偷窺慾，這也就是為什麼「狗仔隊」盛行的原因，其實如果這些祕密由當事人自己來寫，也許更動人，更容易成為文學名著。許多文學名著往往是作者一生私密的真實記錄，本書第七十四頁到七十五頁所提到的《普希全祕密日記》也是很好的例子。隱地在描述他五十六歲開始寫現代詩的一些祕聞跟趣聞。他不但向張默、向明等前輩請益，其至向比他小很多歲的焦桐、陳義芝請益，甚至於找來蕭蕭的《現代詩創作演練》及白靈《一首詩的誕生》等書來參考，他並描述與席慕蓉、白先勇、陳少聰、李黎等人通電話，通信的詳細趣聞，完全是一副文藝少年的心情，令人讀來十分感動而有味。他彷彿告訴讀者「如果你要保持年輕，那就開始學詩吧！寫詩是保持年輕的唯一法門！」

他在「跑步的人」那一篇，更有如下的一段，令人佩服與動容：「早晨跑，下午跑，晚上也跑，我變成一個愛跑步的

人，跑步使我忘記一切，跑步讓我晚上有了甜蜜的睡眠，甚至結婚後二十四年不曾出現過的夢遺，奇蹟似地竟然重新拜訪我，我有一種驚喜，彷彿自己又回到十七、八歲的青少年時代，而夢遺帶給我的不是惶恐、驚嚇，而是愉悅……」怪怪，多麼真誠實在，我在遍讀中外名家作品還沒有讀過如此真誠的告白。難怪我一拿到這一本書，就一口氣讀完，並且決定寫一篇文章向讀者推薦。好東西要大家分享。

眾名家讚賞，是一座最好的大獎

擁有一家出版社，出版了二十六本書的隱地，心中有沒有遺憾？他在給王鼎鈞的信中有這麼一段：「……然而寫了四十六年，文壇上大大小小的各類文學獎項卻從未得到一座，幾本重要的文學選集，也從來沒有我的名字……」坦白的可以，真誠的令人佩服。其實人們的好評，應是最好的獎項，比如焦桐就認為隱地的作品「歲月通過記憶的轉化，將那滋味文火慢燉，烹製成耐人咀嚼的傳統文學口味」，陳義芝也說：「隱地的詩別有情味，不要弄文字遊戲，也不落入一種固定的套式中，質樸自在。」

龍應台也說：「你的詩值得人家寫評了……」李黎也說：「滄桑而不蒼老，閱世而不世故，恬淡而不平淡，從容地也不是全無火氣……這是一個已然與生命和解的中年人。他將會漂亮地老去。……」王鼎鈞更在評「漲潮日」中說：「隱地的散文清澈如水，醇厚如酒，奔騰如河，徜徉如海，已可以說自成一家。」有這麼多喜愛的讀者，有這麼多名家的好評，

寫出特色，寫得深刻

　　「走過一世紀」這一本書，共分五輯「親情篇」、「真情篇」、「風情篇」、「世情篇」、「閒情篇」，篇篇有情，而且寫的都是人類普遍的感情，卻能在一般感情中掌握特色，許多文學名家的作品之所以讓人讀後永生難忘，就是掌握了特色，例如鄭明娳教授就在「試論現代散文」中論到許多散文名家文章成功的因素：「胡適的母親在嚴教中透出慈愛；琦君的母親在嫉妒中見其寬厚；王鼎鈞的母親在一方小小陽光中流露溫暖；只是這麼一點點，但可以使一個人物不朽。」鄭教授真是散文名家，一眼就看出一個成功作家的成功因素，那就是「寫出特色，寫得深刻」。這一點正是陳正家散文之所以讓我一讀再讀的原因。

　　試舉「東坡肉」乙文為例，這篇文章是描寫一百歲的老祖母燉東坡肉的情形，陳正家娓娓道來，把一個老人家的高雅、隨和、耐心、細心的形象完全呈現出來，蕭蕭就在序文中特別讚賞這篇，他認為陳正家在這一篇文章的排比句法十分成功，連他都要自嘆弗如，他舉出陳文描寫自己與老祖母燉東坡肉的不同：「她用時間慢慢燉出那一鍋肉，我沒耐心去翻攪每一塊肉，我沒那一份閒閒的情來看它由生變熟，由熟生香，由香變軟，由軟而化。」蕭蕭說：「這裡使用了兩處排比句，句句錯綜變化；她 —— 那一鍋肉，我 —— 這一鍋肉，由遠至近，指示形容詞不同；看管 —— 這一鍋肉，翻攪 —— 每一塊肉，由小而大，量詞不同（如果是翻攪這鍋肉，那多粗

魯啊！）生→熟→香→軟→化，每一個字都那樣講究，這是老祖母走過一世紀的功夫啊！」由此讀者便可以看出，那是他寫得深刻，寫得有特色的緣故。

真情感人，幽默有趣

再來我就要詳細介紹「針線情」這一篇文章了，這是一篇任何人看了都要掉眼淚都要推薦給別人體會的好文章，由於這篇文章，讓一位麵攤的老板把這篇文章貼在店裡，老闆要她的兒女讀這一篇文章，也讓顧客在等吃麵的時候讀這一篇文章，由於這一篇文章，陳正家三十年不見的初中同學，清華大學的馬博士和他聯絡上了，這是一篇多麼憾人心弦的文章，只因陳家當年貧窮，陳正家的大妹在一家成衣工廠工作，把工資供給陳正家升學深造，這種苦境，在台灣早期貧窮的年代，十分普遍，然而經過陳正家的筆，細細的描繪，竟然如此感人，這就是散文的力量－真情感人，陳正家以他深刻的筆，寫動人的真情，難怪深受讀者喜歡。

陳正家的文章中，也常見令人欣喜的幽默，例如「針線情」刊出後，引來不少迴響，其中清華的馬博士就讓作者再次寫了一篇「問情是何物－針線情餘波」，描述陳正家在初中時對馬博士的惡作劇：「記得三十年前，有一天，小馬哥穿反了球鞋，我還在台南二中初三乙的黑板上，以嘲諷的口吻寫著：

今日請看馬振基

頭上歪載舊時帽，舊時帽歪戴頭上；

腳下正穿新型鞋，新型鞋正穿腳下。

　　你一定想不到，小馬哥就這樣左穿右、右穿左，硬是把那一新球鞋穿到破，說什麼也不肯換過來，直到買了新鞋了，他才改過來。…三十多年來，他仍然記得我的好，我不知道是否記得我的惡作劇？」

　　像這樣幽默的段落、文章，俯拾即是，讀者可以自行閱讀研究，你真的會愛不釋手。

上下探索・左右逢源

　　由於陳正家的文章深清感人，「針線情」乙文獲「南台技術學院南台國文選」列人教材，「父親的手」乙文除了聯合報刊載外，美國世界日報及泰國世界日報分別轉載，「浪漫風情」寫歐洲遊記，更選入「年度散文集」中，在在證明陳正家的文章普遍獲得認同。全書充滿了情，有父母之情、手足之情、友朋之情、師生之情，更有對山川萬物之情，寫來絲絲入扣，令人愛不釋手。蕭蕭在序文中曾多次肯定他的寫作技巧高明，文學觀念清楚，語言天份高，喜讀萬卷書、行萬里路，肯讀、敢問、好學、求知的精神，更認為陳正家的散文：「上下探索，左右逢其源。這樣的散文承襲了豐子愷、梁實秋的風格，是陳正家之所善，台灣文學界之所缺，是韓、歐、柳、蘇傳統散文之主流。」讀完全書，對蕭蕭之肯定，深有同感，

亮軒先生在一篇論散文的文章中說：「散文至高之境，要若舟
盪煙波。文辭如水，一筆如舟，水能載舟，亦能覆舟。能自
深諳水性而自然的適應水性，便能縱一葦之所如，凌萬頃之
茫然。」（見「文辭如水，一筆如舟－散文如是我觀，亮軒作，
刊於自由青年六九九、七〇〇期十一月、十二月號，收入七
十六年文學批評選」證之陳正家的散文，誠非虛言，綜觀陳
正家「走過一世紀」全書，寫情深刻，文筆幽默，頗有亮軒
所說的「至高之境如舟盪煙波」，讀者若與之失之交臂，實在
是大損失也。陳正家「慢燉細熬」爲我們端出如此之佳餚，
豈可錯過？陳正家爲我們精心釀製陳年老酒，豈可不淺嚐一
口？不，應該說痛飲陳年佳釀吧！

91.01.18 台時副刊

親切有味

── 讀蕭蕭《父王・扁擔・來時路》

　　在讀慣了陳之藩、琦君、余光中、張曉風與席慕蓉的散文之後，看到蕭蕭的「父王・扁擔、來時路」，頗有一種不一樣的感覺，那是一種憨直、樸實的感覺，一種來自鄉土，來自本土鄉下的純樸的感覺，尤其蕭蕭所刻劃的人物 ── 蕭蕭的爸爸，那種「寬厚的胸膛發亮的背」，正是台灣農村的歐吉桑的典型，讓你讀來倍感親切。許多作家都描寫過自己的父親和母親，這種人倫之愛，是最普遍的感情，可是像蕭蕭這樣花了一百多頁的篇幅，以十幾篇不同角度的文章，去刻劃自己的父親，如此巨細靡遺的陳述同一個人物的，還不多見，鄭明娳教授在「試論現代散文」乙文中就曾如此說：「比方要寫自己的父親，絕不能把他一生的行狀巨細靡遺地陳述出來，儘管他是相當偉大，值得羅縷記存，那就去寫一本傳記吧。」鄭教授更舉了兩個例子，一個是「段永瀾『我的父親』便針對父親兩個特點：廉吏與嚴父，二者又互相影響，所以其實只寫了一種風範，人格特徵。」另一個是「朱自清的『背影』則更集中火力，只寫父親一意對兒子付出愛的『迂陋』形狀，且縮小範圍，鏡頭直接特寫父親為兒子買橘子時攀爬

月台的一點背影。就這一幕，感動了他的兒子，也感動了讀者，造成全文成功的大轉折。親子之情的溫暖無限上升，是篇充滿感性的文章。」而蕭蕭刻劃自己的父親，正好違反了鄭明娳教授的論點，然而卻讓我讀來倍感親切，這是什麼道理？我再三重讀，原來蕭蕭的父親，是典型台灣鄉下人物的代表，蕭蕭是借父親來突出台灣鄉下人的憨厚、誠樸且認命。蕭蕭之所以借父親來寫，只是加了一些調味料－親情而已。那麼蕭蕭寫父親的每一幕，不都是一個「特寫」嗎？鄭明娳教授又說：「以上兩文，父親固是主角，但如果做兒女的搭配不當，也難以烘托成功。」而蕭蕭在字裡行間透露出的純情至孝，正是搭配成功的重要因素，也正是蕭蕭散文成功的重要因素。

　　不信請看蕭蕭如何以至情至性的文筆，刻劃自己的父親，刻劃台灣的農人：「年過六旬，仍然需要水，這也錯了嗎？站在田埂上，一波一波的熱風襲來，爸爸說：田，沒有錯，田就是未來的希望。就憑著這點希望，我們一代一代守下來。在台灣，我們已經守了二十代，六百年。」這不是刻劃台灣的鄉土，刻劃台灣的農民，刻劃台灣人單純的希望是什麼？而台灣純樸的農民，給孩子什麼樣的教育？請看蕭蕭在「父王」乙篇中的刻劃：「我以父親是農夫為榮；雖然，父親很可能是四千年來我們蕭家最後的一代農夫，雖然，我一點都不像拿鋤頭長大的人。但我時時警惕自己，要能挺得直、挺得住，要能彎下腰工作，要能吃得了苦，耐得住寂寞。」這不是台灣農夫教育子女的典型？

　　許多的篇章，在在都證明蕭蕭表面在寫父親，其實骨子

裡卻是在寫鄉下的農民，例如「三代棋」，描寫父子如何下「西瓜棋」，（我記得這種棋小時候下過，台語叫「幽圍」），如何下「虎豹獅象」棋，這種娛樂，正是典型五十年前鄉下父子的同樂圖。而「我在白雲間想念爸爸」，更代表作者的純情至孝，無時無刻不在想父親，連坐飛機都在想父親，那種陰陽兩隔，那種「陰陽一別，所有的思念都只是窄窄的單行道，一逕飄去而杳無消息。」令人讀後也感到哀戚不已。

蕭蕭著力最深的篇章，應屬「扁擔」，扁擔和鋤頭是農具的代表，蕭蕭憑借著他詩人的想像力，居然可以上下揮灑無礙，令人佩服。借著扁擔，詩人想到了「上山撿柴挑柴而害怕巡山員的驚恐日子」，詩人想到了父親死後「是不是也帶著一根扁擔，在你的天國裡為我啟創一方新天地！」詩人的想像力無遠弗屆，一根扁擔成了蕭蕭：「想念爸爸，想念家鄉、想念童年的憑藉。」

蕭蕭更利用「朝興村」來刻劃台灣農村的風貌，他為我們刻劃出五十歲上下的人的童年紀憶：「門前一望無際的稻海，潺潺的流水，簷邊燕雀的嘻鬧聲，你將記起番薯籤飯與蘿蔔乾的辛酸，颱風、大水洶湧而來的驚悸，你更會記起王鹿仔、布袋戲、陀螺……以及滿佈皺紋的厝邊阿伯。」你可以回憶起：「隨處都是可以一坐的大石，滿山、遍野種植著鳳梨、龍眼、香蕉、釋迦、橄欖、楊桃、檳榔」，你也可以回想到：「上山、一片綠、下田、一片綠，生活在綠意盎然的世界裡，你可以隨意舒伸自己，可以蹦跳，可以奔馳，可以歡呼！」這是我們共同的記憶，台灣農村子弟共同的記憶。這些記憶還包括：「石頭公」、「天霸王」、「蘿蔔與蘿蔔乾」……等等篇

章，讓人讀來憶感親切。讀蕭蕭的散文，那種沒有玩具的年代，於是「滾鐵環的日子」，讓人拍案叫絕，那種沒有零食的日子，「天霸王」的芋仔冰讓小孩子歡呼，也讓讀者讀得大叫大跳，那是多麼熟悉的年代，多麼熟悉的童玩。

讀蕭蕭的散文，使我想起了阿盛，想起了向陽替阿盛散文集「春秋麻黃」寫的序：「島物島事不島氣」，向陽文章一開頭就說：「⋯戰後在台灣出生的新世代作家風起雲湧，以他們與台灣這塊島嶼緊密切合的生命經驗，透過小說、詩、散文、劇作與評論，不斷發出聲音，各有擅長地寫出深具台灣經驗的佳作。」

他們沒有戰爭的經歷，有的只是台灣山川河海的體驗；他們的作品脫除了流離的苦悶、亂世的浩嘆，多的是土地的踏實、現實的肯認。」是的，蕭蕭的文章，正是土地的踏實、現實的肯認之佳構。向陽在同一篇文章的第四節又說：「對於鄉村階級的土地掌握，對於異化為都市階級後的人性的剖析，正是特屬於七、八〇年代台灣作家的兩大重要資源，島物島事的描繪源於這塊土地及其人性的變遷，作家隨之成長，也在成長中不斷觀照。」蕭蕭散文之所以讓人覺得有別於張拓蕪、陳之藩等人的作品，正是刻畫了向陽所說的「台灣作家的兩大重要資源」。當然，目前蕭蕭這本散文集比較偏重鄉村的土地掌握，蕭蕭應該可以再攻入「異化為都市階級後的人性剖析」，也許蕭蕭已開始寫了只是尚未出書，我們深切的期待著。期待著他那種親切有味的篇章，再度讓我們歡呼，讓我們驚嘆。

91.03.22 台時副刊

梅遜和他的《野葡萄記》

　　這本《野葡萄記》寫出了作者的理想世界，書的卷首有一段話，「無淚不成書」是這樣寫的：「梅遜先生的《野葡萄記》前後寫了三十年，從一九六八年視覺狀況還算良好寫到二〇〇一年眼睛幾乎全瞎爲止。梅遜說：『失明使我省去不少繁華世界的煩擾，心靜神閒終能集中精力，完成我的長篇。』」話似平常，卻是一字一淚。

　　一面讀著梅遜先生寫了三十二年的長篇小說《野葡萄記》，一面想著：這麼一位失明達二十年的作家，不但沒有自怨自艾，反而爲人們勾劃出一個理想世界，能不令人嘆服？

　　梅遜先生本名楊品純，江蘇興化人，一九二五年生，曾主編《自由青年》雜誌，數十年前凡喜愛文藝的青年，沒有不是該刊的讀者，我唸中學時，就是該刊的的忠實讀者，爾後更讀到他的《辨文識字》和《常見的成語》，獲益良多，《散文欣賞》更是我進入文學園地的入門書。當時並未對梅遜先生深入研究，以爲他是大學問家，甚至是大學教授，因爲他除了自創「字基檢字法」編成一本「梅遜字典」外，也出版了散文集《故鄉與童年》、小說集《無絃》，頗獲文壇好評，想不到他竟是一位受正規教育不多的作家，且與墨人、師範、公孫嬿等人同時出道，我對他刻苦力學有很深刻的印象。

　　早年我在大江出版社讀到許多名家的書，後來才知道是提供寫作朋友自費出書的出版社，當時讓我印象最深的是王鼎鈞的「小說透視」和隱地的「隱地看小說」，從這兩本書中，我深深嘆服小說世界的奧妙。大江也出版「作家群像」，對許多作家的印象也是從該書得到，可惜現已絕版，雖然梅遜先生後來又出版了長篇小說《串場河傳》及《魯男子》，但在文壇新人輩出的狀況下，逐漸為人所淡忘。

　　直到二○○一年八月十五日，聯副刊出梅遜先生一篇題名「重作馮婦」的文章，我才知道原來他過著雙目失明，生活困頓的日子。這麼一位當年我十分景仰的作家，如今走到這步田地，真是令我百感交集。

　　《野葡萄記》是一本「烏托邦」的小說，描寫一個不易甚至不能實現的理想世界，惟其不易實現，才顯得這個世界的可貴。這本小說利用作者吃了一顆野葡萄竟然因而睡了一覺，醒來已是一千年後的陌生世界，和中國民間小說所描述的樵夫，吃了一枚棗子，在樹下觀棋，竟然只有一盤棋的工夫，醒來兒孫已是白髮老人，有異曲同工之妙，也和美國作家歐文的「李伯大夢」一樣，在山中過了一夜，很快的就過了二十年，這樣的寫法既富傳奇趣味，也方便小說進行主題「兩個世界的比較」。

　　梅遜先生以第一人稱手法來寫作這一本小說，第一章先描寫他吃野葡萄睡了一覺的經過，第二章醒來已是一千年後的陌生世界，然後是他所看到的新世界。這個新世界「車子很奇怪：既沒有方向盤，也不見排擋、油門和煞車」，這個世界的人也沒有姓名「姓名只是代表一個人的符號，用號碼不

是一樣嗎？」就這樣一章章寫下來，既寫梅遜對人類會有浩劫的預言：「終於在二二八三年，人類歷史上一場空前的大災難發生了，並不是核子戰爭，也不是什麼外星人來攻打地球，而是一場可怕的瘟疫…食物缺乏，許多人已餓死，再加上可怕的瘟疫，自殺的人更多了…死亡的人實在太多了，焚化都來不及，大家也就不再處理，任其就地腐爛…」經過這一場浩劫之後，世界人口只剩十分之一，人們觀念開始改變，於是世界通用語文，食品供應制度，子女的生育、教育、市政、農場、菜餚工廠、藝文活動、科技研發、老人安養等問題，都一一在作者筆下有條不紊的刻劃出來，十分生動有趣，喜歡幻想的讀者、喜歡批評的讀者、喜歡展望未來的讀者，都可以在書中獲得你要的資料。

　　例如你喜歡批評社會，作者在「食品供應站」一章中就說：「社會貧富不均，扭曲了世人的價值觀念，那些豪華的花園別墅，是為有錢人建造的；那些在公路上來往的名貴轎車，是供有錢人代步的；那些服裝公司的華麗衣服，是為有錢人縫製的；那些大飯店的佳餚美酒、是供有錢人享用的…有錢人養尊處優，過著奢靡享樂的生活…」

　　喜歡幻想，滿足前瞻性的讀者，你也可以在書中看到許多新的世界，例如「歷史研究所」乙章，就有如下的描述：「如今消費公有，這裡所有的房間，只要是空著，你都可以住，要住多久就住多久，不需要什麼租金，你只要將門外那盞小紅燈打開，即使門敞著，如非得到你的同意，絕不會有人進來打擾你。那天你不住了，離開的時候，就將那小紅燈關掉，讓別人住。…」多麼美好的世界，如果實現，無殼蝸牛就有

福了，再不會有違章建築，再不會有人住破爛貨車廂⋯你看，這不是大同世界是什麼？

　　對教育改革有抱負的人，更可以看到梅遜先生對原有教育的批評和對新世界教育的展望：「你們那個時代，有人用大音樂家貝多芬名字的諧音，諷刺當時的學校考試『背多分』；也就是說：學生只要死背課本和標準答案，考試就會得到較多的分數；過去的學校教育，只是一味教孩子讀死書，卻不培養他們求知的興趣，也不教給他們求知的方法⋯為考試而讀書，為升學而讀書⋯」這是對既有世界教育的批評，那麼什麼是新世界的教育呢？「現在的教育方法已經徹底改革，和過去完全不同。現在不考試、不分班級、也不按照什麼課程標準統一教學⋯」梅遜原來在眼盲心不盲的日夜用心思考下，為我們批評現有的世界，描繪未來的理想世界，令人讀來津津有味。

　　這本《野葡萄記》寫出了作者的理想世界，書的卷首有一段話，「無淚不成書」是這樣寫的：「梅遜先生《野葡萄記》前後寫了三十二年，從一九六八年視覺狀況還算良好寫到二○○一年眼睛幾乎全瞎為止。梅遜說：『失明使我省去不少繁華世界的煩擾，心靜神閒終能集中精力，完成我的長篇。』」話似平常，卻是一字一淚。我在展讀梅遜貧病交迫的力作時，深深為他的毅力、精神所感動，相信它一定是一本影響人心的書，甚至是一本影響世界、改善世界的書。

（91.09.26 青年副刊）

意外的驚喜

── 讀向明《走在詩國邊緣》

　　讀向明新作《走在詩國邊緣》有一種意外的驚喜，原來以右手寫詩的向明，也有一隻美麗的左手，除了右手的詩作成績輝煌外，左手寫的散文也十分膾炙人口。他說：「現在的詩人由於搞怪得離譜，經常被人諷刺為散文寫不好，才去寫可以不通的詩，我就有點不服氣。」這一不服氣，果然寫出了許多風趣有味的篇章。我在讀這一本書的時候，常常忍不住噴飯，有時大笑不已，讓老婆以為中邪，能不為讀者聊聊書中令人難忘的內容？

　　首先，我們來看看「我家藏有『酒鬼』」這一篇，向明自稱是一個非常小氣的人，卻被孫越的廣告詞「好東西要與好朋友分享」騙了，在一個中秋節的夜晚，拿出珍藏多年的大陸名酒「酒鬼」出來，分享酒黨，想不到那天牛鬼蛇神全員到齊，小小一瓶「酒鬼」才五十公克，一人一小杯，就已瓶底朝天，大家齊呼不過癮，只好再取出密藏更多年的「湘泉」而且十分心疼，卻又不得不大表慷慨的說：「喝！」這一喝足足讓向明到現在還痛心不已！

　　詩人交往頻繁，發生在詩人間的趣聞、風流韻事自然不

少，向明美麗的左手，豈肯輕易放過，其中寫詩人周夢蝶的趣聞，令人愛不釋手自不在話下，寫詩人管管和中將詩人的美麗傳說，更非得在這裡昭告天下不可。話說某日情人節，管管和一位小情人到三地門玩，管管把小情人全身蓋上花瓣，然後俯身用嘴吻遍花瓣，當然也吻遍小情人的全身，而且還一邊吻，一邊吐詩，我的太太讀了馬上抗議：「嫁給你是我人生最大的錯誤，我要讓我的馬蹄奔向吻花的詩人！」天啊！天下老婆只要讀了這一篇文章，天下老公都被比下去了。至於這一位中將詩人的浪漫，也不在管管之下，本來每天送小情人一朵玫瑰花，無奈有一次要遠航三個月，只好東跑西跑到處購買玫瑰，幾乎跑遍台南、高雄，才買到一百朵玫瑰，而且預支了三個月薪餉，終於把小情人娶回家。我太太讀完之後，一連三天悶不吭聲，原來她心情不好，忘了婚前要有九百九十九朵玫瑰才答應求婚，如今漲勢已過，徒呼奈何？另外他談到有一位國文老師問學生徐志摩是誰？一個學生回答是恐怖分子，則令人笑不出來了，這麼大名鼎鼎的詩人，現在的學生都不知道，遑論其他！

　　有人說梁啟超的文章，筆尖常帶感情，向明的散文也是如此，比如他談到他的詩人老師覃子豪，就有令人動容的記載，不但情真而且情深。他在這篇文章中，記述他參加文藝函校，因而變成師生的一段因緣，覃子豪生病住院，他特地由前線馬祖趕回來探視，這種師生之情，現今社會已很難找到。另外他在一篇「何以解憂」的文章中，談到詩人尹凡的不幸遭遇，文章中充滿悲天憫人的深情，讓台南一家宗教刊物選入書中，發行數萬冊之多，感人至深。這一段文章我讀

來也特別有感觸，因為二十幾年前，我和尹凡也是熟識的朋友，我才剛重拾詩筆，而尹凡已小有名氣，想不到在向明的文章中讀到尹凡害了十年的躁鬱症，嚴重時躺在床上像個植物人不能動彈，問他原因則說看不透名利，眼看當年一起寫詩的朋友，越寫越紅，而自己始終遭到冷落，父親又經商失敗，欠下一大筆債壓在他身上，他因不得志而心焦，因心焦而躁鬱，終於被擊倒。文章中記載尹凡病中只靠二百六十字的「心經」，終於戰勝罣礙，回復健康之身，我再三閱讀，再三反覆沉思，向明所以仔細刻劃這件事，原來是他的深情，願尹凡戰勝病魔，更願普天之下所有的人都健康快樂。

另外，向明浸淫新詩一甲子，參加國內外詩的活動無數，談起詩及詩壇掌故，往往十分獨到深入，言之有物。例如「詩人的綽號」乙篇，把古代的詩聖、詩仙、詩鬼、詩佛、詩囚和現代的詩魔、詩癲、詩痴、詩狂、詩隱、詩鞭，談得極為引人入勝，拍案叫絕，若非熟悉此中詳情，那能如此？再說到「只緣身在此山中－卡夫卡談詩」乙文，更是研究新詩者必讀的一篇。例如一個喜歡詩的年輕人名叫小古斯塔夫由父親帶去見卡夫卡，卡夫卡看過他的詩後對他說：

你的詩太過喧嘩。這是青春的副產品、精力過剩的表現。雖然它和藝術並不相同，但其本身也是一種美。然而，喧嘩總是有損於情感的表現。

另外卡夫卡也對「詩人」發表獨特的看法：

你形容詩人是個偉大且神奇的人。腳著地，而頭顱隱失在雲霧裡。事實上，詩人一向比社會一般人更渺小、更脆弱。因此人生的負擔，他覺得比別人更緊張、更強烈。對他個人

而言，尖叫便是他的歌。在藝術家看來，藝術祇有苦難，但經由它，避除了苦難。詩人不是巨人，只不過是自身存在檻籠裡的一隻羽毛還算漂亮的鳥。

整篇文章中卡夫卡談詩的話還很多，抄錄這兩段讀者即可以明瞭卡夫卡的話是多麼難得的忠告。這些話經過向明巧手安排變成十分引人入勝的一篇散文，也是一篇對詩壇很好的諍言。文末向明說這篇文章是他讀張伯權譯的一本「卡夫卡的故事」後寫成的。其他有關談詩的文章還有「漂木的啓示」、「詩在斯洛伐克」、「出軌異樣寫新詩」等不少篇章。甚至談到書的「序」，還可以引出余光中、洛夫替人寫序吃悶虧的經驗，那就是書也讀了、序也寫了，就是沒印在書上，原來「老實說了幾句不中聽的話。」，白靈也有類似經驗，序是印出來了，只印說好的，缺點部分全刪了。向明談這些詩壇掌故，彷彿如自家的事，娓娓道來，親切有味。

詩人寫散文者不少，而寫得如此幽默、風趣、深情有味、內容扎實者並不多見，他在序文中說這些文章「祇不過是一些讀書讀詩心得或經驗！」看來喜歡寫文章的朋友，沒有靈感時，閱讀也是尋找靈感的方法之一呢！

92.01.25 青年副刊

遊出生命力

── 淺談遊學集

　　初看到「遊學集」，還以爲是一本青年學子遊學國外的見聞錄，可是一看作者孫康宜卻是一位近六十的華裔旅美漢學家，仔細看她的生平，原來她的本籍是天津，一九四四年生於北京，台灣東海大學外文系畢業，曾在台大外文研究所攻讀美國文學。一九六八年移居美國，獲英國文學、圖書館學、東亞研究等碩士學位，一九七八年獲普林斯頓大學文學博士。曾任普林斯頓葛斯德東方圖書館館長，現任耶魯大學東亞語文學教授。所教課程有「中國詩學」、「性別研究」、「世界文學導讀」、「比較文化評論」等。著作甚多，包括英文學術專著多種，中文著作也很多，並與外籍教授 Haun Saussy 合編「中國傳統女作家選集」，是典型的學者作家。再看書名下的小標題「從高行健到虹影」，一看就知道是研究作品的文集，既是學者，又是研究作家的文章，看來一定乏味至極吧？想不到當我開始閱讀，卻被她流暢的文筆，閒話家常的寫作風格所吸引。一點都沒有學者文章艱澀難懂之病。

　　從她的自序中得知，這本「遊學集」的出版，是有一些機緣的，原來她在學術論文之外，寫了一篇「在賓州談高行健」的散文，被隱地看到，隱地就給她一封信，希望她再找幾位人物來寫，這種讀書談人的文章，一定很有意思，果然，

在一封信的點火下，這樣的文章就一篇一篇的出來了，而且成了一本有趣的書。根據作者自己說這本書之所以取名為「遊學集」，是因為「這都是一些忙裡偷閒，以『遊』的精神寫出來的散文」。不過，我在讀書中的一篇「談隱地的『遊』」乙文中，發現作者之所以取名「遊學集」應該是受隱地的影響。她在該文中談到隱地的詩「圓舞曲」，有一位學中文的美國朋友十分欣賞詩中的「遊」（play）的生命力，於是她為這位友人再影印隱地的詩集「生命曠野」中的「單人舞」、「激情探戈」、「搖籃曲」及「生死舞」等寄去，文章隨即進入隱地詩、散文的點評以及與隱地夫婦交遊一起喝咖啡的趣味談話。全文中對「遊」字頗有體認，那就是一種「生命力」，有動的一面「舞」的一面，有靜的一面「悟」的一面。她說：「只有像隱地那樣曾經真正『活過』的人才可以把生命看成一種讓人回味無窮的舞蹈。」並說：「我想就是這種『遊』的精神使隱地能在日日繁忙的出版社事業之中找到了詩的空間。」所以，我在讀完這篇文章之後，認定作者的書名，一定是受隱地的生活態度，生活哲學所影響。

　　作者在寫一位作家的時候，經常以拜訪這位作家最有關係的人，和這些人直接接觸，這樣才能取得最珍貴的資料，例如寫高行健那篇，她就利用機會和馬悅然見面，馬悅然是讓高行健獲獎的關鍵人物，這樣的第一手資料，讓人讀起來就覺得有趣。她並且會找來所有高行健的作品，全盤研究，並在流暢的敘述中點出高行健作品成功的因子，例如：「他的小說更是利用各種人稱的互換來描寫那種無可救藥的自言自語狀態。初讀『靈山』，我很為高行健所描寫的『我、你、他』

的人稱所迷惑，後來發現原來『我、你、他』都是同一個人，是處於各種孤寂狀態而分化出來的不同的我」，以及「高行健的小說寫的就是『慾望』」並找來高行健的畫作『慾望』附錄在書裡，你可以感受到作者所說的「是一種人在孤寂中所衍生出來的複雜而充滿焦慮的慾望。」，作者除了讓讀者容易進入高行健的世界之外，她的文筆也是一流的散文，例如「在賓州談高行健」的結尾，寫得實在優美迷人：「於是，在飛機上，我又再一次想起了高行健的那張水墨畫：『慾望』。的確，藝術是一種奇蹟，它可以表達人的『心頭的秘密』和慾望，卻又給人留出了無限的空間。我一遍又一遍地背誦以上這幾句詩，直到下飛機的時刻。從窗口望出去，才知道早已下雪了。我瞥見了一絲絲透出光芒的雪花，這景色是美麗的。」寫得真實，讀這一篇文章，除了獲得文學知識外，又可以欣賞到一篇優美的散文，實在值得。

再看「虹影在山上」這一篇，作者不但讀完了虹影的「飢餓的女兒」、「背叛之夏」、「帶鞍的鹿」、「風信子女郎」、「女子有行」、及長篇小說「K」，並且直接和虹影見面，兩人的談話既精采又有趣。例如虹影說：「⋯我十八歲開始寫作，到九六年時，已寫了十六年。一九九六那年突然有一種感覺，好像自己已爬到了山頂上，而那本『飢餓的女兒』就在『山頂』上寫的。我想，我從前的作品都是在半山腰上寫的⋯」，這種比喻真的很有意思。

人聊的內容又是虹影的作品，又是高行健的作品，讀者可以增加不少文學知識。其中最重要的就是談到虹影寫作受誰的影響：「我不認為我特別受了托爾斯泰的影響。⋯我小時

候對高爾基的作品及其人其事十分著迷…甚至把整部『高爾基』傳全抄了下來。…尤其欣賞英國十九世紀女作家布朗蒂的小說『咆哮山莊』，我覺得自己的個性很像書中的男主角，有些複雜，有些瘋狂、有些難以形容。我想，在寫小說的技巧方面，我受『咆哮山莊』的啓發最深。至於中國小說，我最喜歡的一部著作是『老殘遊記』，在某程度上，也受了該書的影響。」對喜歡虹影小說的人，或想做研究的人，都是很重要的話，而這樣的話，書中處處可見。書中更有兩人暢談的合照，更是彌足珍貴。

　　像這樣的文學人物描述，還有「沈從文的禮物」、「二十年後說巴特」，不但有沈從文孫沈紅送的照片「濕濕的想念」，還有沈紅紀念爺爺的文章的毛筆字、照片，與作者的合照等等，讀來圖文相互對照，倍感生動。而羅蘭巴特是沙特之後在法國知識界最具影響力的一位大師，也在作者的生花妙筆下，讓人印象深刻。最有意思的一篇是「父親三撕聖經」，從文章一開始「每回我告訴朋友們，我的父親孫保羅曾撕過三本『聖經』，他們都說，很難相信像他那樣努力宣揚基督教又整天沉浸於聖經的人會有那樣的經驗。……」寫作手法充滿讓人有再讀下去，一探究竟的吸引力，等到讀完全文，才恍然大悟，原來她是在描寫父親「悟」的過程，十分生動：「我知道，從『三撕聖經』，到無條件的信仰，父親其實已經歷了『死而復生』的十字架過程了。」讓人直呼過癮。

　　其他尚有因限於篇幅未及介紹的八篇，也是讓人讀來順暢，愉快又有內涵的篇章，就留得讀者自己慢慢欣賞吧。

（91.05.24 台時副刊）

爲歷史補償

── 讀《我向南逃》

　　細讀余之良「我向南逃」，一面讀一面掩卷嘆息，多麼不幸，中國人，短短十幾年裡，發生了八年的對日抗與四年的國共內戰，多少人死於戰火，多少人流離失所，這些慘痛的經驗，應該有許多可歌可泣的故事，或拍成電影，或寫成小說，讓人們永遠不要忘記戰爭的可恨、可怕，幸好，余先生早就把它記在日記上了，爲我們留下了一份十分珍貴的史料。

　　余之良生於民國十年，湖北省江陵縣人。父親曾是孫傳芳時代的營長，當過黃埔軍校的戰術教官。余先生初中畢業那年是民國二十六年，考入省垣「兩河高中」，那時中日情勢已十分緊張，政府把全省高中學生集中在南門外一個營區接受軍事訓練。結訓後不到兩個月，抗戰爆發，就這樣開始了向大後方四川撤退的流亡生活，抗戰勝利後又逢國共內戰，余先生跟所服務的電台撤退，調赴漢口，又去蘭州，過陝西，從川北到成都，再由成都去重慶，此時國軍已連連失利，三十八年國共和談失敗，蔣中正下野，李宗仁代總統飛回桂林。中共於四月渡江，余先生在九江電台服務‧奉命撤退到湖南零陵，再轉進台灣在嘉義電台服務，這段從抗日開始到撤退

來台的日子，余先生都把它記在日記裡，如今整理出來，定名爲「我向南逃」，史實俱在，可歌可泣。

　　根據一般人的印象，日軍一直向內陸攻打，國人也一直往大後方逃，但要逃真有那麼容易嗎？請看余之良的敘述：「戰事愈來愈緊張，戰爭也愈來愈激烈，華中這方面爲阻擋日本的長江艦隊，在安徽馬當鑿毀自己的兩艘軍艦，把它沉在江底，戰線拉到湖北田家鎮，擺好陣式，以逸待勞。這時候漢口便感受到威脅了，大批民眾紛紛向西奔逃，他們想逃到大後方的四川省，可是逃到宜昌便再也無法前進。政府已經把長江中的船隻全都封差，軍隊及軍品運送列爲第一，民眾是買不到船票的。他們眼睜睜的望著長江，一籌莫展。」而這樣不容易逃亡的情況，又有許多人偏偏利用這種機會，大發國難財：「…原來這輛車的車頂是專門捆綁行李的。它的四周都有護欄，旅客的行李每件需要買他一條繩子，每條繩子是兩毛錢。如果不拿錢，行李滾下來，他不負責。其實他這條麻繩，在瀘州祇值二分錢。這不說，他還明講，每條繩子到達內江，他還要收走。」在逃亡保命的時候，誰還跟司機計較這麼多？「這條公路不是一條川省的大道，車公司也是私人經營的小公司。我們不能怪他們，他們祇有一輛破舊的車，內江瀘州來回開著。但這樣已經不錯了，這是一個戰爭的年代，日本人把我們沿海全部封鎖，外面的物資都進不來，日本人就是想逼死我們。我們缺乏紙張，報紙和書刊祇好用土紙印刷，雖然紙張粗劣，也照樣能看。黃包車缺乏膠質的打氣輪胎，我們便把內胎拿掉，祇留外胎。再用幾根粗的木條交叉的支撐鋼圈，照樣也能拉客人，我們就是在這種

情況下苦撐著的。」逃難、抗戰的苦況，人性的貪婪的嘴臉，作者都予以生動實在的刻畫。

　　抗戰時日本軍出動大批飛機空襲，作者也有仔細詳實的書寫：「…空襲時街上的行人無處可躲，都跑進公園，因為少城公園有不少樹林，林木都很密，但是日本鬼也知道裡面有人，投在這裡的炸彈也最多。躲在樹林中的民眾哪經得起這樣的爆炸，樹木七歪八倒，斷枝殘葉到處皆是。躲在樹林內的人死傷也最多，祇見滿地都是血跡，滿地都是斷肢殘臂。當搜救人員跑去搜救時，有個二十幾歲的婦女坐在地上，臉色蒼白，兩眼發直，渾身都是血。也許她是看到有人來救她，倏的站起身子向前跑，她的肚子已經被破片炸成一個洞，有個搜救人員攔住她：『妳受傷嗎？』她沒回答。當他們再度問她『妳看妳的肚子。』她這才低頭看了看，便倒下去了。」多麼淒慘的場面，令人鼻酸，更加痛恨戰爭的血腥。

　　這樣八年抗戰打完了，是否老百姓就過著幸福快樂的日子，日本敗了，我們也打窮了，流通的法幣天天貶值，今天買的東西，明天再買就要多一倍的價錢。」大陸弄丟了，是什麼原因，書中也有檢討：「我們裁軍還鄉的軍人何止百萬，…他們回鄉能做什麼！打了八年的仗，他們在戰場上滾來滾去，的確是有汗馬功勞，有些還因為作戰有功爬升到中上級的軍官，想不到如今落到這種地步，他們怎能甘心。中共當然趁這個機會向他們搧動。『此路走不通，去找毛澤東』這句話，就在各地暗中傳播著。」這是對軍人返鄉處理不當，那麼領導人物之間的嫌隙呢？「自從和談未成，中共強渡長江，我們的李代總統飛回桂林便再也不管國事，現在什麼都亂糟

糟的。…一個老同事還告訴我，他說桂系的部隊不聽政府指揮，他們什麼都聽李宗仁的。…如果我們能夠像八年抗戰那樣精誠合一，不分彼此。如果我們能把軍民生活合成一體，我們怎麼會失去大陸？…」從這些片斷的摘錄，不難看出大陸是怎麼失去的。

　　余之良為我們刻畫八年抗戰以及國共內戰的血淚史，可是這些仗打過後，我們獲得什麼？余之良在前言中這麼說：「八年的戰爭我們是贏了，敵人也投降了，而我們所贏的祇是一個勝利的虛殼。我們已經一無所有，本來就貧困的我們更加貧困，我們怎麼辦？…在四年前的內戰中，已把我們那顆赤熱心澆熄而冷卻。我四處奔逃，隨著大軍的潰敗，我像沒有根的人。我跑著，像浮萍那樣，巨浪來時祇有任它沖擊、任它漂流。」

　　是的這些是余之良的不幸，也是全中國人的不幸，幸好余之良有記錄日記的習慣而且沒有在戰亂中遺失，才能為我們寫這麼一本他個人的傳記，也是八年抗戰和國共內戰的歷史。多麼珍貴啊！

92.01.14 台時副刊

看我！良好的雕刀

── 讀吳鈞堯《金門》

　　金門開放觀光之後，許多人紛紛組團旅遊，畢竟對不能去的地方，總抱著好奇心想去看一看。我也很想去金門，原因為是我沒去過金門，而是我兩度隨團去金門，都是來去匆匆，只留下金門戰史館、擎天廳、花崗醫院、莒光樓、馬山前哨站…等幾個比較有名的地方印象，真正金門人的生活，所知十分有限。因此我很希望到金門住個十天半月，甚至一年，和金門人聊聊天，知道他們對現在、過去和未來的看法。

　　真巧，正想著、計劃著來一趟金門的知性之旅時，看到吳鈞堯的散文集「金門」出版了，真是喜出望外，尤其封面上照片，正是十幾年前我訪問金門時最有印象的「文化古蹟保留戶」，保存得十分完整，那種十分有特色的建築，讓團員中的民俗學者莊伯和拍了好幾卷底片，應該會有研究專著出版才對。如今有這一本金門在地人寫的「金門」書籍，對像我這種將來想在金門生活一段時間的人，一定有很大的幫助，它和一般導遊書籍，只介紹表面文物、景點是不同的。它像一個藝術家，拿著一把很好的雕刀，為我們雕塑一件美好的藝術品。

　　原來吳鈞堯是金門人，民國五十六年生，小學在金門唸的，民國六十八年遷居台灣，就讀三重市光榮國中，早期加入「薪火詩社」，詩作曾被張默選入「七十七年詩選」，民國七十八年就讀中山大學財管系，轉寫小品，自述投稿十分艱辛，但「屢敗屢戰」。得過許多重要文學獎，選在這本「金門」散文集中的，就有「梁實秋文學獎」得獎作品「霧」，「台北文學獎」得獎作品「島與島」，以及「觀光文學獎」作品「光的紀事」和「中央日報勞工散文獎」作品「婦人想飛」等。民國八十八年五月進入「幼獅文藝」工作。目前共計出版有散文集「單性情人」、「龍的憂鬱」、「那邊」，小說集有「情幻色影」、「女孩們經常被告知」等，以及這本由國家文化藝術基金會獎助出版的「金門」散文集，洋洋灑灑，有六本之多，再加上未結集出版的作品，以一個三十多歲的青年作家來說，成績算不錯的。

　　從作者的序文「我的斷代島」中，就可以知道金門人：「窮人種田、捕魚，富人經商，大家一心想逃離這個島，到另一個島過理想中的美麗生活。」幾句話，就把金門人的生活實況、心態完全勾畫出來。那麼，這是一個怎樣的島呢？這裡的人怎麼來的？怎麼生活？在這本書中均有詳細的描繪。

　　先看外表的抒寫，你可以讀到描寫「碉堡」跟防空洞的文章，你可以讀到「紅色靶場」和「翟山坑道」，由這些文章你可以看到金門的「今昔之變」：「隨著駐軍撤離，廢棄的碉堡一個個增加了…眨眼間，茂密的野草覆蓋碉堡，慢慢的，通往碉堡的路被雜草掩蓋，變成望而生畏的翳鬱…禦敵的碉堡成為蛇穴…」（蛇與碉堡）。再看「斷裂的山路」乙文，作

者如何描寫這條街接「昔果山」跟藍天戲院的山路:「許多年後山路荒蕪,士兵要趕時間,除了搭車,只好走上大馬路。許多村人早已忘記山路的存在,路被藤類植物攀滿,沿著木麻黃跟相思林爬長,形成混亂不已的陰森…」,這就是金門的變,外表的變。

那麼,金門內在的變呢?請看「臼杵」乙文的描述:「金門開放觀光,故鄉改變激烈,堂哥已棄下老舊的三合院,在農田起新厝,當臼杵不再被使用,它們會以何意義被帶進現代化的屋子裡呢?當然不會是紀念了。許是強烈地想去感受新生活,老舊的東西毫無吝惜地被拋棄,我常想,臼杵還在嗎?」這段含有內在與外在的描述,是如何震撼讀者的心靈?再看「霧」乙文的描述,那種金門人的迷惘,也隨時代的變而興起:「在台灣島上幾十年,你看見原住民權益漸被重視,你不禁自嘲:我的故鄉仍在邊緣?『金門算外省還是本省?』這個地緣隸屬大陸、生活歸屬台灣的地方究竟是外省還是本省呢?」這個迷惘,沖擊著金門人的心。

除了內外的變外,作者也深深刻劃了這個時代的悲劇,比如「野墳」一文中,描述著當年阿兵哥在戰地死亡後的野墳:「有人死了,死亡的那人來自台灣,且永遠回不了家了。死亡那人的家屬,或許會被頒贈一紙為國捐軀的榮譽獎狀,卻不會知道因何死亡?葬在何處?」多麼令人痛心的描述。最令人痛心的要算對他的同學「阿之」八歲死亡的控訴最令人痛心,「阿之」這個八歲小女孩在書中一連出現了好幾次,其中「消逝」乙文有較清楚的描述:「那天午後,歐陽導師要同學自修,說阿之可能吃壞肚子、發燒、出冷汗,得去看看。

後來你知道，一場急病奪走阿之的性命，有人說，如果早一點送醫就沒事了。但，要去那間醫院呢？那是民國六十三年的事吧，距離金門開放電話還有十年，距離開放觀光也有十幾年，病了，而且是大病，僅能安排轟隆價響的軍機送往台灣醫治。然而，孱弱的病體還能再遭高分貝噪音的騷擾嗎？誰來判斷病情是輕、是重？一個對未來充滿期待的生命就此夭折。」偏遠地區醫療設備不足，作者提出讓人心痛的控訴。

　　作者在書中，也描述了他熟悉的人物：阿公、阿嬤、阿叔（其實是父親）、母親、姊妹、兄弟…等，讓人對早期金門人的生活、習性有一個清晰的概念，「文學無非都在整理記憶」（詩人林彧語），若文學中人再不整理，恐怕就要永遠失落，讓人無從查考了。

　　吳鈞堯這本散文集「金門」，有下面的特色：第一，親自的經驗，娓娓道來，讓人有親切感。第二，寫作手法高度自由，有隨筆式的，有小品式的，有極短篇式的，看題材而訂，有時甚至是小說式的。第三，手法細膩，有如藝術家的雕刀，一刀一刻痕，你會讀到甜蜜，也會讀到苦澀，更會讀到清純，有時看似淡漠，卻有一份熱烈參與人生關懷的心，看吳式的散文，儼然已有大將之風。

（91.09.06 台時副刊）

旅人之歌

─ 讀華韻《旅人之歌》

　　讀到華韻的散文集「旅人之歌─關於古典音樂的心靈流浪與獨白」，覺得很特別。第一，他的古典音樂知識非常豐富；第二，他搜購各種音樂版本，耐心而執著；第三，他的文筆優美，簡直像詩的散文。

　　這樣獨特的華韻，我居然沒有讀過他的文章，根據自序記載：「其中前三篇曾在報上刊登過，而後面的幾篇就只與自己的一些朋友分享，未曾公開發表。」是什麼原因沒有公開發表？是和許多朋友一樣「感到投稿艱辛」？還是……同一篇序文又說：「前一陣子加以整理，……沒想到竟蒙隱地先生的厚愛，給了我這樣一個出書圓夢的機會。…」還有，華韻圓了夢，我也有機緣讀到這樣一本好書。因為我正想過著一種聽古典音樂、喝咖啡的悠閒日子，正苦於不知如何入門。

　　真的，我對古典音樂很感興趣，只買了貝多芬九大交響曲，李查克萊德曼的鋼琴演奏集，偶而聽聽，也不知道什麼人指揮，那一個樂團演奏，更不知道曲子的表現內容，如今讀了華韻的書，才知道，「阿勞（Claudio Arrau）彈奏的蕭邦《夜曲》集，……訴說著一種追尋無著的寂寞……憂傷的、

強烈的、傾洩的，甚至氾濫的情感，如潮水般從第一首曲子的第一句話開始，便越過了你的理性思維，直接撲向未設防的心靈。你耳中聽見的已不是一曲曲的鋼琴音樂，而是蕭邦透過了鋼琴；急切地對你傾訴他的心事。…」（「夜曲」），也才知道：「聽古典音樂似乎是門大學問，不但作曲家人數眾多，曲目更是浩如煙海：如果再加上每首曲子都有不同時代、不同樂團、不同指揮、不同音樂家的詮釋，甚至同一位音樂家、同一首曲目都有不同時期的錄音（比方卡拉揚的《貝多芬交響曲》就總共錄了四回，大提琴家史塔克的《巴哈無伴奏組曲》錄了五回，費雪‧迪斯考的《冬之旅》更灌錄了九次之多！）…」（「關於 CD 版本」P164）。因此，這正是一本我所需要的書，一本古典音樂入門的書。書中詳細介紹了「蕭邦的夜曲」、「馬勒的旅人之歌」、「布拉姆斯的雨之歌」、「德布西的月光」、「蕭斯塔高維奇的革命」、「舒伯特的未完成冬之旅」、「拉威爾的波麗露」、「卡爾‧奧福的布蘭詩歌」、「韋瓦第的四季」、「霍爾斯特的行星組曲」以及「李斯特的愛之夢」。書末更附有上述音樂的版本推薦，介紹作者「認為比較能觸動我心的 CD」，真是彌足珍貴。

　　我見過一些介紹古典音樂的說明書，文筆生硬呆滯，往往讀不下去；但是華韻這本旅人之歌，完全是他自己聽音樂的隨筆，有關隨筆的文章，楊照在論董橋的散文「華麗而高貴的偏見」有一段不錯的論述：「「隨筆」不是明確主旨、目的論文。「隨筆」不是客觀忠實的報導。「隨筆」也不是正經八百的文告或傷心悲慟的〈與妻訣別書〉。不過「隨筆」也不是可以撰造角色、想像情節的小說。「隨筆」通常也不會有太

多傷春悲秋或憶故懷舊的充沛感情。「隨筆」一般不多議論，不擺出非要說服別人、非要別人接受相信的強硬態度。」

　　綜觀華韻這本散文集，完全是他在欣賞音樂所感所覺寫下的隨筆，他記載著他隨著音樂而悲而歡的情形，他記載著他為了一片 CD，找遍了各大唱片行，花了半年終於找到的喜悅之情，他說：「當時內心的喜悅與悸動，恐怕和苦戀多年後有了美好結果是相彷彿的。」（「慢板」）。

　　書中最令我著迷的一篇是「月光」，描寫他高中生活寄宿外地，隔鄰有一位彈琴的少女，他產生了「一種交融著隨音樂而遄飛的思緒，以及對一個神秘女孩初綻的愛情的微妙情愫！」誰沒有年輕過，作者透過「月光」曲子，追述一段年輕時的美麗夢幻，對一個從未謀面，只聽她彈或吹笛就產生了一種奇異的情愫，直到十來年之後，作者還再重回舊地，看一看那一扇窗，懷想窗內彈琴的女孩，令人動容。這篇「月光」中有一段描寫，十分優美而令人神往，抄錄後面，供讀者品賞。像這樣美好的文字，書中俯拾即是：

　　隔著厚厚的玻璃，窗外的聲音頓時消失了，眼中的一切彷若是一個無聲的夢境世界，一時之間變得那麼遙遠而又變幻不定。在視線中不斷有車子消失與出現，每一瞬間，都是一幅充滿速度而不安定的畫面，就像看一部以倍速進行的默片一樣，呈現出來的是一個幻境般的時空，只偶而幾聲尖銳的喇叭聲掙脫了夢的藩籬，滲透進了玻璃之內，讓我油然感到它真實存在的可能。這時，我不禁有些迷惑了，究竟我是由虛幻回到真實裡，還是由真實走進了虛幻之中？

　　——「月光」

　　看了這樣的文字敘述功力，再看看書末作者的攝影（由張子英攝），我相信「關於本書作者的介紹：華韻，本名徐任宏，一九六八年生，台灣嘉義人，政大應用數學系畢業。理科背景出身，但熱愛文學、藝術，尤其是古典音樂，一生最大的夢想是成為作曲家與指揮家，心思細膩、敏銳善感，朋友曾美言為『天生的詩人』。與舒伯特相同，自認是到這個世上作客的 ── 紅塵中懷抱著澄澈天真的夢與想望，追尋真與美的孤獨旅人。」是的，我相信他是天生的詩人。我更相信他的朋友小芃在「我所認識的華韻」乙文中的描述：「他更多情也更無情，上窮碧落下黃泉尋不著，在二十餘歲的身軀裡，躲著一個十八歲的青澀靈魂，似乎注定要在人間失落。」

92.02.19 台時副刊

當作家遇到了出版家

── 讀隱地日記《2002 隱地》

　　讀隱地新書《二〇〇二隱地》，竟一口氣地把它讀完，還意猶未盡撥了一通電話，和隱地聊聊書中的內容。我認為這一本書太有趣了，尤其對寫作投稿的人一定要看。理由是寫作無非想出版，而隱地正是出版家，這麼一本出版家的日記，寫的又是關於他如何取捨出版一本書，想出書的人，怎麼可以不看？

　　隱地在書的後記中說，這本書本來想用「我的編輯生涯」做書名，因為書中寫的是他做為一名編輯人每天的生活實況，他自述二十幾年來，從自己手裡流過的稿件何止三千本，能出版的也只有十分之一，這些不被接受的作者，心中難免有怨，那麼你就更應該看看隱地心中在想什麼？

　　先看元月一日這一天的日記，就記載著一段他拒絕一位北大教授的傳記「俺這一輩子」：「這樣一部傳記，理應接受，然而書市場一片冷寂，出一本死一本，誰會回頭去關心中國歷史？……而手邊稿件一本又一本的寄來，我該怎麼辦？出版事業走到這部田地，真是始料未及！若真的出版，鐵定血本無歸……唉，要作唯一的選擇，多麼的難啊！」寫盡了一

位出版人的無奈！

可是這種心情，作者能體諒嗎？七月二十九日又有一段記載：七十六歲的老詩人謝青從紐約鄭重其事的寫信向我道歉，主要他想在爾雅出本詩集，我沒答應，有一回在文協碰面，他再次要我考慮，我仍然婉拒了他，他面露不悅，我也深知，出版人和作家之間彼此角色確有一些敏感，想長期保持友好關係並不容易。還好，謝老回紐約後發現自己有些強人所難，寫信來道歉，隱地卻認為應該道歉的是他，但是「一想到倉庫裡一動也不動的存書，也只好硬著心腸將一些可以出版的書都擋了回去。」這種出版人的難為心境，不知道有多少作者像老詩人謝青一樣能夠體諒？

這種出版人的困擾，好像時時「緊迫釘人」！和隱地形影不離，請看四月十八日的一段記載：「書店仍然不停地退書回來，已經到了悲壯的局面，而作家又陸續撥電話，寫信來問，要不要接一本他的新作，我內外交煎，已從『愛書的人』，變成『怕書的人』，自己想起來也有點啼笑皆非。」

三月二十日隱地記載了一段更令人觸目驚心的退書事件：「天啊！最初十年，我們的回頭書從來沒有超過一萬本，民國七十七年起，退書一年比一年增加，不超過兩萬本，爾後是三萬本，等到達肆萬本，我們一方面加印封面大量改裝，一方面透過『爾雅人』，以不到對折的方式傾銷，然而退書未見減少，反而更多，等不到年底，伍萬本回頭書跑不掉！而滿街六十九元的回頭書正如火如荼在燃燒，剛才經過和平東路師範大學斜對面，有一家臨時賣場居然還高掛《搶救出版業》的大紅布條，好像所有出版都要倒了！」

　　這種書賣不出去，作家卻一直想出書的現象，隱地在書中把他們比喻為「唱卡拉 ok」，大家只想唱卻不聽別人唱，真是妙喻。儘管如此，爾雅書還是一本一本的出，截至目前為止，總共在五百四十冊以上，不但出名家的作品，也提拔新人，例如替吳鈞堯出版文學傳記《金門》，並預言「吳鈞堯和孫梓評、王盛弘、李志薔、華韻、林德俊等，都是我看好的新銳優秀作家，個個前途無限，只要他們在文學園地繼續耕耘，十年後的文壇，就是他們的天下。」他也替梅遜先生出版《野葡萄記》，根據隱地三月二十八日的日記，梅遜年老雙眼失明，生活極度困難，在收到稿件時想到「市場這麼冷，但梅遜先生的稿件能退嗎？」終於咬著牙，還是把它出了，隱地這種仁人之心，令人動容。

　　隱地在日記中也記載了很多與作家聚會交遊的活動，許多作家的名字都在這冊書裡出現，從老詩人紀弦到余光中，甚至大家都已淡忘的孟瑤、劉枋、童貞等，好似一部文壇活動史，讀者很容易從書中了解文壇、作家的動態與近況。有時隱地也記一些讀書心得，文字不長，卻能抓到內容要義，例如他讀范銘如的《眾裡尋她》（麥田出版），他的日記中就寫了一段有關老作家孟瑤的感言：「歲月在中國特別無情，這樣一位走在時代前面的女作家，竟不再有人提起她，記得她。和林海音、琦君生於同一時代，作品寫得比任何人都多，卻顯然被冷落。其實五〇年代傑出的女作家至少還有徐鍾珮、潘人木、劉枋、童貞、艾雯、張漱菡和郭良蕙，幸好，范銘如看見了她們，寫出了這樣好的一本頗有可讀性的評論集。范銘如不但看到了五〇年代的女作家，六〇年代、七〇年代

到二〇〇〇年的女性小說作家，她全看到了，一點也不錯。這是一冊縱論『台灣女性小說』的專書。」輕輕一點，《眾裡尋她》這本書已在讀者心中深深留下印象。隱地在讀到好文章、好詩時也會在日記中順勢點評，讀者讀隱地的日記書，也等於讀一本文學欣賞集一樣，可以增加不少文學知識。

隱地是知名作家及出版家，將近五十年的寫作生命史，出版了二十六本書，幾乎每兩年就有一本，這樣的成績，即使專業作家也不易辦到，何況出版事業十分繁忙，雜事、金錢、發行……在在要傷腦筋，所以我很好奇隱地如何安排他的寫作時間，和我一樣好奇的讀者，何妨也來閱讀一下本書。

過去有許多大哲人、大學問家，往往以語錄、日記、對話留下他們的偉大思想，《天光雲影共徘徊》的作者劉森堯就告訴隱地，法國文壇有一家出版社，每年都會請一位作家寫日記，如果國內的出版社，也能有一套日記叢書，每年一位，十年累積下來，十本書擺在一起，一定十分可觀，就這樣隱地先下海示範，果然成績斐然，希望這個構想會成真，那麼讀者就有福了。

（91.08.22 青年副刊）

王鼎鈞的文學世界

── 讀蔡倩茹的《王鼎鈞論》

　　讀到蔡倩茹的《王鼎鈞論》喜出望外，這正是一本我所需要的書，多年來一直是王鼎鈞迷，舉凡他所出的書，有關的評論均在搜羅之列，但他發表的文章和別人對他的評論散處各地，蒐集不易，如今有這一本論文，對治王學者是一大福音。全書對王鼎鈞的生平經歷、作品分期、文學創作觀、主題書寫、文體呈現、意象運用均有詳細著墨，文末更增列參考文獻及附錄王鼎鈞寫作年表、王鼎鈞書目、評論索引等，內容十分完備。

　　王鼎鈞寫作時間超過半世紀，詩、散文、劇本、文學批評均普獲肯定，但他最重要的成就還是散文，「開放的人生」一書不但銷售情形甚佳，且被選為「台灣文學經典」，管管、菩提編選《中國當代十大散文家》時，王鼎鈞在入選之列，陳義芝主編《簷夢春雨：當代台灣十二大散文名家選集》，王鼎鈞也被列入「當代散文名家」，王鼎鈞也在入選之列，足見其散文創作的成就及其重要性。

　　王鼎鈞民國十四年四月十四日出生於山東蘭陵，自承這個出生日期並不確切，是「到流亡學校報到時，承辦人員所

捏造」，由於這個因素，使他在文章中表現出失落感，又由於戰亂離鄉，使他又有「失鄉」的缺憾，這些都成為他日後寫作的基調之一。他所受的正規教育不多，資料顯示，除了幼時在家中私塾啟蒙外，小學唸到六年級學校因「臨沂會戰」而宣布停課，直到一九四二年，才至安徽阜陽唸流亡學校－國立第二十二中學，之後就因大陸淪陷來台，生活艱困，卻未放棄文學夢想，第一篇文章就發表在《中央副刊》上，然後是蕭鐵推薦他進入《掃蕩報》，之後至《公論報》編副刊，又轉進入中廣服務，最後才在《中國時報》擔任主筆，兼編人間副刊，文章愈寫愈成熟，與文藝界接觸也益廣，民國六十七年移民美國，擔任華語教材的編寫老師，並至西東大學任教，從此定居紐約。

　　王鼎鈞的作品已出版者有三十七本之多（書後列有書目，讀者可以自行參閱），其中「人生三書」、「碎琉璃」、「左心房漩渦」等較受注目，從附錄「評論索引」中，可以看出評者眾多，不過，依我自己之見，王鼎鈞以「方以直」筆名所寫的方塊，才是他最初吸引眾多讀者的因素，他的「短篇小說透視」更是早年喜愛小說創作者的入門書籍。

　　王鼎鈞由於作品眾多，寫作技巧優越，佳評如潮，例如《中國當代十大散文家選集》就曾如此讚揚其作品：「文貴之有物，王鼎鈞當之無愧。……由於載道，故他的文章，可說是『一葉一菩提，一花一世界』的妙悟。」（頁二七五），他所寫的都是反映時代的心聲，因此齊邦媛教授就於評《千年之淚》時曾說：「促使作家提筆為文是人性中最神祕而又最強烈的力量，尤其在中國悠久的人文傳統中，世世代代的詩人、

散文家和小說家都不曾在顛沛流離或富貴榮華中停筆，每一個時代都留下了它的聲音。聲音的強弱也反映了那個時代的痛苦和喜悅。」（頁三），這種書寫特色，使他的作品就像時代的史詩，為歷史留下永恆的見證。他的作品也寫得很真，例如他描述赴美的經驗：「美國是我的空門啊！當我踏入美國機場，喝著飲水機中的水，我就告訴接機的朋友，這水，是忘魂水，從此我要忘記以往的一切。」李宜涯在《文路無涯誓願行》一書的《心靈分享》附錄中，就觀察出王鼎鈞「心中似乎有說不出的痛」，李宜涯並在同一書中讚揚「王鼎鈞是力求突破的作家。」對王鼎鈞越寫越好，可說是先期預言家。鄭明娳教授對王鼎鈞散文的文類跨越也有一段佳評：「王鼎鈞的作品大部分具有小說的敘述、散文的描寫、詩質的意象與歧義，他了解各文類的特質，善於利用各文類的優勢，所以能從容遊刃於各文類之間。」張春榮教授也說：「反觀《碎琉璃》、《左心房漩渦》二書，擲地有聲，當推其散文創作的新高，以文體出位之姿，擴大散文的藝術能量……」在在對王鼎鈞擅長在散文融入小說、詩的手法給予極高的評價。同樣的佳評也見於楊昌年教授《現代散文新風貌》：「……王鼎鈞對人物角色塑造非常鮮明、生動……主角的身世、性格、遭遇乃至情感、思想，都有完整的脈絡貫串，而且是藉發生的具體事件來烘托，而不是透過單純的敘述，這與朱自清的〈背影〉、琦君的〈髻〉只是點的呈現，或是線的連接，是有所不同的。」其他給予好評的作家學者還有很多，例如沈謙、黃武忠、渡也、隱地、李瑞騰、游喚、何寄澎、向明、洪淑玲、應鳳凰……不下數十人，作家而能獲得如此多的掌聲，並不

多見。

　　許多評論王鼎鈞的學者，均各有自己的看法，例如楊牧就將王鼎鈞納入許地山的「寓言派」，黃武忠則認為王鼎鈞是「人生的說理者」，至於大陸學者徐學和劉登翰則認為王鼎鈞是「台灣鄉土派散文的代表」，樓肇明就重視王鼎鈞的散文風格中的「陽剛之美」，並以「沉鬱頓挫」總論之。爾雅版王鼎鈞散文精選集《風雨陰晴》，則特別點出王鼎鈞的三種風格：「一、議論風格，二、小說化的散文或散文化了的小說，三、詩化的散文。」渡也則提出：「王鼎鈞散文濃郁的詩質特色」，鄭明娳也特論王鼎鈞「出入魔幻與寫實的特色」，蔡倩茹在《王鼎鈞論》一書的結論中有完整的評論分析，認為王鼎鈞的散文是「大手筆的厚重文本」和「大規模的文體實驗」，對王鼎鈞這樣一位作家則論斷：「執守自己的中心信念，保有創作熱情，又能接受時代嶄新風潮所帶來的改變；由成果而言，除了傳統散文在意境以及描繪手法上的深掘之外，復能推進了散文新風貌的展現，在文學史上有其重要地位。」

91.10.10 青年副刊

閱讀的方向

── 讀張春榮《現代散文廣角鏡》

　　張春榮「現代散文廣角鏡」彷彿是書海裡，一座燈塔，不會迷失閱讀的方向。全書導讀三十八本名家的散文集，附錄了兩篇單篇文章的評介，加上一篇導讀式的序文「現代散文廣角鏡」，書後更附錄了「書中文集出版資料」、「參考書目」等，體例十分完備，堪稱一本研究現代散文的重要參考書籍。

　　早在一九九〇年，張春榮就因為教學的需要，開始做現代散文的書評工作，分別評論了王鼎鈞《左心房漩渦》、隱地《心的掙扎》、《人啊人》、愛亞《十二樓憑窗情事》、張讓《當風吹過想像的平原》、林貴真《第二名的生活藝術》、劉靜娟《逆風而上》、郭明福《年華無聲》、蕭白《白屋手記》、蕭蕭《現代詩創作演練》等，收錄在張春榮所著的《修辭萬花筒》第三輯中，如今又評介了近四十位名家，包括余光中、楊牧、王鼎鈞、洛夫、余秋雨、董橋、南方朔、張曉風、隱地、廖玉蕙等均在評論之列，是一本很好的現代散文選書指南。

　　張春榮在「現代散文廣角鏡」（代序）乙文中說他在選書方面以「創作不輟，猛志精進」者為主，讀完全書，果然見到散文創作的「世代交替變化」，以及散文作家的成果如「藍

天碧波間，參差列島迤邐成形」，且「前後映接脈絡，依稀浮
現」（見序文第二部份「散文生態的流變」）讀每一篇評介文
字，都可以發現每位作家的散文特色，都能達到張春榮的四
言標準：「言之有物」、「言之有序」、「言之有趣」、「言之有味」
（見序文第三部份「現代散文的四言」），讀者若讀本書再去
找好書，雖不中，亦不遠矣！

　　以讀張曉風的《這杯咖啡的溫度剛好》為例，張春榮寫
了一篇「活著與當下」的評介文字，不但論述張書中的敘述
模式有三：第一、由實入虛，推衍擴大。第二、藏鋒蓄勢，
戛然點題。第三、淋漓飽滿，立旨鮮明。且能指出張文能洗
人心目者有兩類：第一、以現代語感活潑古代情境。第二、
心與筆謀，寫入幽微。一本書經過張春榮如此剝析，要進入
書中的作者世界，就十分容易了。何況書末附有註釋，對書
的作者的成就可以一目了然。例如他在註釋 1.中整理出張曉
風在《這杯咖啡的溫度剛好》後又出有散文集《「你的側影好
美！」》，主編《小說教室》。《許士林的獨白》獲第二屆時報
文學獎散文推薦獎，《再生緣》獲第三屆時報文學獎散文類優
等獎，一九九七年並獲第二十屆吳三連文學類散文獎。散文
年年選入九歌版年度散文選，質量俱精，且整理出名家評論
張曉風的相關評論刊出處及日期方便讀者查考，設想十分週
到。

　　張春榮也能在評介一本書的開頭，就指出這本書的作者
的文學成就，例如「天外黑風吹海立－隱地《漲潮日》乙文，
一開頭便說：「隱地《漲潮日》，係集中火力，瞄準『時間』
之力作，一冊五十年原汁原味熬出來的『大書』，全書以個人

『成長的故事』（十二篇）爲經，沒有八股的教條，沒有華麗的妝飾，只見涓滴細流，曲曲折折的私密歷程；從不解至諒解的疏朗，從困頓到平和的豁然，自然『潮平兩岸闊，風正一帆懸』（王灣〈次北固山〉）的從容神色。繼而，以『走過的年代』（六篇）爲緯，將時間拉長，空間擴大，觀照加深；由一己走向普遍，由殊相走向時代共相，元氣十足，淋漓揮灑，則成『天外黑風吹海立，浙東飛雨過江來』（蘇軾〈有美堂暴雨〉）的生猛風景。各篇顯影人性世態肌理，一氣流轉，浩浩蕩蕩，會通照應，在在映射隱地親切活潑的人間性格。」由這一段文字，隱地的文學成就，已盡入讀者腦中，印象深刻不易抹去，如此精準的論斷，沒有豐富的學養，以及對隱地全面閱讀瞭解，實在不易辦到。

　　在評論張錯的《兒女私情》乙文，同樣也能一針見血，指出書中的特色：「張錯《兒女私情》並無急流險灘的驚奇與浪漫，亦無刻求浪花浮蕊的秀麗裝飾，有的只是寬闊水域的豐沛與從容，緩緩映照廣宇悠宙中的生命天光，呈現綿長深刻的感悟情意：沒有大悲大喜的落差，亦無理性鋒瓣的絕對寒冷，透過消融種種扞格情境的繁複與密質，靜靜湧動的真摯迷人的深度。」

　　「全書統攝在二元對立的真切思索，面對傳統與現代、家鄉與異鄉、藝術與人生、愛與恨、幸福與苦難，作者均有互動不滯的觸及；進而對人性、生命、今昔、人我、情感的弔詭，自有深層滋味之領略：於是全書在矛盾張力的兩難化解中，流露思辨本身的衍釋魅力，不以夾敘夾議的情節取勝。」這兩段開頭的評介文字，已然指出張錯這本書的寫作特色，

對不易抓到讀書重點的讀者，可以提供很有效的幫助。

　　其他各篇，也都能找出作者的寫作特色，例如評介周芬伶的《戀物人語》「自照鑑人的琥珀光」乙文就指出：「周芬伶的筆觸即繚繞於心情與物趣的溫婉細膩間：至於其一貫女性心理意識之扶幽探微議題，逮及此書，更見心寬念柔，厚實兼容。」再如評簡媜《女兒紅》「蝴蝶與坦克」乙文，也一開始就指出其特色：「走入《女兒紅》的情感地形，傳統一貫的秀媚山勢，杳然消失：白石川流、草鮮美之愉悅景致，亦無芳蹤。入耳映睫，則是層峰突巖盤踞，奔湍縱谷曲洞幽徑，奇崛怪狀，十足懾人心魄。字裡行間，溫馨可感的情與愛輕輕飄逝，洪荒險峻的龐大視野沈沈逼來。全書揭示女性未被深刻探勘的深層心理，挖掘個體遭遇的幽秘情境，闡發胭脂生命紅色漩渦的共同意蘊。」可以說張春榮對每一位作家都有全面的瞭解，對每一本書都能體悟到其內蘊特色，才得以寫出這麼深刻的評文。

　　　　　　　　　　　　　　（92.04.17 台時副刊）

詩人說故事

── 讀吳晟《一首詩一個故事》

　　《一首詩一個故事》是吳晟最新出版的兩本散文集其中的一本，另外一本是《筆記濁水溪》，限於篇幅容後討論，先看這一本詩的故事是些什麼故事。

　　當我開始讀這本書的時候，便深深被書中的故事吸引住了，不知不覺竟然一口氣讀完，其中許多篇章敘述吳晟的成長歷程，有如何走上寫作之路，如何寫詩，如何編詩選，詩作如何被引用…等等，是一本研究吳晟其人其詩的重要參考書籍。

　　吳晟的文筆圓熟，書寫生動有趣，其中很多篇都讓人印象深刻。例如〈不可暴露身分〉乙文，寫他的詩作〈負荷〉編入教科書，某年大兒子參加聯考，竟然出了「寫出讀了〈負荷〉這首詩的感想」吳晟大為興奮馬上問兒子：「你有沒有表明你就是詩中的主角？」兒子竟然嚴肅的說：「考生怎麼可以暴露身分！」吳晟記敘這一件「千載難逢」的巧合，把自己的「興奮」對比兒子的「冷漠」、「沉得住氣」、「不動聲色」，真是令人印象深刻。這種對比技巧的使用，見於很多篇章，最令人拍案叫絕的應該是「青春南風」乙篇。在這篇文章中，

吳晟描述他當校刊的主編，因爲看了一篇很不錯的稿件，按址往訪，想不到這一位同學竟然充滿敵意，口氣不善的問他：「找我什麼事？」吳晟一直不明白何以如此簡單的拜訪，對方竟如此充滿敵意戒備？直到二十年後才知道，吳晟在拜訪前一天在小吃攤吃麵，這位同學也在這個小吃攤吃飯，並批評「那個男的長得很土，卻交一個那麼漂亮的女生……」以爲吳晟聽到了前來興師問罪。吳晟這種以自己的「土」對比女友（後來成爲吳晟夫人）的「漂亮」，在演藝界就是「挖苦、嘲弄自己娛樂觀眾。」是很有收視率的，吳晟巧妙的移接到寫作技巧上，讓人嘆服。

　　和杜甫一樣是寫實詩人的吳晟，怎能面對「朱門酒肉臭，路有凍死骨」而無詩？他在一篇〈撿起一張垃圾〉乙文中，描述他寫〈獸魂碑〉的過程，對研究吳晟詩作寫作背景、心路歷程、關切現實的寫作方針，是一篇很好的入門指南，他在這篇文章中省思：「重讀一遍卡片上的〈獸魂碑〉詩句……內心不禁深感沉痛。而詩的寫實或隱喻，對於這樣龐大的社會悲劇，可有什麼絲毫作用嗎？」

　　吳晟雖然已享盛名，但在書中還是不時流露出好名的本色，例如長文〈詩名〉第八節就描述這樣的心聲：「竟然按捺不住積存在我內心的俗惡之念，向你傾吐『聲名』的『委屈』，包括近幾年的年度詩選，未選我『重新出發』的作品……」依我看年度詩選選不選吳晟，對吳晟已無影響，但他還是斤斤計較，形諸筆墨，在同文第六節也有類似記載：「君子疾沒世而名不稱焉……我也因詩名不夠顯揚（如某本詩選未選入我的詩作、如某篇台灣詩學論述未提及我…等等）而鬱卒而

憤憤不平嗎？再看一篇寫席德進在畫中題他的詩而沒有註明引用自吳晟詩作，被人誤以爲是席德進的詩，吳晟在（詩畫有緣，人無緣）乙文有這樣的描述：「詩作受人欣賞喜愛，畢竟是值得高興，更何況是像席德進這樣，在藝術造詣有非凡成就的前輩。然而令我不解的是，不知基於什麼心理，或什麼藝術考量，整個畫面上既無詩題，亦未寫上詩作者之名。……事隔二十多年，我才親自經由畫冊，發現這個因緣，而席德進先生已作古十多年矣，抄錄我的詩作，卻不書寫詩題和作者之名，我不否認難免有些失望。不過，我的失望很快就被感激知音、感慨生命短促的心情所掩蓋。」寫得多麼自然不造作。這種不假惺惺、實實在在的抒寫，我想是吳晟散文成功的重要因子。包括已再版十次以上的「農婦」、「店仔頭」等散文，作家中如此「幸運」的人不多，尤其是詩人，吳晟可以放心寫作矣，聲名隨緣吧！

　　整冊散文集，娓娓道來，趣味盎然，可以說是大家散文，言之有物，有描述自己寫作的詩，流落到人間，在畫冊上看到，在考題上看到，在文宣廣告上看到，讓人願意再三閱讀再三回味，甚至研究詩史者必定會引爲重要的參考資料。言之有趣，有寫親子互動的趣文，詩友交往的趣文，甚至如前引述自我調侃的趣文，讓人讀後甚至噴飯拍案叫絕。總之，〈一首詩一個故事〉是一本好書，也是一本好看的書，吳晟數十年來的努力，功不唐捐，可喜可賀。

文學藝術一鑑開

── 讀劉森堯《天光雲影共徘徊》

　　打開劉森堯所著《天光雲影共徘徊》就像是讓文學藝術的陽光照進來，覺得獲益良多，尤其書中包含三大部份，第一部份是有關戲劇的介紹，戲劇大師易卜生、契訶夫和布萊希特三位，均作導讀介紹，對喜愛外國戲劇作品者，是很好的入門指南。第二部份是導讀現代西洋著名小說。由於作者出身東海外文系，獲愛爾蘭大學文學碩士，並在法國波特爾大學攻讀比較文學，很適合為他所熟悉的名家小說撰寫導讀性的文章，同時作者從小愛讀小說，看過的中外小說不少，更適宜做這方面的工作，作者在序文中自述他旅法期間，有機會閱讀法文和德文與文學相關的報章雜誌，更能接觸法德兩國重要作家的原文作品，有這一層因緣，介紹起來，更能得心應手。第三部份則是和電影有關，談的是一些著名電影，如「大紅燈籠高高掛」、「戲夢人生」、「愛情萬歲」、「墨利斯的情人」、「影子大地」…等，讓觀眾更能進入電影的內在世界，而不只有看到表相。當然他在介紹電影之外，也不忘介紹電影大師如柏格曼、荷索及溫德斯、庫格力克等，其他部份則是筆調比較輕鬆的報導性質文章，如「愛爾蘭之旅」、「英

國文壇近況二、三事」、「我們逛舊書展去」、「法國文學軼事兩三椿」、「莎岡傳奇」…等十一篇之外。另外附錄了三篇比較具有學術性質的文章「什麼是後設小說」、「從小說到電影」和「愛森斯坦蒙太奇理論中的文學要素」，學院中人或有心做小說、電影學術研究的人可以參考。

　　在文學方面，第一篇「反省與自覺－葛拉斯及當代德國文學」，就介紹了兩位諾貝爾獎的德國作家波爾和葛拉斯。波爾出身中產階級的天主教家庭，作者卻以批評這個階級的頹唐跋扈顢頇老大為主。後來逐漸轉為刻劃經濟奇蹟下德國人的無聊空虛的精神生活，「小丑眼中的世界」、「愛爾蘭之生」。比波爾小十歲的葛拉斯，國際聲望不亞於波爾，著名作品有「但澤三部曲」：「錫鼓」、「貓與鼠」及「狗臉的歲月」等三部，「錫鼓」尤其被譽為二次大戰後德語世界最傑出的小說作品，一九七九年搬上銀幕，評價和票房都極為成功。

　　第二篇仍然是介紹德國文學，是一位要矚目為當今德國文壇上一顆熠熠的新星，名叫班哈特・薛林克，他的「朗讀者」是一本會讓人一路不停讀下去的書，故事描寫一位十五歲少年和一個三十六歲女人之間所發生的淒美愛情故事。作者摘要式的把這個故事說了一遍，讓人讀來仍然興味盎然，沒有機緣讀到原作的人，看看摘要也可以過過癮。

　　第三篇「永遠的夏綠蒂－歌德兩百五十周年誕辰紀念」，則是描寫歌德和他的作品「少年維特的煩惱」，文中詳細摘述歌德和夏綠蒂的愛情故事，並記述這本書出版後對青少年的影響「青少年人手一冊，許多青年男女紛紛穿上維特和夏綠蒂的服裝，模倣他們的言談，在月光下攜手散步，許多人在

讀了這本小說之後，發現原來自己就是為情所苦的維特，紛紛跟著舉槍自殺⋯」如此轟動而且影響深遠，甚至引來當局的「查禁」。不過作者對這本書卻也有一番獨到的批評：「歌德這本小說實在頗有諸多可議之處，主要是筆調及情感表達方式流於一廂情願，書中除了不時流露一種少不更事風格的輕浮筆調之外，許多與故事無關的瑣碎無謂的描述更是叫人讀來覺得厭煩。」儘管作者如此批評，他還是詳細的記錄了歌德和夏綠蒂間故事的發展，那就是另一位德國作家湯瑪斯‧曼所寫的「夏綠蒂在威瑪」，搭述夏綠蒂探訪威瑪所造成的轟動，當時歌德已是威瑪公園的內閣總理，聲望如日中天，此時夏綠蒂帶著女兒來訪，當然是「她和女兒所投宿的旅館四周圍滿了人潮，大家極想一睹歌德在『少年維特的煩惱』一書中的夏綠蒂是什麼模樣。」寫來生動有趣，讓人看了印象深刻。

　　其他的多篇文章，作者仍然如同前面引述的三篇，寫得讓人有想繼續讀完的興趣，如「給卡夫卡的一封信」寫卡夫卡在死後三十年，作品才開始風行，大家才逐漸加以肯定，而卡夫卡已無緣享受這種榮耀的遺憾。「聖修伯里傳奇－『小王子』作者百年誕辰紀念」細述「小王子」作者，如何在馬賽外海墜機失蹤及其他另外四本作品「南方郵政專機」、「夜間飛行」、「人的土地」及「戰鬥飛行員」等。由於篇幅所限，有關沙特、托爾斯泰、赫塞、海明威、史坦貝克、易卜生⋯等名家介紹的篇章，就請讀者自行閱讀了。

　　至於介紹電影的部份，第一篇「誰怕普魯斯特」，探討文學名著改編電影的問題。『大紅燈籠高高掛』的政治和女性觀

點」乙文，則對該片有很深入的探究，劉森堯認為「張藝謀表面上運用類似『金瓶梅』這個老掉牙的封建題材，實質上則意圖把簡單的妻妾故事拓展為複雜多端的女人世界的精闢描寫，同時有意更進一步透露強烈的政治訊息，就這一層面言，我始終覺得張藝謀不只是在批判封建的中國，他甚至根本就在揶揄當今中共，封建和共產官僚的墮落腐敗，一切盡在不言的隱喻之中，如果看這部影片看不出這點，那就只讀蘇童的原著小說儘夠了，要不然，看電影中那幾個妻妾在勾心鬥角的把戲，也是相當夠瞧的了。」看了這段評論，就知道劉森堯批評電影的功力。

　　再說小說中的男主人陳佐千，「電影從不正面拍攝他，我們始終沒有看到他長什麼樣子，他像幽靈一般，像一個只有聲音而沒有面孔的鬼魂，卻主宰著五個女人（包括婢女雁兒）的命運。我看到張藝謀從頭到尾這樣在描寫陳佐千這個角色，真是吃驚不已，同時也覺得這一方式的確大大超越了原著小說的成就，除了○○七的惡徒首領之外，沒有人在電影中這樣呈現要角的，這不但增加這個人的神秘性，同時也為整個故事發展帶來了強烈曖昧色彩，而這正好是小說怎麼看都看不到，而且也表達不出來的地方。這倒令人覺得訝異，我第一次深刻感到電影影像的神奇之處，整部『大紅燈籠』的魅力有很大部份即是來自對這個角色的曖昧處理手法。」像這樣敏銳的批評，書中談到有關電影的篇章，劉森堯都展現出他的電影知識和藝術鑑賞力，讀者不妨親自分享文學藝術的陽光。

92.05.07 台時副刊

關心我們的鄉土

── 讀吳晟《筆記濁水溪》

　　拿著吳晟新書《筆記濁水溪》，再三展讀封面幾個字「活水是生命的起源，河域是文化的化育之地。濁水溪，是台灣重要的動脈。吳晟以梭羅的精神，筆記濁水溪，糅合更多人文思考，批判威權。」深有所感，大家都說愛這塊土地，但是事實是否如此呢？

　　請看吳晟在書中如何描述這一條「母親的河」所流經之處，人們如何砍伐森林，破壞水土，以致雨季來時，洪水、土石流如何毀壞家園，奪走人命。他在「丹大之行」乙文，描述林業鉅子孫海如何「按照林木法」伐木，使林場附近幾成禿山，政府如何表揚這位傑出企業家，又是造「孫海橋」，又是立紀念碑，這種為了發展經濟而造成的破壞，使世世代代的子孫受害，在吳晟仔細刻畫下，刀刀刻在讀者的心上，字字刺痛台灣子民的心。

　　再看〈陳有蘭溪行腳〉乙文，吳晟描述新中橫開通之後，遊客蜂擁而至，處處商機，各大山脊被不斷的居民遷入開發，山間的林木被大量砍伐改種茶、梅、山藥和檳榔及各種特產作物，整個地理環境經過了一次大變動，別庄、民宿、飯店、

度假園區大量成立，既不必經過規劃，水土保持也沒做好，民代高官又只比誰比較夠力，於是九二一地震、桃芝颱風，土石流沿著大小河道而下，許多村莊幾乎滅頂，吳晟在用心觀察之後慨嘆：「無節制的開發行為，讓陳有蘭溪埋下後患不盡的因子，陳有蘭溪柔腸寸斷，水文已經大大變動。」

　　《清水溝溪》乙文，吳晟更指出了破壞的元兇、主因，原來清水溝溪在當地人民、老師、文史工作者的努力護魚之下，魚蝦漸漸多起來，可以戲水，可以捉蝦、垂釣、露營，但是在防洪防汛的政策下，不斷興建水泥堤，而做法卻非常粗陋、僵硬突兀，尤其建集集攔河堰工程，竟把熱心人士的努力成果全部擊垮，河川生態不但沒有改善，反而加速枯竭。吳晟在深入觀察之後，很仔細的寫出事情的前因後果，而且語重心長的指出：「護溪事件能否成功，靠的不只是熱心，更重要的是：我們對生活價值的取捨，是否有明確的堅持？」如今溪河下游堤岸所留的「清溪永碧、魚蝦常盈」八個大字，毋寧是極大諷刺？

　　吳晟除了對山林溪流及沿岸農田的關懷外，也對這河流流經之處的子民寄予莫大的關心，尤其是原住民，在〈武界行腳〉乙文，就記述了一位原住民村長的兒子，無法適應目前的中學教育，十七歲就當了高壓輸電塔的油漆工，在毫無工安訓練之下爬上高塔工作，因誤觸高壓電而從塔上摔落下來，全身有一半的皮膚被灼傷，需要一再植皮醫療，幸運的是生命保住了，但是像這樣的原住民青年，在其他危險工地工作的原住民工人，不知還有多少？有誰真正付出關懷？

　　吳晟在書中也敘述了許多既花錢，不但沒有效益，居然

還有害的建設，例如在集集攔河堰的南岸興建了一條所謂的
「魚道」，是台灣最講究的魚道，花了新台幣二億元，不但做
不成生態保育，因為魚道入口連一滴水也沒有，如何讓魚從
出海口洄流濁水溪上游產卵？同時攔沙霸果然攔住了上游沖
下來的土石、漂流木造成嚴重的災害。這些災害以「家園滄
桑」乙文最令人痛心掩卷難過，文中描述一位住在上安村的
居民，九二一地震屋毀未死，改建後竟在桃芝颱風時再度被
土石流掩沒沖走，至今未尋獲。

　　整本《筆記濁水溪》，是吳晟花一年時間，獲選為南投縣
駐縣作家的殊榮，親近南投山水，用「心眼」觀察，用筆細
細描繪，寫出既有詠讚、沉思也有批判的文章，對這一條台
灣最長的河川「濁水溪」，吳晟以其樸素的筆，寫出了這塊土
地的種種面貌，寫出對人文、歷史、地理的關懷，在知性和
感性的行文中，對施政者的作為進行描繪和批判，讓人再一
次感受到吳晟那一顆焦慮而熱愛鄉土的心，因而深受感動。

　　　　　　　　　　　（92.07.20 青年副刊）

詩來詩往趣味多

—— 讀向明《詩來詩往》

　　讀向明新書《詩來詩往》仍然和以前讀向明的散文感覺一樣，深深被他的幽默文筆、有趣的內容、娓娓道來的親切感所吸引。

　　我最先被吸引的是向明引用古詩詞中許多有趣的對聯，例如他寫鄭板橋遇到一位苗公子，苗公子看鄭板橋長得土裡土氣，便出一個上聯刁難鄭板橋，苗公子說：「一塔四方八面」，鄭板橋聽後覺得沒什麼學問，便伸出手來說不好，不好。苗公子以為鄭板橋答不出來耍賴，一直催鄭板橋快答，在一旁的好友金農說：「下聯已經答出來了！」苗公子說：「何以見得？」金農說：「那伸出的五指不是下聯『五指兩短三長』嗎？」不管真假，這種有趣的對子確實有很高的可讀性。

　　向明另外說了一段孫中山的趣聞，也很膾炙人口。他說，國父從美國檀香山留學返國去見兩廣總督張之洞。張聽說國父像個書呆子，就寫了上聯「持三字帖，見一品官，儒生妄想稱兄弟」來刁難他，國父是何等樣人，只瞧了一眼就寫下：「行萬里路，讀萬卷書，布衣亦可傲王侯」回應，張之洞一看知道是個人才，當下命守官大開中門迎接。

　　我也常在報章上看到老師誤人子弟的趣聞，比如有一位學生寫週記：「要努力用功了，否則會落五」，老師一看「五」字錯了把它改成「午」，家長看了直批：「學生落伍一半，老師全部落伍」。當然可能是笑話。但是這種笑話古代的夫子也不少。向明就說了一則。

　　向明說，從前有個夫子出了四個字的對子要學生對。那四個字是「琵琶結子」，「琵琶」兩字原為「枇杷」之誤。第二天學生交來四個字「嗩吶開花」，夫子大怒：「嗩吶是吹的何時開過花？」學生在家早已請教過長家，便把家長寫的詩拿給老師：「枇杷不是這琵琶，想是先生筆下差；琵琶若是能結子，嗩吶豈敢不開花。」看來要為人師，不努力可不行了。

　　向明寫到清代中興四大名臣曾國藩、左宗棠、彭玉麟、胡林翼在洞庭湖岳陽樓上競作「詩的接力賽」。曾國藩先寫第一句：「洞庭好似硯池波」，左宗棠向來不願輸人，立刻接棒：「暫借君山做墨磨」，彭玉麟也非等閒之輩，隨口接上：「古塔倒懸堪作筆」，胡林翼不愧三湘才子，當即答曰：「乾坤寫得數行多」，這種以天地乾坤喻紙，以洞庭、君山做墨硯，古塔為筆，竟然在競技中完成，令人嘆賞。

　　王安石的詩文，最令人念念不忘的是「泊船瓜州」：「京口瓜州一水間，鍾山只隔數重山。春風又綠江南岸，明月何時照我還。」一個「綠」字用得巧妙，幾百年來修辭學家屢屢提到王安石「轉品」技巧的成功，向明也說了王安石一段趣聞。他說王安石有一年赴京趕考，途中遇到馬家鎮大戶馬員外出聯招婿：「走馬燈，燈走馬，燈熄馬停止。」王只隨意看了一看，未及細想就上京去了，到了考場，考題竟是：「飛

虎旗，旗飛虎，旗卷虎藏身。」王安石馬上記起馬家的招婿聯，正好以之應對，竟然高中榜首，回程過馬家鎮，尚無人對出，便以考題對應，當然天衣無縫，立刻成為馬家女婿。這當然可能是文人掰造，但確實有很高的趣味性。

　　這本《詩來詩往》的內容當然不只這些，它本來是一個報紙的專欄，經整理成四輯，有文學典律公案，有平日少為人知的詩作，鉤沉索隱，十分耐讀，有名詩人徐志摩軼事詩作及紀弦名詩「狼之獨步」的深入分析，對時下流行文化的匡正，有向明近年來參加學術論文研討會所發表的論文。內容絕不枯燥，可讀性、趣味性十足。

92.08.21 青年副刊

鑒照與啓發

—— 讀王充閭《滄桑無語》

　　「滄桑無語」是王充閭造訪中國十多個省市古蹟，結合豐富的歷史知識，文學才華撰寫的長篇散文，以現代活潑語感，追懷古典情境，心與筆謀，寫入幽微，可供現代人鑒往知來而獲得啓示的散文集。

　　作者每至一個地方，除了寫現代的景外，對歷史上曾經在這個地方建過什麼朝代，有過那些名人，發生過什麼大事，都能旁徵博引，具有很高的可讀性。

　　「青山魂」乙篇，是一篇描寫詩人李白的文章，第一段就對李白有十分中肯的評價：「在中國古代詩人中，李白確實是一個不朽的存在。他的不朽，不僅由於他是一位負有世界聲譽的瀟灑絕塵的詩仙，那些雄奇、奔放、瑰麗、飄逸的千秋絕唱產生著超越時空的深遠魅力；而且，因爲他是一個體現著人類生命的莊嚴性、充滿悲劇色彩的強者。卻困躓窮途，始終不能如願，因而陷於強烈的心理矛盾和深沈的抑鬱與熬煎之中。而『蚌病成珠』，這種鬱結與憂煎恰恰成爲那些天崩地坼，裂肺摧肝的傑作之不竭的源泉。」

　　一語點破李白在中國文人的典型意義，道出中國「士」

的性格與命運的悲劇。我們隨著作者的書寫，一面感嘆詩人坎坷蹭蹬的生平，一面為詩人的士的性格與當時社會的嚴重錯位而心理澎湃，卻也獲得詩人內在精神價值，既是景仰也是效法的對象，讀來深有所得。全書共有萬字以上長篇十一篇，篇篇可讀。

　　「寂寞濠梁」忽而寫莊子，忽而寫東坡，最後竟然聯想到了明朝開國皇帝朱元璋，寫他為了明朝「萬世一系」，不惜誅殺功臣，其中有一段描寫殺第一功臣徐達，令人讀後膽戰心寒，他為測試徐達是否忠心，曾賜吳王舊宮，徐達不接受，又一起飲酒，故意叫人把醉酒的徐達抬到自己的御榻上，徐達醒後嚇得連連請罪，但仍難逃厄運。最後徐達在病中，太祖賜蒸鵝，食後幾天，終於不起。太子朱標不忍心看眾多功臣受戮，苦苦進諫，明太祖居然以渾身帶刺的棘枝告訴太子：「我這是給你削掉棘刺啊，打磨光滑，豈不是好？」像這樣殺害功臣的還有劉邦，連陳勝吳廣之流沒有成為皇帝者也把當年一起做工的老朋友殺了，理由是這些人除了比手劃腳，議論長短，不成體統外，最主要的還是盡講些陳勝早年不光彩的事（見「文明的征服」乙篇）。像這樣的文章，看到古蹟，想到歷史上發生的事，娓娓道來，令人讀了趣味盎然。

　　除了殺功臣外，同袍兄弟叔姪自殘者亦復不少，「無字碑」乙文就記載宋太祖暴死，其弟宋太宗趙光義殺死太祖子孫的狠毒經過，令人讀得毛骨悚然，同一類型的史實還有明燕王的靖難之變，尋找惠帝的過程，都是為了爭帝位不惜宗族自殘的殘酷血腥過程。更離譜的是傳說太原一帶有一條「龍脈」，竟然下令削平系舟山，名為「拔龍角」，並徹底摧毀地

池，縱火焚燒了城中的宮殿及民舍，老幼來不及逃出的，就被活活燒死，還引來汾水、晉水灌城。面對晉陽故城的廢墟，念其舊日的赫赫聲威，刀有銅駝荊棘滄海桑田，不勝唏噓。

「陳橋崖海須臾事」更寫出一闋很有名的「臨江仙」，作者楊升庵爲了「大禮之議」，竟然和明世宗激烈論爭，終至兩遭杖刑，死而復甦之後，被遠謫雲南永昌衛三十餘年，由權力的顛峰跌入幽暗的谷底，我們在了解故事的始末再讀這闋詞，當更能體會其以秋月春風爲伴、寄情漁樵江渚的閒情逸趣，也是詩人賴以解脫自救的途徑。原詞被羅貫中選用於「三國演義」之首頁，更顯出「古今多少事，都付笑談中」的況味，讓人讀後沈思再三，久久無法釋懷。

王充閭的「滄桑無語」，被出版社列爲與余秋雨的「文化苦旅」和「山居筆記」都是大散文，洋洋灑灑每篇都在萬言以上，有古蹟、古城實景的描繪，有歷史事實的沈思，有作者的心情感懷，對永恆與有限、存在與虛無、幻滅與成功、苦難與輝煌都有深刻的關照，頗能符合董橋在「這一代的事」自序中所言：「鞭策自己寫文章『須學、須識、須情』，僅僅美麗的文字是沒有用的」（「紅了文化，綠了文明」頁一三九）。這種三須的散文理念，正充分顯現王充閭的學養與見識。難怪書前有一段「關於本書」的介紹文字，就顯示出無比的信心，例如末段：「全書注重詩性、理趣與歷史感的有機結合，充溢著作者對人類命運和社會文明進步的感喟與關切，思想性與學術性兼備。在千年交替的當口，無疑這對於面臨種種困惑的人們，具有深刻的啓發和鑒照意義。」

92.08.29 台時副刊

尋找現代桃花源

── 讀隱地《自從》

　　隱地的新書《自從》以二十幾年出版人的身分，探討當前純文學書籍出版的困境，誠實令人心驚。

　　他說從民國六十四年到七十七年，書第一版就印四千冊，銷路一萬冊以上的書比比皆是，十萬大關也非難事，退書率只有百分之七，如今新書首印，兩千冊能銷完就謝天謝地，銷售量下滑，退書激增至三成，甚至已達五成，書就在公路上來回奔波，隱地形容「彷如打乒乓球般的你來我往，退書快，出書更快，書變成織布機的一隻梭，來回於物流卡車的兩地運送，許多書只是車上車下搬動，從未獲讀者眼睛的青睞，更坦白地說，許許多多的書，從未曾被打開過。」

　　從未曾被打開過的書，為什麼要寫？為什麼要出？隱地是這方面的專家，分別以專文探討其中原因，比如「文學‧出版‧夢」乙文，就指出「速度」的問題，他說快速印刷，大量製造垃圾讀物，一個人窮一生之時間也看不完。「出版花園的背後」乙文，隱地說：「站在誠品敦南店或其他書店大賣場，你會覺得自己戴一百副眼鏡也看不完萬分之一書店裡的書。把頭髮看白，仍然記不住洶湧而來的新書書名。」

　　多麼可怕，每年有超過三萬種的新書，隱地有一個妙喻「寫書就等同唱卡拉 OK」，每一個人都想唱，卻不願聽別人

唱，於是影歌星無戲可演、無歌可唱，也可以寫本書玩玩，就算提不起筆，也可請人捉刀，隱地沉重的說：「台下已經空無一人，沒有聽眾的舞台，多麼寂寞，儘管台上擠滿了歌者，荒唐的是，每個人還唱得不亦樂乎！」何況一些八卦的書，已把純文學的書打得無法招架。

於是當年以看書為娛樂的青少年打網咖去了，而通貨緊縮的時代，一些小氣財神上書店看書而非買書，「把書店當成圖書館」乙文指出：「書店當成圖書館」乙文指出：「書店裡其實什麼都要錢，房租要錢，請店員要錢，電燈要錢，冷氣要錢，裝潢也要錢，還有稅金……如今一屋子的讀書人，都在聚精會神地苦讀，書店負責人看在眼裡五味雜陳。」

在如此書市不景氣的年代，隱地以出版人的身份，記錄下這個時代的作者、讀者、書局負責人的心聲。比如讀者「三天兩頭見獵心喜買書回家，卻發現永遠看不完，有被書追著跑的感覺。」而作者「寫寫寫，寫了幾十萬幾百萬字，突然發現報紙副刊壓著自己的稿件不發，出版社也不肯印自己的書，印出來了，讀者也不買帳。」而身為出版人的隱地心情是「每回寫退稿件給老的少的……是我一天裡最不快樂的時光。如果我欣然接受一部寄來的稿件，真的就是一齣人間喜劇，然而面對市場，我又變成一個掙扎的人，當書成為磚頭，反過來丟我的時候，我的腳步立刻變得沉重起來。」

然而，即使腳步再沉重，既然把文學當自己的宗教，把出版社當自己信仰的廟，隱地便以宗教家的情懷開始佈道。

於是隱地告訴人們要如何生活，「今天要回家」乙文中就指出：「回到自己的溫暖小窩，打開一盞燈，播放一張我們愛

的聽的 CD，讓好音樂流瀉出來，泡杯茶或咖啡，也許飲一點酒，然後打開一本書，書是我們的朋友，書中散發的智慧，是另一種牛奶，灌溉我們的身體，營養我們的心靈，這是多麼愉悅的享受，閱讀之後的我們，就像一個重新充電的新我，繼續在人生大道上邁進。」

於是隱地以自己的書房為例，告訴人們如何把酒櫃換成書櫃，告訴書店業者如何開小而美的書店，期待台北市能出現小而美的文學藝術書屋，他說：「我們已經有太多集團和財團書店，書店一旦集團化，也就只好向財團靠近邁進了。」

隱地要人們學會「安靜」，他說：「安靜地聽一首歌。安靜地讀一本書。安靜地到林中散步，學會了安靜，我們步入群眾，有一天，當我們發現，大家都尊重安靜，把安靜當作一種生活的品質，其實，我們等於尋得了人間的桃花源。」隱地在出版不景氣的年代，竟然沉思出一種治癒人們飽受各種噪音轟炸之苦的藥方。這真是意外的收穫。

隱地還告訴人們要讀小說：「城市裡有說不完的故事，只要你讓一個走動的人坐下來，人人都有自己的故事。飛機裡坐著一排排的人，看來，他們都漠不相關，明天，他們也各有自己回家的路。只要有一個人，一枝筆，寫下他們的故事，他們立刻血肉相連，所以你要讀小說。」接連看了隱地最近出版的書，包括這一本《自從有了書以後……》，知道隱地是一個有心人，有夢想也有理想，他以文學教主自居，盼望人們都能在不安的時代，尋得安身立命的桃花源，我們佩服他，也祝福他。

92.09.07 青年副刊

說故事能手

—— 讀王鼎鈞《山裡山外》

可以過河了

　　讀王鼎鈞的「山裡山外」，真佩服他是一個說故事的能手。

　　好的小說作者，常常是擅長吊讀者胃口的人，他常常慢條斯理的說著，讓你急著知道：「那後來呢？」他也常說到一半不說了，吊足了你的胃口，卻也讓你留下無限的想像空間。

　　尤其是一本抗戰的小說，能寫到這種地步，沒有八股，沒有慘烈的戰爭場面，真不簡單。

　　書分十二小節書寫，但從「天鵝蛋」乙節起就有讓你一面看一面為書中人物提心吊膽的滋味，尤其中間有一段描寫三個流亡學生要到大後方升學，途中被盤檢的事。三個人雖然分散在人群裡，三個人也都和一般人一樣把證件拿在手上，檢查人員很兇，有些人被帶到小木屋去搜身，可是輪到作者時，檢查人員既不看證明，也不搜身，只有叫他：「站過來！」讓作者充滿疑問：「這是拘捕嗎？不像，要搜身嗎？也

不像，通過檢查了嗎？也不像！」而且就這麼湊巧，三個人分別都被叫了出來，讀到這裡，讀者的心已被叫了出來，讀到這裡，讀者的心已被提在手上，就在此時三人中有一位一步向前表明是過河探親，檢查者說：「說是探親也沒錯，問題是探什麼親？」王鼎鈞細細的描寫一問一答，簡直讓讀者急死了，嘿，三人中有一人輕輕的上前向檢查者咬了一下耳朵，那位檢查者竟然抬起下巴傲然宣佈：「你們可以過河了，你早說出來，早就到河對岸了。」

　　我讀到這裡也丈二金剛摸不著大腦，為什麼耳朵一咬，就讓他們過河？到底說了什麼？後來謎底揭曉，原來這位盤問者有個怪脾氣，專門跟學生為難，只有承認是學生才放人過河，而這位上前咬耳朵的人竟然瞎貓碰上死耗子，竟然讓他們安全過河了。想來八年中日戰爭可歌可泣者尚多，但能說善道的作者就不多了，王鼎鈞說得夠味道。同樣一段描寫搜身，就讓人恨得牙癢癢的。

　　他說只要長得漂亮的女人，就得到小木屋搜身。有一位鄉村打扮的小媳婦，抱著四、五個月大的嬰兒，前胸豐滿，兩頰紅潤，當然進了小木屋，「孩子在裡面嚎啕大哭，等搜完身，孩子不哭了，小母親卻滿臉淚痕，一隻手顧不得擦淚，先忙著扣鈕扣，我只恨她沒有第三隻手⋯⋯」讀到這裡，彷彿悲劇就在眼前，竟不自覺在桌上狠狠的捶了一下。

靈巧的花腔

　　另外一小節「號聖的傳人」描寫一個號兵的故事，也十

分吸引人。原來作者描寫他們的集合完全聽號音，號音起開始行動，號音落要排好隊形，來不及者教官的鞭子便重擊了過來。

但這一位號兵，往往把尾音拉得很長，因此救了不少人。王鼎鈞就有親身的經驗：「有好幾次，我一面快跑，一面急喘，一面絕望，暗想晚了，完了，一定在劫難逃，誰知那號音以一種難信的固執響著，神靈一般的呵護我。」越讀越有味，這位號兵後來被稱為號長，有一位小號兵向他挑戰，王鼎鈞描寫他們的對抗情形，簡直是神來之筆，太精采了。「兩個人輪流吹奏，變換各種不同的曲調。……挑戰者發動一波一波猛攻，火藥氣裡夾著靈巧的花腔，口水從號筒裡流下來，點點滴滴連成線。……他越吹越響，號音裡充滿了誓不甘休的意味。號長他的號音依然平淡，可是越來越沉實，河水聚成了湖，湖水匯入了海，好像完全不知道正在受人攻打。」兩人吹號的比賽，描寫得驚天地而泣鬼神：「號長趁著挑戰者拚全力作最後一擊的時候舉起號來參加合奏。照慣例，這表示掛起免戰牌要求結束戰爭。小號兵的號音裡立刻充滿了勝利的狂喜。他吹號如同在結婚迎親時吹奏的嗩吶。號長的聲音沒有示弱，也沒有逞強。那聲音又寬又厚，總是覆蓋著對方的聲音，包裹著對方的聲音，又像是提攜著對方的聲音。小號兵無論怎樣奔竄跑跳，總是脫不出一個無形的重圍。小號兵苦戰到底，吹到最後，先吸足一口氣，盡他所能把最後一個音符拖得很長。他想用它代替凱歌。他沒料到，在他氣促力竭之後，號長的餘音仍在延長，升高。那聲音如此完整，如此自然，沒有斑痕，沒有裂紋，沒有折斷後接的痕跡。那

個悠然的長音好像無窮無盡。精疲力竭的小號兵，他的臉色始而驚愕，繼而黯淡，終於興奮。他向號長舉手注目為禮……」太棒了，這麼鮮活變化多端的文字。只描寫兩個號兵的吹號比賽，精采極了。像這樣精采的文字「山裡山外」一書中，俯拾即是，看完了，不自覺拿起筆來，如不抄它幾段下來還真不痛快呢！

棉被都弄濕

另外「申包胥」乙節，就吊足了讀者的胃口，留下極大的想像空間，後來小包那裡去了？小說結束時沒有交代，只留下「他掉頭而去，外面一團漆黑。」寫得真好，讓人過目難忘。

原來「申包胥」是一個同學張家雄的綽號，文中描寫這位綽號「老包」的同學，真是十分有特色，是讓人看過印象深刻難忘的人物。先說老包第一天就溺了床，而且把作者的棉被都弄濕了，原來老包的父親只有這麼一個兒子，每夜都捧在手裡，對著尿盆吹口哨兩三次讓小包尿尿，就這樣小包一聽到鳥叫就會尿尿，真絕，所以小包老要同學鳥叫以前無論踢他打他都可以，就是要把他弄起床。

另一件絕事就是老包來校報到時名額已滿，他竟站在校門口苦苦哀求，哭到半夜，校長半夜不能入睡走到老包面前：「不要哭，本校收容你，你明天早上可以報到。」後來老包知道學校後面沒有圍牆，竟然說：「原來校門那麼高的牆是騙人的，我要早知道這一面沒有牆，就不會站在大門外哭那麼

久了！」真令人意外。

　　最令人感興趣的是作者留下了一個伏筆，老包向作者借信紙，後來學校追查有人向上級密報，作者以為是老包，且上面來查時老包也失蹤了，正在懷疑他之際，真相大白原來另外有地方人士的檢舉信，此時老包又出現了突然向作者借錢要遠走他鄉，作者一直告訴老包檢舉信另有他人，不必走了，可是老包還是走了，留下了一大堆解不開的謎團。這就是作者編故事的本領，讓你讀後意猶未盡。一直在想，老包到底怎麼了？

　　像這樣有味道的小說共有十二節之多，和者另外一本「碎硫璃」是姊妹篇，同為描寫抗戰時期流亡學生大夢之小說，趣味性十足，讓人有急著往下看的強烈吸引力。

挺著大肚子

　　王鼎鈞的昔日同窗袁慕直替「山裡山外」寫了一篇「跋」，可以對說王鼎鈞描寫抗戰八年，流亡學生的情況既熟悉又佩服，他說：「那是我們熟悉的生活，也是變化多磨練極大的一種生活，我想，當然也就是最宜作為文學題材的一種生活。」袁慕直認為這是王鼎鈞最重要的一本作品，書中寫作技巧如「章法嚴謹、描寫生動，寓意深遠」只是小事，重要的是這本小說以流亡學生為骨幹，巧妙的向外延伸，有枝葉繁茂花果鮮美之盛，任何一段小穿插，常奇峰突出，寫到流亡學生的苦況，又十分生動，袁先生並舉了流亡學生上數學課的史無前例的大場面為例，讓人讀了感慨係之：她（數學老師）

掏錢買紙，用毛筆大字抄寫課文，再把它像壁紙一樣貼在牆上，學生面壁研習，手拿瓦片樹枝，牆根地面權當演算用的稿紙。……她常拉著椅子出來，坐在操場中心，看學生在她四周伏地解題，在烈日下挺著大肚子走滿操場改卷子。

　　光看這一段，就會對當年流亡學生的苦況有了深刻的認識，也認識到了王鼎鈞十分重要的書，也是抗戰時期重要的史實。袁慕直說得好：「文化不朽，鼎鈞兄反映的江山世界，伏設的微言大義，功不唐捐！」

（93.01.26 台時副刊）

學者說書

── 讀郭強生《書生》

　　郭強生，一九六四年生於台北縣永和市，台大外文系畢業，美國紐約大學戲劇學碩士、博士，現任教於東華大學創作研究所。高中時期即有小說發表於聯副，短篇「傷心時不要跳舞」入選黃凡主編的「海峽小說」年度小說選。出版有劇作集《非關男女》，短篇小說集《留情末世紀》，評論集《文化在咖啡報紙間》、《閱讀文化流行閱讀》、《在文學徬徨的年代》，及國內第一部百老匯音樂劇，入門專書《給我愛情給我歌》等。替兩家報紙撰寫專欄，導過幾部舞台劇，大學時代熱衷演戲，曾由王文興教授指導，參與演出「父與子」。這本「書生」散文集，可以說是郭強生把他近幾年在報紙專欄中有關文學、戲劇、文化等的見解收集成書，文筆親切，娓娓道來，如同在替學生上課，處處散發隨意與妙趣，讓人喜歡閱讀。

　　書名之所以取名「書生」，可從代序「書生」乙文獲得一些線索，原來作者嚮往於「有一套修身齊家之道，有的山水間行走，有的奔波於社稷家國；偶而書樓聽雨，也不乏知交滿江湖。」作者心目中的書生絕不是一般戲曲中的薄倖、懦

弱、浮誇的書生。原來作者的用心「只是想藉由書生二字提醒一些我們失落的東西。在技術與效益過度被強調的時代，有時不妨以復古爲創新的再出發。我們當然不需要搖頭晃腦的書呆子，但是書生有一種溫柔敦厚的執著，自得其樂的智慧值得重新玩味。套句現代用語，『回到基本面』，我們追求知識的同時，還是否擁有關懷慈悲、自省思辨的能力？用書生兩字作爲書名，是對自己的一份期許。」多麼崇高的胸懷，深深吸引了我的注意。

全書最大的特色，是作者把多年所讀、所看、所感，均內化爲自己的見解，下筆爲文，已經擺脫了學院刻版嚴肅的論文格式，掃除學者文章註了又註不易閱讀的毛病，更沒有學究堆積資料的習氣，讀來清楚明白，條理分明，很容易心領神會。

全書中最感人的一篇是「堅持」，描寫他的母親在癌症末期，每天要化療，還堅持完成以 V8 攝影拍錄舊相片簿中的相片，配上旁白，娓娓道出母親一生中的心路轉折和種種悲喜與掙扎。原來母親爲了創作而辭掉高薪的工作，原來母親是一位能將熱情與企圖心轉化成生命的養料而非苦悶的藉口，甚至病痛的折磨都不能阻擋她的意志，她的母親寫作動機如此單純，對生命的要求是如此的認真莊重。我們看到作者把母親拍的片子帶回美國，一個人坐在紐約的小公寓中任情緒洶湧自四面八方而來，竟不能一次看完。作者好像從片子中聽到了不光是母親的聲音，而是一種文學的召喚。我讀後沉思良久，深深感動，這真是一篇至情至性的好文章。

一篇「隱性讀者」道出了他對閱讀市場的實際觀察，讓

我們對出版業仍具信心，原來一般人都認為愛好文藝的一定是年輕學子，而作者告訴我們其實不然：「我的小眾聽眾組合有一半是三十歲以上的，有幾位是目前在中學任教的國文老師，他們對文學教育的關心遠超過我們一般的想像。」作者更在演講結束之後收到一卷錄音帶，這位讀者的工作跟文學無關，但他告訴作者：「近來讀些什麼，有王德威、陳芳明、葉石濤、李昂、平路等等……」讓我們更具信心的還有另外一篇「我們的作家比較幸福」，作者在文章中說美國全美國書卷獎，每年提名名單出爐後，各出版公司入圍作品每本必須交一〇〇〇美元「活動費」給委員會，和賣彩卷一樣，獎金由這些活動費支付。於是作者認為「在台灣寫作其實比在美國幸福，出版被當成文化事業保護著並受到尊重。」在國人皆抱怨國內出版環境不好的時候，外國的月亮也沒有多圓。作者從美國回來，他的觀察和比較，應是可信的。」

　　一般人喜歡讀名人、偉人傳記，而作者卻說他不喜歡像吉米卡特在卸任多年後出版一本給孫子的話，封面上的老人歸於平淡，忘情於田園「偉人出書」乙文，真是見解獨特：「如果我要批一本傳記或回憶錄來讀，我想我會避開那些天之驕子，而去品嚐一個這一生都在堅持理想而不問成敗的平凡人物。像《安琪拉的灰燼》的作者，一個教了四十年小學的美國愛爾蘭移民，他對生命有最真誠的體驗。」

　　能上郭強生老師的課是幸福的，孫梓評在文末有一文詳述了郭老師上課的精彩處：「上音樂劇時，他不介意隨時哼一段史蒂芬・桑坦。他對百老匯的名伶如數家珍偶爾也會在下課來個流利的謝幕，引起學生們的會心一笑，上戲劇課時，

不管是王爾德還是易卜生，他可以傳神唸誦英文對白，一人分飾多角，忽男忽女、忽老忽少，人人都聽得目瞪口呆。」孫梓評更描寫到郭老師下課時與學生相處情形：「他有時會與學生們到學校附近的小酒館聊天，聊天的時候，來點酒會更盡興。他有一瓶威士忌，寄放在小酒館的架子上，當他出現的時候，酒保會為他端來一杯白開水，一杯冰塊，一個空杯子。閒聊之中，他會關心地聆聽不同學生的疑問，他會開心地和大家分享他的心得；或是對於整個華文文學生態的觀察、擔心和期許。」我們一般讀者，未能幸運親聆教益，讀他們的書，也算是一種補償吧！我認為作為讀者也是幸運的，一本「書生」在手邊，隨時翻一篇讀讀，就如同親自上課一般，有時可以看兩遍、三遍，直到有所體會為止，我再一次告訴自己，我是有福的。

92.10.08 台時副刊

十六棵燦爛玫瑰

── 讀姚宜瑛《十六棵玫瑰》

「十六棵玫瑰」是姚宜瑛的散文集。放下經營長達二十七年的「大地出版社」後，出版的一本集子。她說她目前是「在家種花，聽音樂，看書，和孫輩玩樂」，過得像閒雲野鶴，不亦快哉。

覺得「十六棵玫瑰」除了文筆老練外，有幾個特色：

第一，和第一流的知名作家，有第一手的交遊資料，例如寫唐魯孫、高陽、吳奚真、張愛玲、何凡、林海音、梁實秋等交往情形，是十分珍貴的史料。相信她在二十七年出版事業中，接觸的名作家何止千百位？怎麼只有這幾個人？若體力許可，我們盼望她把與文友往情形，一一記錄下來，對研究這些作家的學者，一定十分有益。例如她談到高陽講究美食的一段，就十分精彩：「高陽講究飲食。先母常常說：『三代做官，才懂得穿衣吃飯。』高陽正是官宦世家之後，又是文壇巨擘，可能的話，美食是他生活中的必須。好菜經他品評之後，彷彿滋味更是香濃甘醇，所以高陽病中九死一生之後，仍念念不忘病中所購談吃的書。」真是吃到死都不悔！她對唐魯孫精於飲食也有一段精彩的記載：「唐魯孫先生是清

朝珍妃的侄孫，貴冑世家，也是民俗家、美食家。他寫的掌故和談吃的文章，曾風靡海內外。國外大飯店的大廚，曾多人回國向唐先生請益。台北某些大酒店或大餐廳開張或出新菜，也往往請唐先生去品嚐。」在她的筆下，愛吃美食的大作家就歷歷在目前。她也記他們的一些生活細節，如愛喝酒的高陽，雖幾次出生入死進出醫院，老友相勸，他還是照喝不誤，悠遊酒海。如寫唐高兩人都極健談，讀來趣味盎然：「唐高兩人都極健談、論史、論文滔滔不絕。因為兩人都經過大家族的劇變和時代的滄桑，尤其是一些宮廷舊事，和民清官場的詭異突變，人情勢力聽得我彷彿正在讀精采的歷史演義。」隨便抄錄幾段，都可以獲益良多，許多未寫出的名作家、名人佚事，希望能在健康許可下趕快下筆。

第二，與親友在數十年後面見，為這一代的亂離寫出見證。首先她在闊別四十年的母親接到台灣來，中間經過的艱辛，非外人所能體會：「那時規定七十五歲以上的老人才能入境，還得先在香港停留一個月，先候台北來的入境證。我得老朋友們幫忙，租到銅鑼灣忠孝大樓中，十二層面海的小公寓。好心的陳太太幫忙護理母親和我們的飲食。」她描述與弟弟見面時的情況也令人鼻酸：「我此次是專程來看望弟弟的，他心臟不大好，老本身是一種病，總會帶來一些磨難，六年前我們曾見過一面，匆忙得連喝茶的心情也沒有，而此刻我才有真正回家的感覺。我只有這個弟弟。手足親情，隔著蒼茫大海，想念他時我常眼濕。有人說無娘即無家，但女兒對娘家的眷戀是永遠繫在心上。仔細想想，將近五十年，姐弟倆沒有親切的坐著說家常。五十年啊！我恍惚聽到歲月

奔馳而來的聲息，原來是一隻小小的鳥，停在梧桐枝上，『忽』的一晃不見了！」像這樣因戰亂，五十年不見的家庭、親人不知還有多少？能寫的人，當然要寫下來爲歷史做見證。現在兩岸開放了，親人可以見面了，像她描寫姊弟見面的溫馨畫面，不知還有多少：「這些年來，歲月奔過的腳印，真是驚濤拍岸，驚心動魄，感謝上蒼，千迴百轉後弟弟還能殷殷的接待我，雲淡風清的和我喝茶，真是上天有眼，要給苦難的中國人，過一點平靜的日子。雖然昔日我是長髮垂肩，現在已是兩鬢飛霜，弟弟也是華髮滿頭，一對老去的姊弟，再能親切的相聚，靜靜的喝茶聊天，世間沒有比歲月更仁慈更殘酷的了。」這一代的悲慘亂離，盡在字裡行間，而那些已經往生了見不到面的骨肉呢？令人感慨不已。

　　第三，人生的體悟，此時格外真切：經過了多年的努力、衝撞，尤其是做了二十七年的出版業，人生的體悟當然不一樣：「從在文字工作和書本中纏綿已久，視力嚴重受損內心早就渴望回到看山看水，簡單而優閒的日子。」沒有到一定的年齡，沒有看過千山萬水，怎會有如此回歸自然的體悟？「我常在夢中回到故鄉的水畔，偶而回首，往往自己也難以相信。離開家鄉已五十多年，染霜的頭髮代替了青絲如雲，昔日灼灼青春如河水，再也不能回頭了！」真的，任何人的青春一去，都不可能回頭。而逝去的親人呢？能回頭嗎：「經過五十多年來時空的間隔和巨變，我輾轉聽說大姨母家沒有了。大姨母被掃地出門，二哥和三哥同一年被槍決，由大姨的長孫女燕去料理後事收屍。那年燕十一歲。」這應該是到處發生的災難，作者把親人的災難寫下來，對人生的體悟就格外刻

骨真切，一般老百姓，遇到強權、遇到暴君、遇到亂世，你又能奈何？

第四，寫情寫景均具功力：多年在編書出書中，看多了名家名作，不出手則已，一出手就有不俗的演出：「湖，已靜靜的入睡。幽暗的路燈下，依稀可見附近一株楊柳一株桃。湖，近處波粼粼，溫柔的輕叩著堤岸，在夜色中顯得分外安靜。夜霧緩緩在湖面升起，似煙似雲，似有若無，輕悄的在湖面飄忽蔓延，對面的蘇堤和遠方的山林、天宇、湖山都被夜霧融成一片，蒼茫，空靈如一幅被歲月侵蝕的潑墨古畫，我在畫外，也在畫中。」讀了這一段湖畔靜謐的描寫，讀者也進入畫中了。

她有許多篇章記述與梁實秋的交遊，情感十分真切，只看下面一小段就會令人動容：「那天，正是下午放學的時候，兩個戴小黃帽的小學生，站在韭菜煎包鍋子前，煎包起鍋，香氣撲鼻，兩個孩子各買了一個，邊吃邊走十分有趣，梁先生在鍋邊略一佇足，又緩緩橫過大安路，緩緩穿過人事紛亂的信義路。我站在街角，目送他淹沒在黃昏人潮裡的背影，心裡十分悲涼。健康、兒女都已遠離，只剩下歲月不再的無奈，深深的無奈。他垂老的背影，寫下人世間垂垂老去父親的孤寂。」再偉大的人，再了不起的文學家，在黃昏日暮，竟是如此的悲涼？作者寫情寫景之功力可見一斑。

「十六棵玫瑰」分成三輯，第一輯描述與文壇巨擘交遊的情形。這些年長的作家，亦師亦友，作者自認獲益匪淺。第二輯記敘生命中難忘的親友。第三輯有旅遊雜感，有探親感想，中間有人生的悲喜，有令人難忘的故土情懷。

　　三輯作品，前後寫了十一年之久，可以說惜墨如金，也可以說全心全力投入出版事業之故。在放下出版業之後，含飴弄孫之餘應可以把她難得的人生經歷寫下來。更何況親如家人，這種千載難逢的機緣，姚女士千萬不要輕易錯過，我們正努力企盼讀到這些珍貴回憶資料。

（93.03.30 台時副刊）

註：姚宜瑛女士已於 103 年（2014）過世，享壽 88 歲。

母親的書最耐讀

── 讀劉森堯《母親的書》

　　劉森堯新著《母親的書》，就是以第一篇寫他母親的故事做為書名。其實這本書包含了三大部份，第一部份「過去與未來」，不但有「母親的故事」，也有「我的初戀情人林美麗」，更有懷念他的老師姚一葦、俞大綱的文章，還包含了兩篇長文「當我垂死時 ── 談死亡的藝術」，乃是作者努力探索死亡之神秘性的文章，甚至主張「安樂死」的必然性和可行性。

　　另一篇長文「偵探推理小說答客問」，作者自己說：「是我近年來讀西方偵探推理小說的心得總結。」第二部分是「文學雜記」，也包含了一篇長文「大宗教裁判官及其他 ── 讀《卡拉馬助夫兄弟們》，作者說是他「多年來反覆讀杜思妥也夫斯基的心得報告。」另外包括讀史坦貝克的《憤怒的葡萄》、馬奎斯的《百年孤寂》、盧梭的《懺悔錄》，還讀叔本華、弗洛依德……可以說是名家名作的導讀。第三部份「文學中電影」，這和他的上一本書「天光雲影共徘徊」一樣，是他從事文學與電影研究的心得，看完本書，可以說上了很好的一課「電影與文學」。

　　剛開始讀這本書，就被「母親的書」這一篇所吸引，這

是一篇表面描寫母親，其實是寫他母親那個時代的女性悲劇，一個典型的代表人物：「在我上一代人當中，像這種心智低等且又缺乏人生理解力的人並不少見，而像發生在我母親身上這樣的戲劇，固然很殘酷，在那個時代卻也可說是極為平常。」作者說極為平常，此話的確不假。但他母親雖不識字，又遇到像「卡拉馬助夫兄弟們」一書中那位邪惡父親角色的「累贅貨色」，但她的天資聰慧，甚至勇氣比易卜生筆下的「諾拉」多上何止千百倍，但是命運還是作弄人，第二次婚姻仍是個「殘酷的事實」，作者說他母親「直可說是上一代台灣沒有機會受教育婦女的優良典型寫照。」既未嘆過氣，也未怨嘆過歹命，也就是說那是那一代認命性格的典型代表。

這一篇文章，寫得最生動的要算「購買書櫥」這一件事了，以當時公務員月薪才一千二百元，他要買的書櫥竟要價八百元，母親除了給他兩百元，其他就要靠壓歲錢、畢業旅行錢來湊，但還是湊不足，又跟叔公提書櫥的事，叔公本來答應他考上省立高中要給他一個籃球，大約要一百五十元，他竟要以籃球換書櫥，這還不夠一百元，，腦筋就動到弟弟的一百元壓歲錢。那是一個什麼樣的年代，為了一個書櫥可謂千辛萬苦，令人讀之心痛不已。其次是另一篇文章寫得最感人的要算「讀小說」給母親聽，作者還會像章回小說一樣吊胃口：「欲知下回如何？請待下回分解。」母親聽得興起，馬上要求：「今天多讀兩回……」。作者說這是他一生中和母親最親的階段。

母親雖然不識字，但在作者不斷唸小說給母親聽，總算也「讀」了許多精彩的文學作品。我認為這篇文章至情至性、

生動有趣，值得一讀再讀。

　　另一篇趣味性十足，頗能吸引你一口氣讀完的是「我的初戀情人林美麗」，根據作者自己說除了「林美麗」三個字是假名外，其他的都是真實的。這個故事本來十分平常，兩個少男少女互相喜歡，通了一段時間的信之後，因故分手，三十幾年後女主角死了，女兒在整理遺物發現這些信寄還給他。並附了一封信，如此而已。可是作者的生花妙筆，居然能寫得令人對他們純真的愛情十分神往。以作者的寫作功力，我要勸他多寫一些「原作」，供專家們研究，畢竟再有水準的導讀者、評論家，一段時間後就過氣了。還是「原作」可以歷久不衰，讓千百代人一讀再讀。例如「紅樓夢」，再多紅學專家也比不上一個曹雪芹。

　　我在讀劉森堯這本「母親的書」時，除了讚嘆他對文學電影作家知道得很詳盡外，也佩服他寫作手法的高明，不但不乏味，沒有一般學者寫書的冷硬難讀，反而有偵探小說家的筆法，讓你一路追尋下去。

　　我要引用劉森堯在自序中的一段話，勸大家多讀好書：「我向來愛讀文學，同時喜歡鼓勵朋友和學生多讀書，特別是閱讀精彩好看的文學作品，我的論調是，表面看讀文學未必有用，因為讀文學並不能為你謀取錢財，也不能幫助你解決人生實際問題，但從反面角度看，讀文學卻是最為有用，那樣的用處是無形的，因為好的文學作品會教導我們用更真確的眼光去看有關人生的事實，多少可以撫慰我們人生的痛苦，增長我們看人和事的識見，繼而拓寬我們的人生視野，然後建立對生活的信心。」真是真知灼見。

　　許多人往往大喊「人生無聊、痛苦」，爲什麼不讓文學作品撫慰你痛苦的心靈？爲什麼不讀一讀像劉森堯的「母親的書」這樣有著無限內涵的書？你不但可以親近如盧梭、叔本華等名家，而且可以欣賞到作品以有趣曲折驚奇的手法引導你進入文學、哲學、電影的藝術世界。那是多麼豐富精彩的人生。

93.04.12 台時副刊

亮麗的新詩美學

—— 讀蕭蕭《台灣新詩美學》

蕭蕭新著《台灣新詩美學》，把台灣新詩八十年來的成就，做一個概括性的論述，頗值得愛詩人參考。書分六章，第一章是導論，討論台灣新詩美學的共構現象。第二章以余光中的詩作為核心，輔以向明詩作的生活美學。第三章以周夢蝶的詩作禪詩美學，探討台灣新詩的出世情懷。第四章以賴和、林亨泰、向陽的現實主義作品驗證台灣新詩的現實主義美學。第五章以楊熾昌、商禽、洛夫、蘇紹連的超現實主義詩作，探討台灣新詩中的超現實主義美學。第六章結論，以新詩美學的初體驗和新境界，入世與出世，現實與超現實，探討台灣新詩美學的建構現實。

整本書中，探討的重點放在少數著名詩人身上，比如討論台灣新詩的入世精神，他就側重在余光中詩作的儒家美學體現，加上向明的生活美學詩作，有些詩人偶有提到，不是一筆帶過，就是略而不提。這也難怪，畢竟余光中是張曉風認為最有可能獲得諾貝爾獎的人選，連黃維樑都如此讚譽余光中：「敏於感應，富於想像，勇於嘗試，勤於執筆，融匯中外，通變古今，抒情說理，詠物敘事，個人家國，多方發揮。」

不談他要談誰？因此蕭蕭就把儒家的「乾道精神拿來衡量余光中的詩作，的確也具有奔流的生命，而儒家「坤道」的修持，竟然也和余光中生命的節制相合。另外從「論語」的許多篇章，也找到孔子詩教與余光中詩學的精神共通處，可謂下過不少功夫研究。

　　余光中的詩具有儒家美學的特質，不論從興觀群怨或思無邪，在在都符合了孔子的學說，儒家美學的極致。連向明詩作中的身心的安頓、物我的諧和、中庸的期許，蕭蕭都能找到詩作來加以印證。就這樣蕭蕭從儒家精神和余光中的詩作中，找出了余光中十分重要的特色：一、溫柔敦厚，又有詩教意涵。二、詩作具有孔子詩美學的核心論點興、觀、群、怨。託物寄情的比興技巧。三、詩作具有雄邁進取的剛健風骨。四、詩作具有意在言外的的含蓄品味。五、詩作具有心繫家園的歷史鄉愁。從所舉余光中的作品例證，蕭蕭在余光中詩作的儒家美學的確用功甚深，頗有心得。

　　談到台灣新詩的出世情懷，蕭蕭首先參閱了很多有關禪與詩相互交涉，禪與詩互相通感，以及唐宋詩時代以詩明禪，以禪入詩的歷史背景之研究專書，並舉詩佛王維的作品為分析對象，中間夾雜李白杜甫部分有禪詩，然後導入現代詩中管管、余光中、周夢蝶的禪詩做為深入研究的對象，有一點令我意外的是他舉了尹凡的作品「聽雨」和他自己的作品「飲之太和」第三首及「應無所住而生其心」加以解說自己對禪詩的看法。尹凡出道早，知道的人不多，曾經很灰心，蕭蕭能加以鼓勵，令人激賞。至於不避嫌舉自己的作品分析，大概是內舉不避親吧！許多詩人都在選析詩作時，避免選自己

的詩。張默的「小說選讀」也請別人分析他的作品附錄在其中。蕭蕭果然已經進入禪學世界「觀自在」了！這一部分還是以周夢蝶為重心，以「引佛語而寄佛理」、「苦世情而悟世理」、「窺禪機而見禪理」三大部分闡述周夢蝶在禪詩美學的體悟，並在結語中直言妙悟是禪的最高境界，可以使詩達到無限可能。

至於台灣新詩在現實主義美學方面，蕭蕭把日據時代的詩人賴和身處錯亂的時代，在異族的統治下所寫的境遇的錯愕及追尋台灣自主的詩篇，多所著墨，並譽之為台灣文學之父。在跨越語言的一代就集中在林亨泰的名詩加以分析，言之似乎成理，但我拿給許多對詩還不太有研究的讀者看，都哈哈大笑以對。

對於守護台灣土地的現實主義詩人，蕭蕭就舉了吳晟、詹澈、劉克襄詩作，表揚他們對土地的愛所寫的論述，其中不乏感人之作，但也有泛泛如論文者如劉克襄的〈女工之死〉：「午夜，作業員陳玉花趕完工作／在工廠門口，遭到兩名男子挾持／清晨，她受凌辱後回租屋／掛電話給家人，走進浴室嘔吐」（只錄第一段，其他寫法相同），許多讀者都說：「這是散文嗎？」其實關懷現實，包括對土地、人民、政治都可以用心書寫，但要表現得好，就不容易了，向陽是其中的佼佼者，出版詩集多冊，包括「十行集」、「向陽詩選」等，論者頗多，但在語言上還是十分散文化，台語詩連講台語的都不會唸，不過，他自己朗誦起來卻味道十足，看來寫台語詩者都必須附上一卷錄音帶了。蕭蕭認為向陽：「以銀杏連結現實與美學，從〈離騷〉中發現台灣，並且在詩中展現台灣

和台灣的良知，為台灣定位，以詩為台灣寫史」等重大成就。數十年來蕭蕭的評論，偏重現代主義詩人，如今能重視寫實詩人的美學表現，也算做到了平衡報導。

在蕭蕭平日最多論述的「超現實主義美學」反而擺在後面第五章中，從「銀鈴會」開始，一直談到「現代派」、「創世紀」、「藍星」，中間還夾敘了一點較小的詩刊如「龍族」、「主流」、「大地」、「後浪」、「秋水」、「草根」、「大海洋」、「詩脈」、「掌門」、「陽光小集」等。談得最多的是「風車詩社」的楊熾昌，並抄錄陳明台的評語，給予很高的評價。其次是花大篇幅介紹商禽，和瘂弦、張默、洛夫的創世紀，認為是「超現實主義的化合性美學」，另闢一節介紹蘇紹連的超現實主義的轉位美學。這一部份令我意外，其實他多年來用心在此，應可以寫一部數十萬字的「超現實主義美學」專書。

蕭蕭在總結台灣新詩美學的建構現實上舉外國的詩人哲學家如康德、鮑姆嘉通⋯⋯甚至上述到希臘三哲蘇格拉底到中國的王國維、李澤厚、葉朗⋯⋯等，希望能從生活美學與生命美學上建構新詩美學的新境界。雖然書中所談者都是歷年來他在文章，著作中常評論的詩人，所參考的書籍也都集中在討論名詩人的著作上，忽略了許多也同時在詩壇耕耘的詩刊、詩人、葡萄園、秋水的明朗與唯美，是被忽略的詩美學，大多數讀者一直看到這些所謂名家的評論，以為新詩都是如此怪異，紛紛遠離這種怪異美學，讀者日少，變成小眾中的小眾，自是必然。

93.04.19 台時副刊

百年國變知多少

── 讀朱介凡《百年國變》

朱介凡新著《百年國變》可說彌足珍貴。

以他和民國同年（生於民國元年），來寫近百年的歷史滄桑，應是最好的第一手資料。

朱介凡擅長把遇到的人和所發生的事加以描述，每一個人都有悲歡離合、成功失敗的際遇，把這些寫出來，不但有趣，而且可供借鑑。以「松柏嶺」一篇為例，他把好多位天南地北遇合在一起的老人家，他們的人生刻畫得十分深刻，這幾位年過半百的老人家有一個順口溜：「九十不稀奇，八十才開始，七十小老弟，六十不用提」，原來他們之中三老出生於民初，有民國四年生的孔興國，山東人。有民國九年生的龍飛鵬，四川人。有民國十二年生的金春湧，吉林長春人。最小的是民國二十二年生的陳火土，台北人。他們戲稱三老四少。對這四位天南地北老人，他有如下的的描述：「三老八十多，四少六十多，只因每星期有那麼三天，朝食於麥當勞，習慣同坐東南角餐桌，三兩次後漸漸熟了，氣味相投，常有聊不完的話頭。四位仁兄似有默契，不太愛談時下政治，而免不了憶當年，說往事。三老孩提時代，正當革命軍北伐，

中國社會起了蛻變。陳火土難忘二次大戰時，美軍飛機轟炸台北。其後有了八年抗戰的勝利，台灣重歸祖國懷抱，三老從不同環境，來到寶島，落腳下來，一住半世紀。有幸結識台灣本土同胞陳火土。」從這一段描述，你就可以知道他們幾個人身上所發生的故事，所見所聞，幾乎是一部民國史，甚至三老四少回鄉探親，也目睹了大陸的現況，實在是一篇現代史的珍貴資料。

「阿德哥」描寫他因病在弘仁醫院住了十二天的晚年友情奇遇，把弘仁醫院的創辦人林金水和他的兒子「阿德」，如何成功的經營企業，又如何回饋社會成立了弘仁醫院，許多病人都十分稱許華國企業對弘仁醫院的支持，作者親自體會了這個家族的仁心，還見識到了他們父子倆對企業經營的理念與常人不同：「譬如這間辦公室，就與好多大老闆的辦公室，氣氛不一樣。良好的示範，應該有其正面的影響。要是所有企業界經營，都如華國一樣，那麼，台灣經驗，方是盡善盡美。有件小事，其實也是大事。阿德哥雖不像他的弟妹倆，攻讀了博士學位。卻是，一直都未離開書本。試看阿德哥醫院中的書房，及這間辦公室的兩櫥書，各類書籍皆有，不只瀏覽幾份報紙、雜誌，或只注重財政、金融資訊而已。」他如此描述著一位成功的企業家。整篇文章也寫到阿德哥的婚姻，高潮迭起，簡直可以拍成一部電影，如果有好的導演、編劇，一定十分叫座。

「清漳河畔」一篇則是描寫抗日戰爭大時代中的小人物「何明」的故事，何明在作者仔細描寫下成了一個個性十分突出主角。盧溝橋事變，他妹兩次在東安市場門口受到日本

兵的侮辱，以及感於時局紛亂，當局和戰未決，舉棋不定，何明毅然奮起，將母親、妻子、妹子送回西山老家，投筆從戎去了，但他還未向敵人射出一顆子彈，敵人卻將他一家骨肉，那三位婦人，在一個黑夜裡糟蹋殘殺了，只因在他家裡搜出了一些反日書籍。何明的許多遭遇，讓他成為一個特立獨行的人，例如政治部三番兩次的請他當科長，他說：「我很偏見。不怕你們見怪，由於先父在世時官僚作風給我印象太壞了，我平生討厭官吏。惟有不做官而盡心盡力做事，才帶勁頭，不戴紗帽，人才自由自在些，像那種奮不顧生，幫助職業消防隊救火的義勇隊一樣。」這就是何明。但他也是一個有血有淚，有情感的男兒，當他收到他昔日青梅竹馬的「筠」小姐來信，整個人就淚眼模糊了，到處胡亂走，一面走一面想，終於想到：「有了。為什麼不到後方去，把筠接到這邊來？政治部那裡，不是一再提起，要到洛陽招服務員？」想到這裡，何明頓覺一股力量，馬上回了一信。整個故事在戰亂中發生的兒女情長故事，有血有淚，讀來倍覺感人。當然其中也穿插了一些其他人物和故事，如果作者願意，其實可以發展成為一部長篇小說。

作者也擅長聽來的故事，而且寫得彷彿是自己親身的見聞，讓讀者如同看電影一般，故事中的人物歷歷在目，例如「好醫生的奇遇」就是聽他的朋友任覺生說的故事，這是發生在英國維多利亞女王時代的故事，這位醫生五十來歲，每天上午只看三十位病人，收費貴十倍以上，下午則不管富貴貧賤大病小病，一律不收費，還送營養品，人數不限。說也奇怪，不但貴族階級以上午能去看病為榮，就是平民也沒有

不搶大清早去掛號的。故事就這樣發生了，有人來找這位醫生去看病---做一個外科手術，這個外科手術居然是截掉這位人士的五個腳趾頭，以表示對妻子的忠誠。作者的寫法十分細膩，一步一步的引你入迷，非看完不可，難怪當年林海音會特別看重，請名家插圖配畫連載刊出，我讀完一遍又再看了一次覺得值回票價。

　　「鏡裡朱顏改」是描寫一位英國的四十多歲女士名叫愛麗娜在中國所發生的老少配愛情故事受到阻擾因而性情大變，彷彿像法國小說所寫的那些極端浪漫放蕩的女性，提防潰決不可收拾，也如福樓拜的《包法利夫人》一樣。對人性的刻畫十分鮮活生動。其他如「變」、「太行春曉」、「追尋」、「小蘭」等也都十分生動，使人不一口氣看完不可。「長安道上」更是如同一部抗戰史，先讀下面一段，就令人心痛不已：「抗戰歲月，地無分南北，也不論城鄉，中國社會的嬰幼兒死亡率，超過其出生率，必須多生多養，而存活者，不過三分之一，至多五分之一。」令人讀之泫然欲泣。

　　「百年國變」真正把我們拉回了那個可歌可泣的時代，彷彿親眼目睹許多高風亮節之士，許多善良百姓，他們在戰火中，在動盪的大時代中求生存爭尊嚴。作者高齡九十三，見證了這麼一個多災多難的時代，遇到許多可敬可愛的人們，讓讀者有所啓發，有所領悟。欲知百年國變發生多少故事？請看本書吧！它將像許多老歌新唱，讓你無比回味與感動。

（93.05.05 台時副刊）

貝多芬的僕人

── 讀張秀文《貝多芬的中國女僕》

　　貝多芬那來的中國女僕？再看作者「張秀文」是一個完全陌生的名字。爲什麼叫「貝多芬的中國女僕」，原來是作者從小酷愛音樂，有一次聽到一陣陣優美的鋼琴聲，就停下來聆聽，彈琴者告訴她那是貝多芬的鋼琴奏鳴曲「悲愴」，並免費教她彈琴。作者以第一人稱來寫小說，但這位女主角名字叫秦琦文，秦琦文很佩服貝多芬，所以告訴人家「她想做貝多芬的僕人，可惜他死了（貝多芬比她早生了一百八十年）」，由於這個原因，她的綽號就叫「女僕」。書名也取爲「貝多芬的中國女僕」，讀到這一段，我終於豁然開朗，哦！原來如此。

　　這是一本類似作者自傳體的小說，情節和她的生平不免雷同。這本小說從中國大陸的生活寫起，歷經下鄉勞動、人民公社、票的世界、文化大革命，然後有機會到香港、歐洲，歷經兩個不同的世界，作者實實在在娓娓道來，讓我們真正體會到什麼是共產世界，爲這個時代留下了真實深刻的見證。

　　首先「窮」是普通的社會現象，就以她描寫省車資爲例，居然走了兩個半小時只爲省八分錢車資：「就這樣，師大音樂系的林教授，免費爲我每週補習兩次樂理、和聲以及鋼琴。

從離家不遠二路公共汽車站到師大終站車資八分錢。那時家裡窮，每次都是步行，往返大約要兩個半小時。」她甚至描寫有一次為了趕時間，一個錢也沒有就跳上汽車，被司機、售票員兇巴巴的帶去見站長，由於沒錢無法補票，站長怕再耽誤天就黑了，竟然叫她「快走吧！」這件事令她永生難忘。

她的生花妙筆，也給我們很多活生生的悲慘畫面，讀之如在眼前。例如她描寫她的朋友楊世昌被批鬥，完全失去求生的意志：「…楊世昌沒有放棄自己的理想，在謝添主演的電影《林家舖子》裡，她當上了主角，上了銀幕。文革期間，《林家舖子》是江青點名批判的電影之一，她被批鬥得很慘，完全失去求生的意志。」

至於下鄉勞動，更是全體新學生的同學必須被分配的事：「白天和農民一起下田幹活，晚上到公社、生產隊演出。鄉下的農民在空地上架起大爐灶，每天煮上幾大木盆冬瓜，我們天天吃、餐餐吃，足足吃了整整一個月。回到學校，看到食堂的冬瓜都怕了。」想想我們在成功嶺受訓幾個禮拜，各方特別禮遇，號稱「少爺兵」，每個人都叫苦連天，如果也去勞改，怕都活不了。

許多名家如艾青、丁玲也都下鄉勞動：「…送到黑龍江、北大荒邊遠的地方勞動改造，受刑律懲罰。北大荒著名的興凱湖罪犯勞改場，四無人煙，想逃也沒法逃。冬天大雪紛飛，氣溫在零下四十度以下，還要上山伐木，用手拉鋼鋸。…」這是什麼樣悲慘的日子？作者有一個朋友徐醫生，從蘇北回來之後，變成：「徐醫生坐在書桌前，消瘦的臉上刻滿孤傲的皺紋，調到蘇北只是幾年的光景，卻猶如度過了幾十年的光

陰，他變得老多了。」由此可見一斑，其他被迫下鄉勞改，命運大同小異，不死，也要折磨得不成人樣。

再描寫鬥爭場面，外人鬥爭外人還不希罕，自己人鬥爭自己人才叫絕：「外公外婆因為在老家江蘇龍潭置了幾百畝『養老田』，解放時被劃成地主成分，帶鬥爭他們的共產黨領導幹部，竟然是我的舅父。」這是什麼世界？

江青、葉群、林彪更是讓人感慨唏噓。不要說江青被逼自殺，林彪逃跑時墜機而亡，就是葉群的兒子林立果「大選妃」娶了張寧，也是如此下場：「張寧從小愛跳舞，當上了舞蹈演員。進了林家不到三個月就發生轟動世界「九一三」事件，無辜被遣送到北京衛戍區勞改農場勞動改造，四年後才釋放回南京。自己愛的人不能去愛，不愛的卻逼你去愛。」其他上海音樂學院的教授被逼自殺，翻譯家楊憲益和太太戴乃迭在監獄中過四年半。兒子楊燁瘋了，放火燒了房子自殺了…真是筆不勝書。

可是等到她千辛萬苦到了香港，在自由主義資本社會，她也有深入的觀察和不習慣，比如她寫到一位寡母，兒子與岳家移居美國，從此不聞不問：「每次親友問起我兒子的近況，我都說他在美國過得很好，不但按月給我寄錢，還常常寫信回來，他們都讚好福氣。唉！其實越讚，我心就越痛。秦老師，不怕妳笑話，兒子去了美國之後，連一塊美金都沒寄給我，逢年過節都是我寫信給他們請安啊！不管怎麼說，兒子始終是自己身上掉下來的一塊肉，她不記得我這個老太婆，可我還是掛念他啊！」天下父母心，在這一小段裡，令人為之泫然。

　　她從共產社會出來，對資本主義社會也有她的觀察，例如她寫道：「『有老婆又怎樣？這個資本主義社會已經沒有道德可言了！哼！要是我啊！別說做二太太，就是老三老四，我都無所謂。』她從手提包裡拿出一盒 Y.S.L 牌的女裝香煙，一邊抽一邊說，滿口的市井俗語，聽得我目瞪口呆。」

　　張秀文人生經歷特殊、豐富，雖說是第一次寫小說，卻能把包含人、事、地、物、景的人生軌跡，刻劃得栩栩如生，使讀者如親歷其境，如果有虛構，卻看不出虛構的地方，文筆細膩，親切動人 可以一讀再讀的小說，也是時代見證的佳構。

93.05.26 台時副刊

古典的現代花朵

── 讀洪淑苓《扛一棵樹回家》

　　洪淑苓教授的散文集，通達人情世故，至情至性的散文，溫柔與幽默之外，蘊藏著寧靜與幸福的氣息，果然是「新世紀散文最美妙的閱讀深呼吸」！無論如何，這是一本研究洪淑苓文學成長與成就的重要書籍，內容有她的成長經驗：「當過賣蚵仔麵線的小販、賣檳榔的小妹、剝荔枝的童工」，也有她的「學院世界、女性世界」的特有經驗，更有對「婚姻的描繪　生活的點滴以及心靈世界的漫舞，等於作家的日記或傳記，有助於研究作家的重要素材。

　　一般來說，名人或學者寫傳記性的文字，大都說自己出身書香世家或官宦世家，而像洪淑苓這樣出身寒微的並不多見，母親為了賺生活費，子女教育費，做遍了所有苦差事，而懂事的小洪淑苓就因而見識了人生的卑微與傲岸。為了幫母親，她代為顧攤，心中想的是「萬一被警察碰上了、取締、罰款。怎麼辦？」果不其然，警察來了，她描寫得多生動：「他來了。像國慶閱兵踢正步一樣，不疾不徐，雍容華貴。但對我來說，那氣勢卻有如泰山壓頂；我瞪大眼睛看著他的，害怕極了，早已忘了開跑這回事。突然，他停下來，在我攤子

的斜前方，也很慎重的瞪著我瞧。從清湯掛麵的髮型到繡著金黃色學號的綠制服，然後瞄到抬面上的鍋碗，最後又回到我臉上。只是幾秒鐘吧？我卻像作弊被逮個正著的學生，驚懼、顫抖，甚至是呆若木雞，即將任人宰割。」臨場感十足，彷彿這一幕就在眼前。她也怕被熟人、同學碰上，她的心情刻劃多麼生動：「…在我充當『檳榔小妹』時…我看到對面馬路上走來了三、四個大男生…他們一路嘻嘻哈哈走過來，我的頭愈來愈低，眼睛卻一直往上瞟。我很想看他們到底是誰…我還是不敢抬頭看，只用眼角餘光瞄一瞄，確定他們走遠了，看不見了，才挺直腰桿，鬆了口氣…」卑微的心理刻劃，十分生動。但她也有她的傲岸：「在生活的重擔下，母親早已練就可屈可伸的人生態度，她，擁有強韌的生命力不會被貧困打倒，也不因挫折而氣餒、退縮。」這就是小人物的傲岸，不會被打倒的傲岸，洪淑苓幫母親擺攤，文中不時出現：「這也是一種工作啊！」可以說是小人物心聲的代言人。

洪淑苓的散文，章法嚴謹描寫生動，寓意深遠，常能巧妙向外延伸，有枝有葉，繁花茂果，極盡鮮美之盛。即使是一張小小的書桌，她也能寫得分外生動，扣人生弦。

她說維吉妮亞、吳爾芙一再強調：「女生寫作一定要有自己的房間」，而偏偏她們夫妻「貧賤夫妻百事哀」，買了一間小公寓，為了貸款，只好忍痛將其中兩間房租人，兩夫妻只好窩在主臥套房，不要說是自己的房間，就連自己的書桌也沒有，她羨慕起有幾位女作家，不但擁有自己的房子，用來寫作、沈思，還可以用來招待自己的文友，最令人稱羨的還是：「泰半是靠自己的稿費、版稅掙來」，作者巨細靡遺的描

寫自己和老公如何窩在小房間裡，還要給小孩玩電玩，自己的文章竟是在飯桌上完成的，讀來一字一淚，要有自己的房間，四張書桌，一張學術研究、一張處理雜事，簡直是夢想。不過，看洪淑苓的生動文字，那一天讀者忽然發現了，暢銷了，那種「自食其力的驕傲」說不定很快實現呢！

　　散文大家簡媜在替洪淑苓散文集『扛一棟樹回家』寫序時說：「讀洪淑苓的詩令人感受其靈思飛揚、姿態優雅之美，讀《扛一棟樹回家》則有臂力過人，一夫當關萬夫莫敵之嘆。她以自身為天秤，苦甜分帳，剛柔並重，穩住了人生和江山。」

　　誠不虛言，洪淑苓在無甚新奇的題材上，能自創新境，在人人耳熟能詳的親情上，另有自己的體會，寫老公如何以「一盒鮮奶征服了我」，迷煞了多少少男少女，也讓老夫老妻們稱羨。至於身為女學者對「七夕相思雨會不會是累積一年的洗碗水？」的探究，對「嫦娥偷吃不死藥有理，白娘子不是蛇妖，一切都是為了愛」的女性主義書寫，在在跟現在的女性主義者不同，她是那麼的溫柔敦厚，可以說是孕育在古典文化中的一朵現代花朵，讓人怎麼看怎麼欣賞。

93.08.11 台時副刊

百感交集話人生

── 讀隱地《人生十感》

　　拜讀隱地「人生十感」，可謂百感交集。令人無法忍受的是一些有頭有臉的人，在電視上瞎掰、硬拗，隱地在「傷」一文中說：「明明是黑的，他說是白的。明明是死的，他說是活的。……英雄早已變成一個笑話；倒是狗熊，成群結隊而來，不是綜藝節目裡是主角，在政治舞台上也橫行霸道，儼然已成為我們這個時代的發言人。」

　　而這些人竟然還擁有博士學位，只為了個人前途，不惜硬著頭皮，厚著臉皮胡說一通。而這些人一旦擁有了權勢名位，竟然「享有光卻從來不願分光於人，享有名而從不施名於人，唯恐自己金口一開，走漏了光。這些蒐集光、蒐集名聲的人，一生一世想霸住光，享受膜拜集於一身的榮耀。更有一些人，想控制光，成為光的操縱者。大至國家，小至機關、團體，往往幕後均有一個操縱者，更有人隻手遮天，以為天下人都是傻瓜……」社會上都是這種人當道，難道你不痛心？而他們又是那麼長袖善舞，你奈他何？

　　還有令人痛心的是青少年問題，隱地在「輕重」乙文中引述一條報紙上的消息：「二十五歲男子醋勁大發，勒死十三

歲女友」，隱地痛心「小小年紀，生命還像一朵蓓蕾，花朵尚未開放，生命已經結束。」

隱地說：「資本主義社會引誘太多，讓青少年身心掛滿慾望的零件－手機、信用卡、網路以及源源而來的名牌服飾，弄得一個純樸小孩，滿腦子胡思亂想，不該早熟的年紀，卻比五、六十歲的中老年人經歷了更多人間的千瘡百孔的風霜。」

隱地在「虛實」一文中也指出：「當今世界兩大最熱門的發明就是手機和信用卡。」他說手機幾乎人手一支，至於信用卡則有十張八張，刷到信用破產，老母為替兒子還債還到心窮力竭自殺。這樣的青少年將來如何成為一個國家的主人？我們的國家將會變成什麼樣的國家？

隱地是有心人，有知識份子良知，用心研究當前的社會問題，而這些問題令人讀了痛心不已，不過隱地也非光提問題不給答案的人，他也在書中指出了若干解決的方向。

第一，如何安頓自我的問題，隱地在一篇「委屈感」文中指出「所有的煩惱都是由我而起」，每一個人都只有想到我，兄弟姊妹眾多，何以父母獨獨沒有看到我，老師沒有注意我，上司不重視我，到了老年還是滿肚子不合時宜，怎麼會不滿腹委屈，想大聲痛哭？隱地開了一個藥方，「去除這個煩惱原－我，人就沒有煩惱了！」可是要達到這種忘我的境界，談何容易。

第二，走出室外，去發現生命的神奇，隱地在「失落感」乙文中明白指出，當生命出現低潮時，最好走出室外，去看外面的自然世界或人潮。把失落感這個關卡跨過去，就是一

個萬里晴空的美麗世界。歷史告訴我們，有盛世，就有亂世，當你忘了「主政者罔顧正義，致使權貴橫行，教育改革荒謬，導致台灣社會扭曲，價值觀錯亂。」你努力的做你自己該做的，有一天你會發現雖然「兩岸猿聲啼不住」，卻在不知不覺間「輕舟已過萬重山」了。

　　第三，安靜的寫書出書，隱地說安靜可以培養一個人的氣質，不會毛躁、鬱悶，人都是凡夫俗子，需要文學、藝術和音樂的陶冶，精神食糧可以讓我們脫胎換骨，多年前勵志書風行，王鼎鈞的「開放的人生」幾乎人手一冊，宋瑞的「勵志文粹」十分風行，竟因而開了一家勵志書店，如今好書沒人看了，銷路好的書、雜誌都充滿了八掛，有一本雜誌，其中一期封面稍不清涼爽眼，銷路馬上下滑。所有綜藝節目都是搞笑、搞怪，網路文學若大膽以「下半身寫作」，馬上成名。隱地還是守著他的本業，安於他的本份，不管書的銷路如何，他的念頭都只有一個：出好書！不管賣得完賣不完，就是出好書。

　　我們的社會真的病了，正需要好醫生來治療，偏偏「病急亂投醫」，明明是心病，卻不看心理醫生。真的，家長、老師不要再只注重分數、升學率了，偶而叫孩子讀讀「勵志書籍」，應該比分數重要。許多高學歷的人出嚴重的問題，報導甚多，關心子女的家長，愛護學生的老師，真的應該深思。

　　隱地在書中說，以前的學生都在書桌上寫一個「忍」字做座右銘，真是深護我心，很多事情，如果能忍，就不會出亂子，甚至可以功成名就。

　　隱地多次提到四十年前中副老編孫如陵一再退他的稿，

他認爲「當年孫主編的退稿，對我來說，是另一種激勵，幫助我在筆耕天地裡奮力前泳」。善哉，隱地，多少人因被退稿而終身不寫，多少人因被退稿而對主編「懷恨在心」，隱地這種「咬牙切齒」的忍功，確實是今天所有人應該學習的，「百忍堂中有太和」，如果台灣社會中的人都凡事能忍，將是一個多麼美麗和諧的社會。

（93.10.08 台時副刊）

明月如窗如映

── 讀夏菁《可臨視堡的風鈴》

　　夏菁散文『可臨視堡的風鈴』寫到與夫人相處，真讓人「只羨鴛鴦不羨仙」之感。這就是夏菁的文風，溫馨如月、親切如映。

　　「山居閒不住」寫客廳有一幅詩人畫家楚戈的字，原來他自己題「門對落磯山」，但他夫人建議不如改為「面對落磯山」，因為將來搬了家，門就不一定對山了，夏菁夫妻生活之詩意浪漫可見一斑。

　　同時這一段文字也描寫了他文人雅士居家生活的情趣。例如前面提到的「面對落磯山」的「面山」，他認為有如達摩的面壁，有韜光養晦之意，尤其下聯「心懷香雪海」，乃是懷念姑蘇西郊福山區的名勝香雪海，心中有不忘那一片梅花如雪如海，清香遠播，雖遠離故國，然而鄉愁卻時時進入夢中，心中，十足標準的文人雅士。

　　夏菁詼諧情趣在「折腕度年」為了到壁櫥拿鞋子，不小心從梯子跌下來，手又腫又痛，他描寫就醫情形，真是諧趣橫生，十分幽默，他又會自我安慰，想到世界上的重大災難，他認為他的折腕實在微不足道，如果自怨自艾，滿紙心酸淚，

讀了就煩。他的夫人更幽默，還虧了他一下：「你看起來像一隻商家過年陳設的『招財貓』！」看了直拍案叫好，有妻如此，豈會記得病痛？早就拋到九霄雲外去了。

還有「滄桑羅馬行」好像劉佬佬進了大觀園，事事新鮮，手提相機到處拍照，從上午十點一直逛到下午六點，一點都不覺疲倦。寫到他在浴室滑了一跤更叫人噴飯，原來他看浴室滿地是水，即向門外一縱，哪知門外大理石走廊也是濕的，這下子摔的天昏地暗，動彈不得。送到醫院，坐骨折斷，開了兩次刀，住院四十天。最有趣的是他第二次到羅馬，已離開聯合國，再加簽時用中華民國護照，而不是用聯合國的證照，足足在機場大門口被擋駕了八小時之久，後來靠了舊同事保證，才能進入。他寫到此處，突然感嘆：「想想三十年前第一次用吾國公務護照進入，頗受禮遇。嗣後用聯合國護照，來去通行無阻。最後一次用吾國普通護照，落得如此地步，令我傷心。這是國勢所趨？或是我個人的遭遇？三十年滄海桑田，但無論如何，羅馬是一個使我難忘的城市。」詼諧幽默之外，又加上傷感，讀來五味雜陳。

夏菁最具妙想的要算「臆測未來」三篇了，比如之一的「幻想三千」，想像公元三千年：「人和機器混為一體，如果有人要去俄國旅行，腦中裝上晶片，俄文就可以對答如流。」之二的「天馬行空」乙文更妙：「在二十世紀內，科學家會發明一種衣料，四季咸宜，當你走出門去，太熱或太冷，纖維可以自動調節溫度，保護您的身體，這種衣料，也會自己清潔或盪平，不勞你去操心，他也可以伸縮或變色，這樣每天可以換花樣，不會覺得寒酸落伍。到了公元三千年，衣服僅

成裝飾品，身上只要塗上（coating）一層物質，毛孔仍可透氣，體溫和外界絕緣。到那時，回到原始，和其他動物一樣，可以赤誠相對。衣服只是爲了遮羞或炫耀，也沒有人再提倡天體運動，大家倒是要勤練體格，以示健康之美。到了這種境界，窮人富人的差別，可以大爲縮小。」真是奇思妙想，簡直到了不可思議的境地。

「可臨視堡的風鈴」中的可臨視堡（Fort Collins）位於美國科羅拉多州北部，海拔五千呎，是一個大學小鎮（College town）。夏菁曾在一九六一年到過這個小鎮，三年後又到這個小鎮深造，一九八四年離開聯合國後到此地教書，一住就是三十年，這三十年中陸續出了散文「回到林間去」和「雲嶺」，即使夏的第一本書「落磯山下」也和「可臨視堡」有因緣，此書之命名，大概是生活、寫作都在「可臨視堡」的緣故。

梁實秋稱讚他：「通數國文字，嗜英美文學，然其散文絕無時下習氣，清談娓尾，勝與眞尋，中國人使用中國文字，固當如此。」

楊牧評論他的散文：「屬於議論派，最接近西方的散文體式。」向明評語是：「他讀過萬卷書，行過萬里路，所以能把握一個現代作家所應具有的時代意識。」

「這是一本詩人的優美散文！」我這樣告訴自己：「我要時常抽出一、兩篇來讀，不亦快哉！」此時正有一輪明月穿窗而過，我心中感覺旣舒坦又愉悅。

（94.02.13 台時副刊）

撲鼻泥土蔬菜香

── 讀蘇石山《田園吟唱》

　　蘇石山的《田園吟唱》終於結集出版了，二年多來在《台時副刊》斷斷續續讀到他如詩的散文，如今能擁有完整的一冊，時時翻閱，真是不亦快哉！

　　這本散文集依春夏秋冬四季書寫，每季再分六個節氣，一共有二十四節氣，完整呈現台灣農民春耕夏耘秋收冬藏的農家面貌。

　　文中刻劃的地點是陶然園，就在台南機場、鹽埕和灣裡之間的一座小小農園。

　　人物有石山的阿爸、堂兄、吉良、天生仔、萬億、棠鳳、水龍、金樹……等一群做穡人，是自古以來就樂天知命、任勞任怨的莊稼漢。蘇石山在教職退休後回歸田園，把昔日耕種的「土塊厝」和堂兄的「陶然園」，以及這群可愛的純樸農夫形貌仔細描繪出來，以回味沉浸於農耕的情懷，並反芻人生過程的哲思。向陽在替阿盛文集《春秋麻黃》乙書作序時說：「戰後在台灣出生的新世代作家風起雲湧，以他們與台灣這塊島嶼緊密結合的生命經驗，透過小說、詩、散文、戲劇與評論，不斷發出聲音，各有擅長地寫出了深具台灣經驗的

佳作。」蘇石山的散文，正是「結合台灣的生命經驗」的一本擲地有聲的佳構。

我在細讀這本「田園吟唱」之後，發覺它有下面數點特色：

第一，它是一本寫情寫景均具功力的作品：例如〈陶然園〉乙文的第一段：「秋天是收穫的季節，一大片農田，到處洋溢著做穡人豐收的歡悅。稻田有的是濃濃淡淡的綠，有的是深深淺淺的黃，陽光下閃爍著金黃色耀眼的穀穗，秋風中翻飛著起伏湧動的稻浪，舖展著田園成熟之美。」像這樣描繪台灣農村景色的美文，俯拾即是，胡適在為《老殘遊記》某一版本做序時說：「這本書的寫景功力，在中國文學史上是最大的貢獻。」讀過老殘遊記者莫不為作者寫某處如「大明府」的文筆魅力所吸引。另外他在寫情方面也頗有特色，書中對農民與農民間情誼的刻劃，對農作物、昆蟲、鳥類等的刻劃，莫不展現其情繫萬物。例如「不平則鳴」乙文第一段：「『大凡物不得其平則鳴』，有的自發自鳴，有的假借他物發聲。由於風的吹振，流水能唱，草木有歌。由於人的敲擊，頑石出聲，金屬成韻。鳴放之道，千別萬殊；鳴法不一，聲響不同，因質有別，大小有異。在田園，只要我有心諦聽，就有天籟奏樂：雨滴的呢喃、莊稼的歡笑、霆雷的暴喝、蟲鳴的歌唱……聲聲入耳，不禁情繫萬千。」刻劃何等入微，描寫何等細緻。

第二，文章中充滿萬物生而平等的仁者胸懷：許多文章中不主張用農藥殺劑，不主張捕捉偷吃水果的鳥雀，認為他們也有生存權，例如「兇手烏秋」乙文：「目睹這幕大欺小、

強凌弱的慘劇，直是怵目驚心、惶惑難安、我就指著電線桿上的烏秋大吼、『兇手！兇手！』那隻烏秋抿抿嘴，睥睨傲岸地瞟我一眼，而『雞鴨、酒、酒、酒』後地大笑，並反駁我的責難說：「大自然所有生命繁衍遞嬗，上帝早有生態倫理、食物鏈平衡的設計，個體生命的久暫，在宇宙時光的大洪流中是微不足道的⋯」感悟大地的多采多姿，自有天則。人類對於生態所能做的，只有順應自然、珍愛保護、創造繁衍而已。」仁人之心旁及萬物，令人動容。

第三，重視生態環境保育：「他的許多文章，對生態環境保育的重視，可謂念茲在茲：（據統計，台灣約有四百種蝴蝶密度來看，堪稱世界之冠，但近來由於棲息地減少、環境的汙染、蝴蝶幼蟲愛吃的『食草植物』銳減、蝴蝶可以吸蜜的『蜜源植物』不足，長此而下，『花開蝶舞』的美景恐怕難再。自然界的食物鍊被破壞，生態便失去平衡，我們一再愚昧地破壞生物精巧的生命之網，生物逐漸滅絕，我們將來是否只能在書籍、圖片及標本上，一睹業已消失的物類芳容呢？）讀來令人動容。

第四，可以做為動植物、本土化農業的教材：工作情形，更是鉅細靡遺，好像一本農家百科全書，又沒有條文似的枯燥，可做為學生上課的教材。

第五，幽默風趣的文章，很能吸引讀者：一般文章，若能有風趣幽默的書寫，必定能吸引讀者往下看的衝動，例如「白頭翁與無花果」乙文，描寫白頭翁用喙子去掀開報紙，偷看無花果的成熟度，讓農人又好氣又好笑「過幾天，堂兄在無花果樹旁叫我。過去一看，原來是無花果又被白頭翁吃

了。但仔細一看，不禁令人嘖嘖稱奇，驚訝不已。因為牠們把無花果較大的留下來，吃掉較小的，大概是每枝留一、三、五而吃掉二、四、六，真是叫人又好氣又好笑，又無奈，白頭翁們在楊桃樹上有看到我們驚訝的樣子，都哈哈大笑說：「不必用報紙包了，沒有用的，我們偉大的白頭翁寬宏大量，這種分法還算公平吧！」仔細刻劃白頭翁偷吃無花果的細節，十分幽默耐讀！

　　蘇石山服務教育界多年，文章難免較有些說教性，但這不影響他的文學成就，唐宋八大家之首韓愈就主張「文以載道」。當我讀完全書，闔上書本，浮現腦際的竟然是那些純樸農民的形貌，還有鳥雀、白頭翁、烏秋，多麼生動深刻。作者對描寫對象的把握，可以說分寸到家，形象生動而不濫情。我們見其文，如見這些人、鳥、植物就在目前，大哉，一流寫手蘇石山，我們願意再努力期待你的下一本大作。

　　　　　　　2008 年 11 月文學人第 3 期

台灣囝仔的故事

── 讀《看牛囝仔》

　　已出版有散文集《迎向陽光》、《田園吟唱》的散文家蘇石山，最近又推出一部傳記小說《看牛囝件》，令人十分振奮。畢竟已從教職退休的蘇石山，正可以專心實現他的宏願，完成自己的人生三部曲，刻劃身邊勤奮的人物如辛勞的父母，熱愛這塊土地的種田人，如今果然說做就做，且已有初步的成績。

　　早年石山除了編寫大學、高中、國中作文寫作指導十餘本外，更花七年時間研究考證撰寫一部凡一千二百多頁的《革新版古文觀止》。現在教職退休以後，更秉持「認真喘氣，用心吐氣，努力爭氣」的三氣牛勁，立志完成書寫他熱愛的土地，莊稼人的長篇自傳體小說，我有幸先睹為快，拜讀了第一冊《看牛囝仔》，接近二十萬字的大書，竟然只花了一個多月就看完，可見書中的可讀性及文筆的優越性，以下我擬就閱讀所得，提供一些淺見，以就教於大家。

　　首先他先描寫所居住的環境，讓讀者對地理方位有粗淺的概念，讀起來比較親切，第一章中，他就有如下的刻畫：

台灣由玉山等中央眾山，脈出的山巒丘陵，南伸北
延。有向西南延伸的，間隔了嘉南平原與高屏平原。
特別的大、小崗山站出聳立，高高在上，是台南高雄
地區的地標，尤其天朗氣爽的清晨，更是石山青青湛
湛璧藍為人們所仰望。

　　除了寫出地理位置，也詳細描寫大崗山的寺庵，談到日
據時期日本政府的行政區，讓讀者知道地理、歷史，為什麼
會產生如下的台灣種田人的故事。

　　其中以描寫他們開墾過程的艱辛，最令人動容：

　　「這一帶雖沒有參天的松柏古木，卻長滿了黑梨、血
桐、九重葛、埔姜，以及翻花刺、菅芝、鹿仔樹，蕨
蕨等，到處是亂木苦藤，遍地是大小石頭。加上高地
上那棵蓊鬱傘蓋的大老榕樹，褐黧粗獷的枝幹，像巨
大章魚的觸腳，向四面八方張臂舞爪，糾櫛盤錯，更
讓人深感荒蕪的頑固，在這裡開山墾荒，要爭得寸尺
的耕地，實在不容易。『登吉，急走，有毒蛇！』突
然，二哥大喊一聲。」

　　由以上所引一小段，就可以知道台灣種田人耕種開墾的
辛苦，另外石山書中人物對話常照台灣話語寫出，也有保留
母語的苦心，例如：

　　「『細膩無蝕本，佇遮事事艱艱，步步危險，有代誌，

　　三人要靠較倚咧鬥相助。』
　　『登富啊！恭喜哦，閣生一個有朕胖的！』
　　『咱倚佇海邊，若有山，拄好近海吃海，靠山吃山，
　　按呢，人生卡會開闊。』

　　除了不懂台語的人讀起來有困難外，懂台語的人讀起來
頗有親切感，真實感。另外他還保存了很多兒歌，台灣俗語，
都很有趣：

〈搖囝仔歌〉
　　嬰仔搖，鬥挽茄，鬥挽偌濟，鬥挽一布袋，也欲呷，
　　也欲賣，也欲趁錢飼老爸。」

　　把鄉下婦女，一面工作，一面照顧小孩，搖竹搖籃生動
的刻畫出來，早期台灣鄉下的生活，就是如此。
　　他還搜集了台灣三字經，可見寫作用心良苦：

　　「台灣島，地沃肥，況四季，風雨依，農產物，諸種
　　子，亞人來，傳此，華民至重栽培，稻一年，獲兩回…」

　　石山把台灣人傳承文化、教子女讀書認字的《三字經》
用心搜集了來，誠屬不易，他這本小說，看來花了不少研究
的功夫和心血。
　　石山既然寫的是小說，當然少不了人物的刻畫，第五章
就寫一個他阿爸在大崗山開山時認識的「鞍心伯」：

「鞍心伯住在阿蓮水雞潭。每年夏天，龍眼成熟時，就會迢迢送來龍眼蜂蜜，和一大布袋龍眼。龍眼是粒大肉多的福眼，與蜂蜜都是台灣名產，這可樂了家中的眾小孩。我們欣賞阿伯的八字鬍鬚，更愛吃他的龍眼，盼望他常來。」

把鄉下人那種純樸模樣寫得很清晰，如在眼前，像這樣純樸的農人，一有收成，馬上又挑又提送給親友享用，正是鄉下人共通的性格，可愛純樸的性格。

寫鄉下人善良的個性，阿公也是代表，因為阿公被隔壁庄人打得半死，阿爸就立志學武，準備報仇，阿公告訴阿爸的話，正是善良人物的描寫：

「安公對阿爸說：『作惡做毒，騎馬輾碤，天報應比人報依閣卡好。』所以現在阿爸練武是為了健身。」

由上述描寫安公也是善良人士的鮮明代表。另外他描寫日本人高橋巡查的高傲狂妄，也歷歷有目前：

「原來最近衙門派來高橋巡查，四十多歲，身高六尺，濃眉、大眼、闊嘴、體壯力強，是柔道黑道三段的武林高手，做事認真，為人嚴格。為萬金的事，他很不高興。

登富去衙門，他一見面就無好臉色，蹙眉瞪眼的用台語

說：『哦！你是第八保保正，閣誠少年嘛，保正是按呢作的嗎？……聽說你閣是壯丁團的副團長，爲人硬氣勇敢，拳頭閣很好，是少林的、抑是武當派的？啊！拄著我攏無效啦……』」

中間還有更逼人太甚的描寫，登富雖一再推辭，但也不能太失台灣人的面子，於是禮貌的說：

> 「『好啦！點到為止，請您手下留情。不過，咱抑是到厝外比較方便！』」

於是石山寫了一段比武俠小說精采的比舞畫面，並且同時寫出了兩人不同的個性：

> 「無奈高橋不肯罷手，竟然欺身速進，一拳擊向登富的眉心，這一擊，真是非同小可。登富眼看已無可閃避，遽然站椿，雙手平抬，貼黏對方的手向左一帶，卸其勁力，高橋頓失重心。登富右手中間三指並攏如鐵銼，乘虛直戳高橋咽喉。這真是千鈞一髮，咽喉被刺，受創必然慘重，在場眾人正為高橋擔心。沒想到登富竟然化指為掌，大家一看，更是緊張，因為掌擊胸口也必重創。然而，好一個登富啊登富，真是『鐵指豆腐心』，在最險要的時候，更沒想到被高橋硬逼用強的登富，在這緊要的關頭，竟一再變招，最後是貼近高橋，雙手輕輕往外推，把他震退三步。」

　　把日本人欺人太甚和台灣鄉下人忍讓不願多事的人物特質，刻畫得入木三分。可以見識到石山對人物刻畫的手法及對人物心理了解的深刻。

　　另外，石山此本小說，從自己家裡的父母兄弟開始寫起，然後外延到鄰居、村人及附近高屏地區的友人，讓人讀來都是彷彿看到自己的鄰人一般，十分熟悉。雖然書分五十二章，但一章章讀下來，彷彿前呼後擁的海浪，由小浪而後大浪，以至於成為一個汪洋大海，架構十分完整。我們從石山的預告中得知，他的第二部人生傳記小說將寫到南師時期，定名《看海少年》，第三部則敘述在教育界服務的歲月叫《花香滿徑》，期待他趕快完成，好讓我再一口氣讀完，不亦快哉！

　　　　　　　　　　　（2009 年 5 月文學人第 5 期）

俯仰涵千象

── 淺談葉于模散文

　　讀葉于模的散文，往往被他的真誠感動，例如他在《創造好運吸引力》乙書的序文〈幸福來自心靈的活水〉中說：「有一次，我一位做大官朋友在公開場所感慨萬千說：『我們都老了，在官場都是過眼雲煙。我很羨慕老葉，只有寫文章的人，他們作品才會永遠流傳下來。』我知道他說的是真心話，對我很受用，畢竟還有人知道寫作人的可貴。」我知道他是被朋友的話感動，在唯利是圖的社會，寫文章的人，內心的寂寞，只有自己知道，一旦有人稍加鼓勵，那種寫作的動力，不知不覺就被引動了。但是這樣的感動，很少搖筆桿的朋友，願意和盤托出，所以我讀了這段話，才深深被感動，多麼真誠的話！

　　論葉于模的學識、學歷均十分輝煌，應該可以在很多方面有所成就表現，尤其是仕途，卻願意孤獨的爬格子，把他深奧的學識，用淺顯的文字寫出來，讓普羅大眾，讀後獲益，這點十分難能可貴。《內心的舒放》乙書中的序〈心中的話〉，更是坦白真誠：「我一生嘗試過許多不同行業，表面上多采多姿，實際上一事無成，臨老才深切體認到專業和敬業的可貴。

我自信天生有寫作細胞，可惜有一段時間太熱衷名利，迷失了自己，完全放棄寫作念頭，整整三十年繳了白卷，浪費了一萬多個最寶貴黃金年華。後來因工作不如意，才開始向報刊投稿宣洩感情。」由這一段話，讀者可以獲得啓示，不必浪費時間千里迢迢去尋找成就，直接拿起筆來寫作，不就不必走一段長遠的冤枉路了嗎？他毫不隱瞞說出寫作動機，一般人是做不到的。

　　像這樣真誠坦白的敘述，吸引我努力去研讀他的作品及研究他的出身學經歷等。原來他是中興大學畢業，文化大學碩士，美國舊金山大學博士，曾在美國加州大學研究所研究，歷任文大、中興、實踐、銘傳、淡大、交大等校教授。也擔任過考試院首席參事、國民黨中央評議委員、中央日報董事、中國報業副社長兼總主筆、海外通訊社社長、雷鳴雜誌社發行人、台北市新聞協會理事長、台灣省社會福利研究會理事長、中國文藝協會秘書長。在報社撰寫社論及短評，筆鋒犀利，文采斐然。先後出版有《心結》、《飛揚的生命》、《內心的舒放》、《創造好運吸引力》等多部，影響深遠。

　　如此輝煌的學經歷，如此多的著作，如此真誠的寫作，怎能不用心細品？因此，經過一段長時間的研究，我發現葉于模的文章，往往能深入淺出，讓人一看就能體會、頓悟。這樣的文章，十分不易。一般學者往往寫得太深奧，讓人一看就怕，葉氏文章可以說十分通俗，例如〈挫折忍耐力〉乙文舉美國文學泰斗奧・亨利入獄四年而寫出優美的長篇小說，米契爾因養病而寫下一部名著《亂世佳人》，杜甫一生貧病交迫，而成爲一代詩聖，白樸長年憂憤，卻高踞詞壇寶座。

像這樣把群書遍讀的高深學問，化繁爲簡，以一篇一千多字的文章，鼓舞平民老百姓要有「挫折忍受力」，才能成就大事業，豈不勝過千言萬語？像這樣旁徵博引，不論出自中國古代典籍，或出自西洋名著，都不會讓人莫測高深，和許多炫學的作家，不可同日而語。

另外葉氏的散文還有一個大特色，就是能把對人生的體悟，化成智慧的指南針，指導讀者破除迷霧，找到人生的方向。例如他寫〈「命」與「運」〉乙文中就充滿人生的智慧，他說：「太相信命的人，會坐享其成，不求上進；太不相信命的人，會怨天尤人，自我放逐。」只有經過長長的人生歷練，才能體會其中的真理。這一篇文章中，他也舉名人爲例：「權奸嚴世蕃，窮奢極欲，吐痰要女僕的小嘴當痰盂，最後伏法刑場。鄧肯、潘恩、松下幸之助、薛尼‧鮑迪等都生長在窮困家庭，進取奮發，闖出亮麗的人生。」許多文章，都有這種啓示性的「經驗談」，每一天看個一兩篇，一定獲益良多。

這樣的文章讀起來會不會道貌岸然，索然無味？不會。他的文章中每篇一定有一些歷史人物，或典故，讀來就像看故事書一樣。同時有些地方還很幽默有趣，往往讓人拍案叫絕。

例如他在一篇〈斬斷智慧的根〉中說：「有一次，我應邀到美國一個小城做客。朋友夫婦很熱誠招待我，在閒談中告訴我，從來沒去過紐約，我立即表示自己去過多次，紐約真的很不賴，沒想到在座的另一位客人冷冷地說，他在紐約住了二十三年，感覺不出紐約有多棒。我一時接不下去，心中偷偷告誡自己：『路走得越多，越知道永遠走得不夠。』」這

一段敘述，充分表現作者醜化自己，娛樂別人的功力，換成話劇演出，那種諧趣幽默的張力，立即顯現出來，這就是一流散文的寫作。

　　葉于模的散文，其實還有許多優點，如語言意境的詩化，把通俗的東西雅化，把艱難的理論，簡單化，有時也神來一筆加上一些小嘲諷等等特色，由於篇幅有限，就請讀者自行品味吧！我就不再囉嗦了，讀者一定可以從葉氏的文章中，看到他俯仰之間，涵詠千象的美妙。

100.12.23 台時副刊

評介「十行集」

── 向陽尋求「中國新詩形式」的心路歷程

一、不隨波逐流的詩人

　　青年詩人向陽，曾榮獲全國優秀青年詩人獎、吳濁流新詩獎、時報敘事詩優等獎、青年文學獎以及最高榮譽國家文藝獎等，可說集多項榮譽於一身，在眾多新詩人羣中，有如此豐碩成果的，實不多見。

　　許多詩人和讀者一定要問：「向陽憑什麼獲得這麼高的成就？」因此，我把向陽已出版的詩集「銀杏的仰望」、「種籽」以及新近由九歌出版的「十行集」找來仔細加以閱讀。

　　終於在「十行集」第一九一頁發現了這樣幾段話：「……大三那年，我開始反省、追索自己的詩的真正形貌。從模倣開始的路子，絕對不是一個人的真我；尋求真我，使自己脫離花草寄生於樹幹上的命運，已經成為我繼續創作的必要。於是我從兩個方向上，開始試圖建立自己在詩創作上的座標。

　　六十五年年初，向我所來自的鄉土，我嘗試使用母語、挖掘昔日生活的題材，寫下方言詩「家譜」，並把此一嘗試列

為自己向現實台灣紮根的起步；六十五年春初，向我心懷的歷史；我嘗試自鑄格律，建立中國新詩的形式，寫下十行詩「小站」，並把此一嘗試懸為自己向歷史中國開花目標－彷彿座標，定下了 X 軸和 Y 軸之後，我總算找到了創作的方位。……」（以上引自向陽：『十行』心路）

這就是向陽飲譽文壇的「方言詩」和「十行詩」，也就是向陽脫穎而出的本錢。蕭蕭在「十行天地兩行淚——論向陽的十行詩」乙文指出：「……六十六年至六十九年的十行詩，約三十首，也輯為一卷，稱之為『草根』，是向陽第二本詩集『種籽』的重要內容，憑以榮獲國家文藝獎的主力所在。……」

因此，我們不難探知，向陽成功的因素到底在那裏？那就是：知道自省，尋求自己創作的方向，建立自己的風格，不隨波逐流，如此而已。

這一點對一些找不到方向，別人晦澀、超現實，他也趕快晦澀，唯恐讓讀者「讀懂」他的詩，別人鄉土淺白，他也趕快呼口號，寫標語詩，唯恐別人說「讀不懂」他的詩的詩人，提供一盞明亮的指示燈。

二、贏得好評的「十行詩」

向陽以十年的時間去經營他的十行詩，其毅力及專注令人感佩。在摸索之中，他的內心也掙扎交戰過：

「……當然，形式未必全是使詩作廣受接受的唯一因素，甚至可能成為詩想的羈絆 —— 但是完全放棄形式，詩人真能自我控制，『行於當行，止於不能不止』嗎？答案是悲觀

的；而對詩的讀者來說，二首不拘形式的現代詩並置時，誰能判別詩的好壞？答案可能在『茫茫的風裏』。就現階段而言，所謂『困境』就如此產生了，先不論詩想的寬廣或窄仄，前者使詩學成為『私學』，詩的傳承全賴獨出心裁、各耍花招；後者使讀者成為『詩盲』，無法分辨良窳，甚至從此棄絕。……詩人之可貴，豈不在於他能以最佳形式承載深刻的思想、馭繁於簡的意象嗎？如果詩人不能在最狹窄的形式空間裏，處理最廣闊的詩想境界，則其可貴何在；——當時二十一歲的我，為此而困擾着：是選擇給詩想找麻煩的形式好呢？或者選擇讓詩漫無節制的『無韁的詩想』？……我開始試驗『自鑄格律』的可能。我的決定很簡單，如果失敗，最少是一種自我磨練；如果成功，自然可以蔚成風氣。」（以上引自向陽『十行』心路）

　　可見向陽是極富創意、實驗精神的人。他的努力終於贏得許多名家的讚賞。例如：洛夫就曾為文「孤寂中的迴響」，賞析向陽的十行詩「心事」，肯認這首詩「傑出非凡」，理由是「在情與景之契合，意與象之貼切，寫盡了作者由沈鬱而無奈，由無奈而悲喜交集，由悲喜交集而怵然一驚的各種心境變化。」張漢良更在「現代詩導讀」中，分析「未歸」乙首，指出作者成功處在「捨『情』不寫，而描繪景物。這些景物全部都是妻子心境的客觀影射。作者執意把第一人稱的『我』去掉，使其感情外延到景物之上。此等暗示手法是寫情最高境界，也正是艾略特所樂道的客觀影射。」……諸如此類的佳評如潮，不但肯定了向陽的努力，同時也告訴了所有藝術工作者，如何開創新局，不要跟在別人後面亦步亦趨，

是十分重要的。

三、試以十行寫天地

　　向陽既然決定了以「十行詩」來表現自己的詩想，接下來當然就是如何去寫了。如果以寫作的先後來尋找他創作的過程，當較易找到清晰的脈絡。

　　他第一階段寫的十行詩，就是收在「銀杏的仰望」一書中的二十首作品，這些作品很明顯的是從古典中去吸取營養，以舊詩的內容來鍛鍊新詩的寫作技巧。尤其「未歸」乙首寫「閨怨」，讓人有回到漢唐開疆拓土，成人遠征時代的感覺。第二階段的詩作，當以「種籽」一書中所收的三十首作品爲代表，仍然離不開「飛鳥、山色、孤煙、春雨、水月……」等古典字眼，讀者可能要問：「這不是新瓶裝舊酒，毫無新意嗎？」先不用著急，讓我們仔細來檢視這個階段的詩篇，看看到底有無「新意」。

　　以寫作技巧來看，有許多詩篇，他是採用意識流的小說寫法，例如「聽雨」乙首：

聽　雨

坐在山的這一邊，遙遙地
聽見那邊谷地，恍恍惚惚
傳來陣陣呼喊，淅淅瀝瀝
驚醒了我，築巢採果的美夢
於是走向谷地、翼翼地

　　發現一株啜泣的野蘭，當我

　　伸手撫慰，乃又了然那花

　　是昔日，淅淅瀝瀝呼喊的聲音

　　前半段彷彿寫實 —— 聽到淅淅瀝瀝的雨聲，驚醒了他築巢採果的美夢，後半段彷彿寫情，過去有一段情一未譜成」，因此伸手去撫慰那株啜泣的野蘭，而雨聲淅淅瀝瀝竟變成呼喊的聲音。

　　經過這一分析，我們知道不論情節、手法均採用意識流的時空壓縮，使過去的事物，在聽雨的瞬間出現，時間雖然短，可能只有幾分鐘 —— 聽到雨淅淅瀝瀝落下的時刻，而故事卻很長，包括過去一段戀情 —— 那朵啜泣的野蘭，以及她像雨聲淅淅瀝瀝的呼喊，讓人在「築巢採果」時，一直仍有所牽掛。因此愚意以為這一首詩字眼用的雖然是古詩詞的常用字「聽雨」，故事也是老故事 ——「新人雖言好，未若故人姝」，但手法卻是最現代的。以「雨聲」為意象，前段中的雨聲可能真是雨聲，也可能是一女孩的哭聲，後段中的野蘭，可能真正是野蘭，只是在雨中，作者竟看到過去的情人在啜泣，雨聲竟變成她呼喊的聲音。一篇故事，在瞬間音識的流動中完成，技法新穎、簡潔。這一類手法，也見諸於「小站」、「未歸」、「秋訊」……等詩篇。這一類詩，大都是屬於心理刻劃、用一些實景去暗示烘托，因此顯得特別含蓄而有味，沒有一般新詩「說得太多」的毛病。

　　另外向陽也使用超現實的寫作手法。很多詩人指責超現實，也有很多人避諱人家提到他的詩是超現實，其實恰當適

切地使用，反而能使詩作空靈、奇趣而更有味。例如「燭怨」乙首：

燭怨 ── 莫非之三

莫非潺潺亦是一種
水流？天明後想只餘昨夜
杜鵑血泣的餘灰！晨曦
將至，殘葉上的露珠
怕也是火光裏驚鴻那一瞥

更鼓催人，招手兩情更濃
不料揮淚，袖巾頻頻揚起
風掀處，兩岸猿聲漸漸啼，凝眸
望斷，來時江渚，那白淒身影
在野霧裡，悄悄，隱去

這一首詩脫離「燭怨」標題遠甚，有許多地方甚至讓人不解，但是却讓人感到耐讀而有味，是向陽獨特「曲線」思考方式的展現，刻劃內心幽微的潛意識和幻覺，和抽象畫一樣，作者眼睛看到的，和內心所感覺的，及至表現出來的作品，已經經過一番沉澱和加工，因此讓人感覺一種神秘的晦澀美。

「獨酌」乙首亦然，詩中「一羣斷翅的螢蟲／忙着，吞噬／被家書打翻的月光」以及「屋後那條潺潺流盪的溪河／冲破阻窄的堤防，青筋暴怒地／向源頭喊道：我不止是／一

種，容器」充滿奇趣和暗示，想像的飛越，更加有味。

由以上兩種極現代寫作方法的探討分析，我們已可以明白向陽向古典去吸取營養並從古典中躍昇，殆無疑義。然而向陽是僅止於上述兩輯詩的小我之情以及對亙古以來人類生存環境包括山林、日月、時間等的歌詠？答案是否定的，向陽第三階段的詩作，已經回到當前的現實環境中來，他關心目前我們的生存環境、人際關係、處境等。

例如他的「嘆息」乙首，寫的是對我們生存環境的關懷：

嘆　息

花草與樹葉爭辯正義的時候
溪水和沙石切磋真理的時候
狂風及暴雨宣揚信念的時候
用最泥濘的臉色，道路
將歎息丟給還在喧嘩的山谷

從被蠹虫蛀蝕過的書冊中
從被廢水浸蝕過的稻禾內
從被砲彈噬蝕過的殘壁裏
以最深沈的分貝世界
把嘆息傳給已經聲瞶的人類

面對環境污染，包括噪音、廢水……有良心、有遠見的人，能不深有所感而發出抗議嗎？

再以「立場」一詩爲例，向陽的「眼光」放得更遠了：

立　場

你問我立場，沈默地
我望着天空的飛鳥而拒絕
答腔，在人群中我們一樣
呼吸空氣，喜樂或者哀傷
站着，且在同一塊土地上

不一樣的是眼光，我們
同時目觀馬路兩旁
腳步來來往往。如果忘掉
不同路向，我會答覆你

人類双腳所踏，都是故鄉

　　蕭蕭在「十行天地兩行淚」中提到向陽這一首詩，並與鄭愁予的「邊界酒店」和莊垂明的「瞭望台上」相比較，下了一段令人頗有所感的評論：「以向陽的『立場』與莊垂明的詩合觀，詩人、文學藝術工作者，是否都能抱持這樣寬廣的胸襟？」是的，莊垂明在詩中唱道：「……我偷問蒼鷹／凜風、鳴蟲／什麼叫邊界／他們都說：／『不懂』」，飛鳥、蟲、魚爲什麼沒有邊界，而人就獨獨要有「邊界」呢？詩人唱出了人類無可奈何的哀痛！

　　由以上三個階段詩作之探索分析，我們可以肯定，向陽執著於「十行詩」行式的建立，以最小的規模，經營最大的

天地，並不斷地自我提昇、自我超越，已經有了可觀的收穫。

四、日益成熟的詩境

　　從「十行集」一書所附的每首詩寫作日期，很顯然的，最近向陽的作品少了，他說是由於工作重擔的關係：「……因此，我幾乎處於停筆的空茫狀態。四年來，從卡片公司的文案人員，而時報周刊的編輯，到處理自立副刊的編務，日子在繁忙中逝去，責任却以日形沉重的肩擔壓下來。與深奧而變幻莫測的生活比較起來，詩的想像顯得特別脆弱、乏力——我只能在偶爾喘一口氣之餘，努力運用乏力的詩，來承負生活的重荷。」（以上引自「『十行』心路」）我們讀後不覺「悲從中來」，我們的經濟已經邁向「大國」，而藝術工作者居然仍無法安心創作，我們的「文化」有希望嗎？

　　由於向陽最近詩作境界日益高遠、語言日益鮮活，雖然明知他生活擔子沉重，仍至盼他勉力創作，邁向更成熟的頂峯，所謂「文窮而後工」，算是文友最無力也是最知心，最不得已的勉勵吧！向陽勉乎哉！

　　　　　　　一九八四年八月二日夜於北港讀星樓
　　　　　　　台灣詩季刊第六號、成功時報

止不住的孤寒

── 細讀向陽詩集「歲月」

一、研讀「歲月」的方向

　　翻開向陽的詩集「歲月」，一眼便瞧見序文─「在熱愛與冷智之間」的一段話：「詩人用筆寫一己對天地萬物的情感與見解，筆是工具，滾熱的愛和冷凝的智，才是支持他創作不懈的源頭。」是那樣動人心魄，那樣的直指大詩人的本心。」

　　是的，一個詩人，是否能成為大詩人，不在他多愁善感的心靈，不在他文字的處理多麼美妙，藝術手法多麼高明，而在那顆滾燙的心，充滿人間至愛的心，然後以冷凝的智將他表達出來。

　　程抱一在論理爾克的詩中也談到「……一些讀者太快沉溺於他早期的作品，隱約的意象、如夢的情調……他（里爾克）所力求避免的正是表層的感受和浮淺的誇飾。他的一生朝向深湛和明確進展的歷程。詩在他的手中，不只是抒寫情感而是展示真理的工具。……觀看一切發生過的自然及人間現象，為了探測生命的可能性……要透視到現象的背後，捉

摸他們隱藏的寓意……將萬物置於心的空間裏，以至痛與至樂孕育，使他們無疑地再生……人，不是天使，也不是禽獸，作為宇宙的眼耳，肩負著原生的渴，他得將有形世界，在自我精神裏，提昇為無形世界。……然而不經過眼光的『照耀』，『愛火』的燃燒，就不能產生意義，更不到達到至高的完成。……」這一段話和向陽的寫作精神，正是不謀而合。讀者也只有先領會以上的話中深義，才能進入向陽的「詩的世界」。只有這樣，你才能領會為什麼向陽說「詩人要掌握土地的溫熱、人群的脈搏，超越文字的鐐梏、思想的枷鎖，如何出入自得。」你才能領會向陽更進一步的宣誓：「詩人如果是夜裡點起的一盞燈，他的責任即是要在最黑最暗處放光……。」

二、心懷天下的詩人

　　基於此，我們來檢視向陽的作品，便不難發現向陽何以把「請勿將頭手伸出」擺在卷首。「請勿將頭手伸出窗外」是交通工具中常見的標語，目的在提醒乘客，注意安全，向陽竟能在習見的、已被忽視的標語中來提鍊素材，成為詩篇，令人不得不佩服他的細心、用心。這一首詩從一個交通工具的駕駛觀點來發言，駕駛者掌握著全車的人的生命、前途，即使外面有很多人群，很多期待，仍然不可分心，要握更穩的舵盤，直奔遠方。全詩以車的駕駛者來暗示任何團體的領導者，必須要好好掌握「人生的方向」，否則大家都很危險。向陽頗能從既有現象捕捉素材，加以利用、擴大、渲染，使

詩達到「以小暗示大，以有限暗示無限的效果。」

　　像這類詩作，詩人以同情的心來關愛他所生存的土地的尚有「秋風讀詩」，詩人發出了「詩只是大廈旁所剩無幾的空地」的感嘆。「受環流影響」從生活感悟出人像氣候，受環境影響「吹成東風」或「吹成西風」，心情也一樣「無緣無故的笑了」，或「爲此爲彼落淚」，真是令人嘆爲觀止，詩人能從生活細節、宇宙現象中發現人類亙古的悲哀的，尚不多見。

　　詩人就是具有這樣關愛而敏感的心靈，才能在「對着一顆星星」時，寫出「幽微的亮光，它閃爍著／努力要打開明日的天空／又得提防不被烏雲隨時／在不留意間將它刷掉」啊！詩人寫出了人間的至痛，一個有理想，想要打開明日天空的星星，竟要隨時提防被烏雲刷掉，人世不也如此嗎？能不令「它逡巡、徘徊也憂傷」？能不令詩人感到自己是「天與地間止不住的孤雲」？另外「鏡子看不見」等多首，都是屬於這一類的作品。

三、體悟時間的神力

　　詩人在「歲杪抄詩」中寫着：「一隻鷹在冷風下／向天空索求，寬廣的／領土。天空只是微笑／讓陽光從雲層間／露出臉來，告訴鷹鳥／能圍多大的圈子／便有多少的輿地」詩人以鷹來暗示一個人意氣風發，想開創一切，征服一切，最後却「倒在一小朵雲裡困住了」，第二段描述「一株曇花在黑鬱中／向時間爭取，充分的演出」最後「還是敵不過時間的侵凌／却已在霜露下怒然綻放」，這首詩兩段互相補足，屬於

哲理性的小詩，詩人仍然是以「點」來補綴成「面」，沒有一般哲理詩一路說到底的弊病。

　　這一類的詩，承續了中國讀書人的一貫精神，對生命、時間的體悟，自古以來，中國的讀書人即常用各種方法對人們提出忠告、警示。向陽也不例外，他以詩對渾渾噩噩的人們，做了最誠摯的提醒：「歲月跟著永恆輪廻地繞／圓柔的鏡面是生命的枷」，是的，詩人告訴了我們：「路是唯一恆不入寐的過客／從遠遠遠遠行來，向遠遠遠遠行去」，一代一代，經過千萬年，路還是要走的，從遠處行來，向未知的遠處行去，歲月如此，每一個人的人生亦復如此。尤其是「夜過小站聞雨」，作者很神奇的將一首小詩，來暗示整個人的一生，不論是「巴山夜雨」亦或是「小站聞雨」，一個旅人的心情，將是如何？誰的一生中沒有「聽雨閣樓上」或「聽雨客舟中」的感受？詩人好像電影攝影師，以鏡頭巧妙告訴我們：「原野無聲的夜」翻過去是「山巒無語的夜」，再抬起鏡頭對着天空是「陰冷的臉」再照着海洋是「鹹濕的淚」，一個旅人在小站中聞雨，只要這些鏡頭，足矣，難怪艾略特要特別讚賞「客觀影射」，只要這些意象語，旅人的悲愁，全部呼之欲出了，著墨如此少，而內涵如此多，非一流的詩人是不行的。

　　除了上述「小站聞雨」，寫時間的無常、生命的悲苦外，「歲月跟著」、「落雨的小站」、「初綻」等，或多或少，詩人均感受到時間的神力，任何事、物在它的侵凌下，無不望風披靡。

四、感時憂國

　　詩人在「歲月」詩集中，除了關愛與他一起生存的人們和土地之外，感時憂國之作，亦頻頻出現。例如「欲曙」，從標題就表明「天快亮了」，而中國多年來戰亂分離，誰不願「黑暗」趕快過去？因此「從夢裡／驚醒過來的我，為了期盼中國／黎明，也在窗前落淚」，「驚蟄吟」中最後三行也表示「我耕作，但為這片美麗大地／期待桃花的應聲開放／當雷霆破天，轟隆直下」，破曉中的詩句：「所有山川也都跟著找到了定位／而宣告最後一顆星星破滅的／鑼聲啊，是終於光臨的白日」，渴望中國黎明快速到來之心情，溢於言表。

五、小我情愛的抒寫

　　任何大作家、大詩人，即使再感時憂國，再關懷與他們生存的土地或人們，而沒有一己小我的愛情，我覺得頗為不近人情，因此我在「歲月」中，發現了向陽也寫了不少愛情、親情的篇章，我認為這樣的人才是真正的有血有肉的詩人。

　　先說愛情，年少時的向陽在「銀杏的仰望」中，對愛情和理想做了如下的表示：「每喜與山外的虹虹外的天比高，彼時／你猶壯碩，枝遒葉綠愛情也忠實／乃毅然而出鄉關」，這是很傳統的思想，接著他在灞陵行中也對愛做了如下的表示：「柳色是一種傷別／我們原來奔飛的／候鳥，南來此地／或者北去，都帶著／冷冷的月色」，對愛表達的非常淒美。

　　再說親情，「穀雨－懷念爸爸」乙首，寫對去世父親的懷念，至情至性，哀傷感人，誠如開始的兩句：「雨落凄其，凄其／雨落」，啊！真的是何其悲凄啊！

　　「唸給寶寶聽」乙首，寫給剛剛伊呀學語的寶寶，像人間所有的父母一樣，充滿關愛：「爸爸媽媽呵護你的長大／像一顆小樹苗，你將在／媽媽爸爸生長過來的／土地上伸展手腳，自由呼吸／但是寶寶，爸爸媽媽不能幫你／逃避風雨的吹襲。」是的，天底下任何父母親都會如此呵護自己的子女，但也不能不讓他接受風雨的考驗，十分真切感人。

六、長詩架構非凡

　　「歲月」詩集中「卷四－在寬闊的土地上」和「卷五－霧社」，均是屬於長詩，除了包含上述各項寫作技巧上的優點以及充滿對人類的關愛之外，架構雄渾非凡，是向陽最主要成功的因素，一個沒有經過訓練的詩人，偶爾寫寫短小詩作，或有神來之筆，至於長詩，沒有相當的訓練，恐怕會雜亂無章，語言流於敍述、說明，因此許多文評家、詩人都十分讚賞向陽寫作長詩的功力。鄭愁予更認為「霧社」為不可多得的佳構。由於鄭文附錄在「歲月」詩集的後面，讀者可以詳加參證，不再贅述。

　　總之，年輕的向陽已在詩壇上展示了非凡的功力，並給了我們許多美好的詩篇，我們寄望這一朵止不住孤寒的雲，繼續在詩的天空中，為我們展示艷麗的奇景。

（76.09.29 台時副刊）

尋找自己的天空

── 讀向陽詩集「四季」

　　向陽的詩集「四季」由漢藝色研彩色公司出版了，看了
它豪華的裝幀、藝術的編排、插畫、題字的精美，在在顯示
出向陽十分重視這一本詩集。

　　也難怪向陽重視「四季」這廿四首詩，早在它們刊載在
報刊時，我就很注意，因為這廿四首詩：「有些延續而增強了
舊有的詩風，有些隱現而指出了將來的詩路」。(後記 ──「色
彩、四季、心」倒數第四段) 它們不但展現了向陽詩作特有
的風貌，也隱約展示一位詩人的成熟過程。當「大雪」那首
刊在報上時，我就決定要好好研究一下向陽的這一組詩作。

　　果然，從舊曆年前我拿到這一本詩集，到現在整整一個
月的時間，我沈浸在這一本詩集的芬芳裡，如果不是早就知
道向陽是青年詩人，還以為他是一位上了年紀的詩人，這廿
四首詩，的確有超年齡的演出。

　　在現代詩的天空裡，閃爍著許多前輩詩人熠熠的星輝，
青年詩人很難突破他們現有的成就，不是語言像某一位詩
人，就是體裁、寫作手法像某一個人。的確，前輩詩人的成
就，令人不敢仰視，青年詩人們在他們之後亦步亦趨實亦理

所當然，我們很難看到脫穎而出者……直到向陽的「四季」出現，我讀到了不同於前輩詩人的語言、寫作手法，向陽的詩作，彷彿沒有什麼用心，沒有什麼寫作技巧，自自然然的寫出來，我找不到什麼理論來證明它們是佳構。

直到讀到林清玄的散文「佛鼓」（收在一九八五年台灣散文選、阿盛主編、前衛出版）中有一段文字：

「往昔在台北聽到日本「神鼓童」的表演時，我以為人間的鼓無有過於此者，真是神鼓！直到聽聞佛鼓，才知道有更高的世界。神鼓童是好，但氣喘咻咻，不比佛鼓的氣定神閒；神鼓是苦練出來的，表達了人力的高峯，佛鼓則好像本來就在那裡，打鼓的比丘尼不是明星，只是單純的行者……（頁 17）」

是的，我彷彿在沈睡中被佛鼓敲醒，這一段文字，指出了佛鼓高於神鼓童的鼓，也指出了我的困惑，這不正是向陽詩作高明的地方嗎？它們是那麼自然，它們已在藝術高峯－高、大、拙的路上邁進了。

要細究向陽寫作「四季」的用心者，不難在後記中找到端倪，而我則從作品的本身，去考量它們的演出。綜觀這廿四首詩作，表面上是「在每篇作品中表現不同的色彩和心境。首先，那是我生命的給出；其次，那是我至愛的土地的呈現，最後，那是台灣這個大洋中的島嶼，所能奉獻給世界的獨特的風土色彩。我嘗試刻繪土地、人民之愛，我嘗試拍攝風物、自然之美；我也嘗試諷喻都市、環境之劣，嘗試針砭時事、政情之亂，嘗試掌握時空、心靈的定位……或者透過象徵、隱喻，或者經由歌詠、舖排，或者假借反諷、直陳 —— 在「四

季」的依序易序中，我期望這些詩作表現出八○年代台灣的多重風貌」（後記倒數第六段），事實上向陽已經展現了一位讀書人，從先民的遺產典籍中體驗了生命的意義，表現了他敏銳的感受力和觀察力。

在四季的「序詩」中，向陽很巧妙的暗喻了生命，「春水－不愛源自愛，溪水無遮攔地衝出……」是的，生命像春水，自自然然的繁衍，亙古以來，恒久不變，像溪水無遮攔衝出，而後，萬事萬物都有了生命，誰也不服誰，誰也不願像誰，尤其是藝術家（夏雨 ── 雨跟風說：離遠些，不要緊跟著我！）像向陽這樣能冷靜反省的詩人，他怎麼願意在前輩詩人之後，亦步亦趨？他怎麼能不尋求自己的天空？從「秋葉 ── 秋天走過紅磚道，黃葉跳入水塘」我們不難看到向陽逐漸成熟的心境，以及生命正待完成的暗示：「冬露 ── 那不是廢墟，露珠攀上龜裂的臉。」

整本詩集，我讀到了像「立秋」那樣，情韻綿邈，心思成熟的歌謠體作品，也讀到了像「立春」那樣，暗示人與自然瞑合的關係，充滿天趣、韻外之致……「星星正細數著小村的巷弄／燈火却已逐一走進夢中……黑暗，許是星星發光的理由／寒冷，則被愛情當作瑟縮的藉口……星光漸稀／向沈寂的冬夜／溪水擦亮了春秋」向陽以詩人的彩筆，爲我們捕捉了這一幕幕奇景。

執筆的此刻，我的心中充滿祥和、溫馨。向陽的作品雖然不多，却能提供我們豐富的精神慰安，盼望向陽能多創作，祝福他早日完成自己詩的天空。

76.03.07 民眾日報

信手拈來，自成妙品

── 讀龔華詩集《玫瑰如是說》

　　龔華「玫瑰如是說」全部都是短詩，少則三、四行，最多也不過十一行。我本來以為她可能模仿泰戈爾的「漂鳥集」或者是冰心的「繁星」和「春水」，可是讀完以後又覺得不像。

　　思之再三，終於想到劉勰「文心雕龍」（原道篇）中有一段話：「傍及萬品，動植皆文；龍鳳以藻繪呈瑞，虎豹以炳蔚凝姿；雲霞雕色，有踰畫工之妙；草本賁華，無待錦匠之奇。夫豈外飾，蓋自然耳。至於林籟結響，調如竽瑟；泉石激韻，和若球鍠。故形立則章成矣，聲發則文生矣。」

　　原來龔華才氣使然，特殊的際遇使然，她的詩文，豈需待錦匠之奇？往往信手拈來，自成佳構，自成妙品。

　　德國哲學家黑格爾在「美學」序論中，就說：「藝術是訴之於感性的掌握和心靈的感動。」這一點龔華的許多詩作都不是無病呻吟，也沒有「直抒胸臆」的毛病。十分符合黑格爾的文學要義。我們不妨舉「月思」乙首為例：「月亮的溫度更勝於太陽，你的名字，總是融化在月光下」，這種心靈的感動，加上感性的掌握，使這首詩十分耐讀，而且每讀一次都有一次不同的體會。正是黑格爾後來加強的引伸：「它是訴之

於外來的或內部的感覺，訴之於感性的知覺和想像的，正如我們周圍的外在自然，或是我們自己內心的情感生活訴之於感性知覺和想像那樣。」（黑格爾「美學」第一冊 p46，朱興潛譯）。

　　再看「迷惑」乙首：「你那美麗的臉龐／此刻是這般的靠近／你唇邊的音符流樣／笑靨裡裝著酒醉的酡紅／我看見自己微醺的靈魂／在前世與今生間失落」這首詩一般人可能只把它看成單純的情詩，但它實在是一種藝術的原型，不論是詩歌、小說、戲劇、甚至是繪畫，葉舒憲選編的「神話－原型批評」一書中有一段話：「這些原始意象給我們的祖先的無數典型經驗賦予形式。可以說，它們是無數同類經驗的心理凝結物。…每一個意象中都凝結著一些人類心理和人類命運的因素，滲透著我們祖先歷史中大致按照同樣的方式無數次重複產生歡樂與悲傷的殘留物。它就像心理中一條深深的河床，起先生活之水在其中流淌得既寬且淺，突然間漲成為一股巨流。」（葉舒憲選編神話－原型批評，陝西師範大學，一九八七年）。這種愛情的原型，龔華在許多詩中都有很突出的表現。

　　龔華的詩大體上都用意象來呈現，例如「燈影」：「褪去喧囂／黑夜在燈下的影子裡／一遍遍訴說白日的寂寞」。黑夜對比白日，燈對比燈影，作者只有發表了「寂寞」的看法，如果不說，再用其他事物呈現，當更完美。七步詩中的「豆和豆萁」，真是很好的意象語，千百年來，至今令人難忘。拉曼·塞爾登編的「文學批評理論－從柏拉圖到現在」一書中有一段話說到意象：「一個意象是在瞬間表現智慧和情感的複

合體。」（劉象愚等譯，北京大學，二〇〇〇年），「其實意就是情，象就是景。或寓情於景，或觸景生情，或情景交融。」向明如是說。龔華詩中的意象，讀者要特別注意，本文因限於篇幅，不再贅述。

　　龔華在詩裡，應該有許多恨，許多怨，但她沒有，她有的只有挖苦自己，嘲弄自己，爲失去戀哀悼，爲逝去的青春寫輓歌，這種嘲弄，有時比赤裸呼喚來得令人心疼「山嵐掩面／奔竄的淚流／泉湧自風之魂靈／靈裡靈外／我掏空的眼窟／早已盛裝乾渴／總也無法看見／卻渴望再望一眼／那不再轉身回首的紅顏」，這中間不再回首的是自己的青春或不再回首的感情，作者挖苦自己「我掏空的眼窟／早已盛裝乾渴」「觀瀑布」而能透視到瀑布後的人生，令人動容。姚一葦在其所著〈藝術的奧妙〉中說：「嘲弄你屬於一種理性的活動，是理智的遊戲。」龔華在身心飽受折磨之餘，還能挖苦自己，幽自己一默，誠然已達相當高度的藝術造詣。

　　李美枝在「社會變遷中中國女性角色及個性的改變」乙文中說：「女性的特質則多屬情感與氣質特質，這些特質與事業發展的關係少，而與親密的人際感情的發展關係較大。」證之龔華的整冊詩集，不像顏艾琳、江文瑜、夏宇；有時會覺得今夕何夕，怎麼世界都變了？龔華還是寫她的私蜜感情：「當風的手指點醒了苦棟花／陽光便在每一片花瓣上／撒下系紫色的吻／於是我想念你」，多麼個人的感情，可惜「於是我想念你」太直接了，是不是也受新女性主義的影響？

　　鍾玲在一篇「台灣女詩人作品中的中西文化傳統」有一段話是這麼說的：「古今兩位女詩人（指李清照和劉延湘）對

外界細微的動靜，都有強烈的反應：飛掠的鳥影會割傷眼睛，就是入夜景致轉黑，也會令人承受不了。她們的神經質幾乎到達病態的程度。也正因為這種神經質，她們才能捕捉別人捕捉不到的感官意象，她們才能對客觀世界產生一種新的感悟。」這一段話深獲我心。試想多少人看月亮像燒餅，死了一個人和死一隻螞蟻都不會令他（或她）感動、哀傷，要叫這種人有神經質的敏感更是不可能。龔華和這一段話頗有關係，因為她多年來和癌症病魔親身奮鬥，又到安寧病房去見證死亡，其不敏感怎麼可能。「詩人不幸詩家幸」，龔華在歷經多次生死交關，死神一直在她的生命窗口向她「窺視」，她竟能平心靜氣，寫出這麼美好的詩文，令人佩服。

　　法國的女思想家西蒙・德・波娃（simone de beauvoir 1908-1986）認為女性敏感和諧的個性，純粹是由社會造成的：「要進入女性的宇宙，和諧此一概念是關鍵所在。」也就是敏銳細緻的感覺及和諧寬容的傾向等特徵。當女詩人充分發揮她的敏銳之感性，她就善於掌握轉瞬即逝的強烈情緒。龔華是具有能捕捉瞬間強烈情緒，而又能加以藝術化處理的女詩人，我樂於閱讀她的詩作，並且再三把玩這本美美的詩畫合集，並向讀者推薦。

（93.07.22 台時副刊）

水已自在開花

── 讀蕭蕭《後更年期的白色憂傷》

　　剛出版完第一百本著作的蕭蕭，最近擬將近六十歲時所寫的三行詩出版，定名為《後更年期的白色憂傷》，希望也已年過年六十的我來說幾句話，忝為多年好友，眼看著他在藝術的國度越爬越高，當然樂意替他喝采，為文道賀。

　　從以往蕭蕭的詩作得知，他的作品大都禪意十足，如《風入松》、《雲邊書》、《凝神》…等，往往留下極大的想像空間，讓讀者參與「創作與重寫」，也就是法國批評家羅蘭‧巴特（Roland Barthes，1915-1980）所說的不定型文本的意思，這種不定型文本不但可供閱讀，也可供再創作、再書寫，可以增強作品的感染力度。（參閱瘂弦〈青春的反顧：林婉瑜作品賞讀〉，創世紀 150 期）

　　細讀全部八十一首三行詩，發現他經過更年期之後，人生的歷練，都已化為一朵朵藝術之花。在他的詩中，不但感受到他那洶湧澎湃的氣勢，同時在他仿如不經意的揮灑中，卻結出了充滿文學感、歷史感及人生觀感的詩作果實。在讀詩的時候，彷彿欣賞一齣齣人生戲劇，彷彿看著一幅幅抽象畫，又好像聆聽著一曲曲現代音樂，具有無比的震撼性。

　　當代法國詩學家加斯東・巴什拉（Gaston Bachelard）在《夢想的詩學》一書中說：「一個詩的形象，可以是一個世界的萌芽，一個呈現在詩人的夢想中的想像天地的萌芽。在詩人所創造的這世界前，驚奇讚賞的意識極真純地開啓了。」從蕭蕭的詩作〈蝶變〉中，我讀到了蕭蕭夢想中的天地之萌芽：

〈蝶變〉

春天向南方飛過去
我只能追到台灣欒樹頂

剩餘的路程要靠蝴蝶指引

　　任何文學藝術家心中，都有一個夢想世界天地之萌芽，如那隻蝴蝶之指引，指向多遠，夢就有多遠，藝術抵達的成就就有多遠，只追到「台灣欒樹頂」的蕭蕭，藉由這隻蝴蝶，看來飛向南方的春天將越過墾丁、巴士海峽…以至於無限遠的地方。

　　英國哲學家吉爾伯特・萊爾（Gilbert Ryle）在一篇〈構想與看見〉中說：「看是一回事，構想或設想是另一回事。一個人只在睜開雙眼，周圍景物被照亮後，才能看見事物。可是，當他閉上雙眼且周圍又是一片漆黑時，卻能在想像中看見一些圖像。」以這樣的哲學思考來看見蕭蕭的作品，他的詩並不完全是睜開雙眼看被照亮的四周景物，而是一種回

味、反思，也就是事後加以回想。我們看見一件事物，閉上眼睛再「看」這件事物，不會完全相同。也就是「現象學」的詮釋：「通過經驗或想像所提供的具體實例，並根據在想像中對這些實例做有系統的改變和心象研究，就可以洞察這些現象的基本結構和實質關係。」也就是胡賽爾（Edmund Husserl）的名言：「訴諸事物的本身」。我們看蕭蕭的詩，可以在「現象學」中找到他寫作的基礎，有時是事物的隱藏或變形，例如〈月台上〉乙首：

〈月台上〉

可是我愛你
她的眼淚這樣說

捷運班車準時開離月台

　　捷運班車開離時，作者看到她留著淚說：「我愛你」，十分一般的場景，閉上眼睛反思，作者卻說是她的眼淚這樣說。透過現象學，作者滿腦子存留她流著淚的影像，於是幻化為「眼淚會說話」，使詩更加有味。這樣分手的場景以及淚的隱形或變形，透過作者的人生觀察，巧妙的表現出來。

　　像這樣的詩作還有很多，例如「颱風海棠／還在花蓮東南海面380公里／／新竹的蟬，噤聲不語」以及「不要拍攝我臉上的淚痕／婦人壓低帽簷／／一口米酒正沖洗她先生發出的酒嗝」…等詩，在「現象」的背後，都隱藏一篇又一篇

的人生故事，若以小說書寫，將成為一本本長篇小說。

　　詩人簡政珍在他的《台灣現代詩美學》的〈導論〉中說：「詩是詩人透過文字觀照的人生。詩美學是這種觀照所顯現的藝術，那是語言穿透生命的交融狀態。詩會涵蘊了詩人和客體世界相互的投射。詩美學也是探討詩人經由詩作觀照人生的過程中，所引發的哲學思維。」

　　由於「詩作要關照人生」，不免要涉及到寫實，所以簡氏又在〈自序〉中說：「寫實題材的書寫是詩人最大的考驗；嶄新的思潮是詩生命的活水。脫離現實人生的詩人，詩作的成就必然有所侷限。現實的存在是詩作的傍依，遠離現實的天馬行空之作，有時是潛在詩藝不足的隱喻。完全脫離現實的『超現實』的寫作，可能是想像貧乏的遮掩。因為最困難、最具有挑戰性的想像是落實於現實，而又不是現實的複製品。…因此也只有第一流的詩人才能寫出不黏不滯於現實，而又撼動人心的想像之作。」

　　舉蕭蕭的〈後更年期〉乙首為例，正是一首「寫實」，但卻不是「現實的複製品」：

〈後更年期〉

　　髮從鬢邊開始白
　　耳，不為什麼，右耳先住進蟋蟀

　　夜深九點，不與天論流年

　　現實是耳鳴，作者說是「住進蟋蟀」，十分巧妙，這就是寫實但不是現實的複製品，許多人的詩作淺白乏味是因爲他只有把現實用文字複製出來，讀者不欣賞道理在此。一般詩人會寫成散文：「年老後／便開始耳鳴了。」

　　作者和所有文學藝術家一樣，對現代人所表現的物化、商品化、機械化、單一化也以詩做了沈重的「嘆息抗議」，例如〈白色的嘆息〉乙首：

〈白色的嘆息〉

　　飽蘸墨汁的毛筆
　　一揮

　　留下滿紙白色的嘆息

　　論作品之多，蕭蕭已出版百冊以上的書，不可謂不多，但仍然會有「白色的嘆息」，所有的努力正是近代哲人們所說的「徒勞」，所有現代人都過著乏味、單調、無聊、沈悶的日子，所有的努力，都可以用「飽蘸墨汁的毛筆」輕輕「一揮」，通通逝去。

　　然而，真的如此嗎？蕭蕭又在〈瀑布留白〉乙首中，自我調適：

〈瀑布留白〉

水從高處縱落
自己歡呼

月光則山南山北鋪了一地‧白

　　人可以像瀑布一樣，自在的縱落歡呼，一點也不在意別人的眼光。可以像月光山南山北鋪了一地的白，絲毫不在意別人的看法。古詩「明月松間照，清泉石上流」，你看到他也照，你沒看到，他也自在的流。作者的人生境界，不言可喻。

　　隨意抽讀了幾首蕭蕭的三行詩，就感到內心充滿了被感動，被愉悅的感受，可見蕭蕭的努力，功不唐捐，我曾說過兼寫論文的蕭蕭，一定要擺脫論文的束縛，讓水自在開花，看來他的水真的自在開花了，而且水花四濺，樣貌多種。

　　他的作品，除了詩的美外，還具有意象美、圖畫美，往往在他的詩中，浮現層層的形象美，大概是人們評王維的「詩中有畫、畫中有詩」吧！另外他的詩雖只有三行，卻常常有極短篇的小說功能，只是他常意在言外，讀者要用心揣摩了。

96.12.25 台時副刊

邁向光燦的文學之旅

── 序劉明蓁詩集

　　首先恭喜劉明蓁在眾多角逐者中脫穎而出獲得九十四年度青年文學獎。基本上，她的作品屬於十分自我的，愛情的追求之得與失的心情變動刻劃。

　　本來詩就是表達作者某一個時期的感受，例如楊牧就在他的《北斗行》後記中說：「通過詩的方式，我能夠表達自己──我自己的意志，心懷，和欲願──詩是展翅探看的青鳥，我麾下忠實的斥堠，詩是我藉以完成自我的工具之一。」

　　所以，年輕的劉明蓁用詩來完成她對愛情的渴望與探索，是十分合宜的。

　　她年輕善感的心靈，對愛情有什麼樣的看法呢？

　　　在年輕的時候，愛就像霧一樣
　　　也許不久，或者很久
　　　積累，纏綿，然後
　　　消失

　　　　　　　　　　── 素描愛情

　　有人形容愛情像貓的腳步，輕輕的，在不知不覺中來了；劉明蓁則形容愛情像霧一樣，都是很好的意象語之運用。

　　年輕人是多愁善感的，尤其對愛情。楊牧就在他的頭一本詩集《水之湄》後記中如此說：「我以爲詩是一種感情的言語，而詩人最大的快慰應該是：當他爲一顆星，一片雲寫詩的時候，那顆星，那片雲了解他的言語；當他爲一個人寫詩的時候，那人了解他的言語。」劉明蓁在〈愛情賭徒〉中如此說：

　　　　一不小心就撞上了你
　　　　沒有驚喜也沒有躲避
　　　　就像是生命中的一場牌局

　　以打牌、賭徒來形容愛情，十分清新有味。詩已經快要沒有讀者了，詩人不只要抓住愛情，讓那個人了解你的語言，更要抓住讀者，讓妳的詩直達讀者的心。

　　前面我們提到劉明蓁以霧來像徵愛情，是很好的意象語，其實西方意象派詩人龐德早就在他的《漢詩譯卷》中盛讚：「中國詩人從不直接說出他的看法，而是通過意象表現一切，人們才不辭繁難的迻譯中國詩。」以下我就集中焦點，專談劉明蓁詩中意象語的使用。

　　　　你如江山篤定的風姿
　　　　我是綠水一宿的過客
　　　　曾經江南的愛恨情愁

　　已挑斷琴弦，不復吟唱

　　　　　　　　── 紅樓夢醒

　　其中形容風姿篤定如江山，人生過客如綠水一宿，愛恨
情愁如江南，不復吟唱如斷弦，均是很好的意象語，使讀者
在閱讀中產生十分豐富的聯想。

　　這就是孔子說的：「書不盡言，言不盡意，聖人立象以盡
意。」

　　看哪！火花

　　像一朵朵盛開的傘

　　眾人的歡呼欲將你擊碎

　　所有的詩句迷失在高樓的叢林

　　　　　　　　── 流星雨

　　其中的火花、傘，高樓叢林，使作者的意象，在讀者面
前表達得更具體。所以晉時王弼也在他的《周易事略・明象》
中說：「夫象者，出意者也。言者，明象者也。盡意莫若象。
意生於象，故可尋象以觀意。意以象盡，象以言著。」年輕
的劉明蓁僅以意象的塑造使用，即可見其寫作技巧圓熟於一
斑。

　　今後劉明蓁應在詩意的清新超脫，避免流俗化上下功
夫。有些情感的表達太過庸俗，宜說出一些新東西。某些人
云亦云的東西儘量避免，要注意詩的原創性。如此假以時日，
持續努力，可以使自己的文學之路，走得更光燦。

百感交集讀雪嶺

── 試論夏菁新詩集《雪嶺》

一、前　言

　　我在拙著《詩的播種者》乙書中曾賞析了夏菁的詩作〈無奈十行〉，對夏菁在第一本詩集《靜靜的林間》後記中的一句話：「詩，在我是終身的追求」十分讚賞，如今有幸讀到他的詩集《雪嶺》，竟然已是第八本詩集了，果然是「終身的追求」。一九二五年生的夏菁一寫就寫到了如今的二○○四年，不是終身的追求是什麼？

　　《雪嶺》詩集共分三輯，第一輯「曾經」，是寫平日心情，所見所感所思之作，第二輯則是旅遊之作，也包括對人生的重大感觸。第三輯乃是贈友之作，作者說：「每首再用手書寫，以表示我的敬意。」[1]，可見夏菁多麼重視友情，真乃性情中人也。

　　他繼《靜靜的林間》詩集中說了「詩，在我是終身的追求」後，在第八本詩集《雪嶺》又說第二句話：「詩必心出。」

────────────

1　引自夏菁詩集《雪嶺》後記。

他說：「這是引用英國詩人薛特尼（Sir Philip Sidney 1554-1586）的『Look in thy heart and write』，以表示我寫作的態度。從寫詩以來，我不學時髦，不作鸚鵡；且因半生寄居海外，只能獨來獨往，走自己的路，唱自己的歌。以我手寫我心，不管有沒有掌聲。自己一步一腳印踽踽前行。」[2]，令我怦然心動，決心一探夏菁詩藝的究竟。

　　不久前我曾就夏菁和王憲陽兩位分別寫的登長城詩做了一番分析比較，夏菁來信鼓勵並說不知憲陽也寫了「登長城詩」，否則寫法一定不同。不過「英雄所見略同」其實無妨。

二、詩藝探究

（一）情真美學

　　永本法師在他的《止觀講座》中說：「六境指眼、耳、鼻、舌、身、意，所對的色、聲、香味、觸、法等六塵，此六根對六塵，產生六識的種種分別，包含吾人所認識的環境，故又名一切境。初學止觀的人，想要與止觀相應，得其利益，並非容易；從止觀中，能不與煩惱相應，必須死心蹋地，放下一切，不但在坐中要調伏身心，在日常行進間，更要扣住所緣境，以止觀來調心。若能於二六時中，不忘止觀，何愁道不成？故，智者大師教吾人於六根，對一境界中修習止觀，

---

2 同前註1。

達念念不離、無間斷休息之功效，以除凡夫之生死煩惱。」[3]，
這一段話，我在夏菁的《雪嶺》詩集中，讀到不少詩作，正
是詩人「要扣住所緣境，以止觀來調心」的努力。試看輯一
的〈曾經〉四行：

　　曾經在秋晚強登高樓
　　風帆點點，卻找不著愁

　　曾經在紅塵尋一張臉龐
　　失望是回頭，回頭是失望

　　詩中「強登高樓」、「找不著愁」、「在紅塵尋一張臉龐」、
「失望是回頭，回頭是失望」等句子，在在都顯示出詩人有
一顆不安的心，無法「放下一切」。
　　這樣一顆不安的心，在〈雪嶺〉乙詩中，更見真切：

　　一座潔白的雪嶺
　　常在我腦際浮現
　　不知是幻是真

　　在不可及的天邊
　　在晨昏的交替
　　在有無之間

3　人間福報九十三年六月一日縱橫古今版《止觀講座》：〈歷緣對境修止觀止
　觀〉（四）。作者：永本法師

是不是我的癡迷
或是你臥姿的誘人
揮不去、難忘記
有一座永恆
一片聖潔的誘惑
向我日夜招引

　　詩人腦中，原來一直有「一座潔白的雪嶺」不斷的浮現，
也不知是幻是真，這座「雪嶺」可以是「詩藝高峰」的象徵，
因爲它的「臥姿」是那麼誘人，誰不想成爲文壇泰斗，詩壇
祭酒？難怪他心中，一直「有一座永恆／一片聖潔的誘惑」
在向他「日夜招引」。

　　詩人畢竟是凡人，凡人有一顆追求名彊利鎖的心，有一
顆不安的心，是正常的，連出家修行的人都在努力的修這顆
不安的心，永本法師在〈五停心觀〉又說：「五停心觀是修定
初門，又名『五門禪』，指的是：不淨觀、慈悲觀、因緣觀、
念佛觀、數息觀。五台智者大師的《小止觀》中說：修觀的
方法有兩種，一者是治觀法，即用五停心觀的不淨、慈心、
數息、界分別觀等四項；二者是正觀，即觀諸法現相，皆從
因緣生，無有自性，故爲寶相。這五停心觀，能使我們從有
相進入無相觀，從凡夫的我執，進入無我的解脫，是大小乘
共通的禪修基礎。」[4]，可見修行之人尚且要努力「從凡夫的

---

4 人間福報九十三年五月廿日縱橫古今版《止觀講座》：〈總說五停心觀〉。
　作者：永本法師。

我執，進入無我的解脫」，何況一般人？

　　然而詩人正因為無法達到「無我」的境界，才能使詩作真情流露，蕭滌非在論〈杜甫詩歌的藝術性〉乙文中說：「杜甫的抒情詩全是從真情實感中、從肺腑中流露出來，他自己說：『情在強詩論』〈哭韋大夫之晉〉」，又說『有情且賦詩』《四松》，『篋中有舊筆，情至時復援』《客居》，可見他的抒情詩、敘事詩也一樣，都在一種不吐不快的情況下寫出來。黃生說『他人無所不假，杜公無所不真耳。人假，故其詩亦假；人真，故其詩亦真。』(〈杜詩說〉)說他人無所不假，誠不免過份，說杜甫無所不真，則是事實。所以前人說讀杜詩只見性情，不見文字。」[5]，可見情真在夏菁詩作藝術性中的重要性，套一句前面的說詞：「讀夏菁詩作，只見性情，不見文字」，並不過當。前引永本的修行言論，祇在證人心不易修到「心不動」、「無我」、何況是詩人「多愁善感」？修行人自有修行人的禪詩、佛詩，本文無論斷高下之意，請勿誤會。

（二）重大美學

　　蕭滌非在論杜甫的詩作特徵時說：「杜甫抒情詩所以可貴，就在於他的感情不但真實，而且是重大，也就是他的感情有份量、有巨大內容，是和人民的感情息息相通。比如〈春望〉、〈聞官軍收河南河北〉等詩為什麼千古傳誦，就是由於這些詩的感情，不只是真實、重大、深厚，具有高度的愛國

5 同註4《千古人物版》:〈杜甫詩歌的藝術性。〉作者：蕭滌非。

激情。不用說，這種重大的感情又是和思想分不開，這是杜甫抒情詩所以能取得高度藝術成就的兩個重要因素。」[6]，夏菁的〈登長城〉乙詩中：「有人說：這是中國的驕傲／我卻想起一首淒楚的民謠」不但痛斥暴政，寫出了人類的共同心聲，而且所寫又是舉世皆知的長城，大家只知其表面壯觀，不知它背後的心酸，讀來深爲感動，而且暗示手法，也是詩藝高明的地方。另外「我們究屬於長城的那一邊？」也道盡千古以來人類的悲劇「胡漢之分」、「兩岸之分」，把詩藝的高度拉到極限。

寫「珍珠港 —— 事變六十周年有感」，更是亙古的悲劇「第二次世界大戰」的遺留「觀光景點」，他在詩中說「不忍去觀賞」，結語更令人動容：「彈指之間，今年已經是一甲子／只是，曼哈頓又耗去了我的哀思」。

葉維廉在論〈田維西‧威廉斯的戲劇方法〉乙文中說：「人類最大的悲劇是：他知道了某些生活形式是最合理的或最安全的，但他沒有能力去接受它。現代人的悲劇最明顯的也就是人無法把自己的理想生活與現實的生活協調起來。」[7]

（三）情景交融的美學

夏菁所寫的詩，大都十分具體，明朗易解，無晦澀不明之病，但與這幾十年來流行的詩風不同，只好「踽踽獨行」「不在乎別人的掌聲」，但他的作品〈出雨〉卻是情景交融的

---

6 同前註5。
7 引自葉維廉著「秩序的生長」（新潮叢書之八，志文出版社）。

佳構。首先他寫景，下雨的景象：「鏖鏖鏖，它在我頭頂／敲著勝利，並將我／重重圍困」，「水翡鶘已驚呼了半天／對山的雲霧寸寸逼近」，接著寫情：「我這個來自北溫帶冬季／一無防備的過客／被俘在加勒比海，久晴／不雨的一個小島，島上／一座小山，山上一間／小屋，手無寸鐵／只好獻一首小詩－請它息鼓收兵」寫情中又有寫景，可謂情景交融而出雨所帶來的感觸表面意義易解，深層意義就要讀者費心了，一個「不雨的小島」，竟然下起「鏖鏖大雨」，自己竟然「手無寸鐵」只好「獻上一首小詩－」此中真的有真義，只等待瞭解的人了。自古以來論情景交融的作品不少，再舉蕭滌非論杜詩為例：「有兩種情況，一種融景入情，景和情同時出現在詩句中，交織在一起，例如〈登岳陽樓〉：『吳楚東南坼，乾坤日夜浮。親朋無一句，老病有孤舟。』這四句上景下情，一闊一狹，似極不相稱，其實是有著內部的聯繫。因為境界的空闊，往往能逗引或加強人們飄零孤獨的身世之感。」[8]，另外一種是寄情於景，例如「鏡中的樹」，「在鏡中照見了自己／夏木陰陰，華蓋亭亭／童貞、赤裸的樹幹／顯出魅力，顯出男性」用一棵樹在鏡中，來暗喻自己，「假如我是一個異性／我會攀援而上，築巢而居／愛護他晨昏的鳥雀，為青天撥霧、撥雲」仍然利用這個景，來寫心中的情，希望有一個異性來樹上築巢而居，撥開自己生命的迷霧。「但也只是棵鏡中的樹／變幻的樹、昨日的樹／此刻站在鏡前／卻是一棵落葉他鄉／鳥雀稀落／樹頂積雪的我」，仍然景像如鏡中樹，心

---

8 同前註 5。

中情卻是覺得「落葉他鄉」,「今非昔比」,而且「樹頂積雪」,應該是滿頭白髮了。這種景象屬虛構,但寫心情卻是真的。和杜甫的〈登高〉頭四句:「風急天高猿嘯哀,渚清沙白鳥飛回。無邊落木蕭蕭下,不盡長江滾滾來」,有同樣的作客他鄉,孤獨落寞的感喟,只是表達的方式不同而已,一個用「樹頂積雪」,一個用「落木蕭蕭下」,境界則相同也。在夏菁的詩中〈望太湖〉乙首末三句:「山色靄靄,水波盈盈/我們豈也會來此卜居?/跟著范蠡,在傳說裡隱去」寫景抒情,把自己的抱負表露無遺。這和蕭滌非論杜詩:『會當凌絕頂,一覽眾山小。』《望岳》也包含詩人的偉大抱負、雄心壯志。杜甫還往往通過景物來暗示時局和對時局的憂慮。」[9],杜甫是「一覽眾山小」的豪壯,而夏菁則有「在傳說裡隱去」的念頭,對時局世事更是看淡、看悲。他的許多詩中常有藉景抒感竟讓讀者因共鳴而不禁悲從中來,隨詩而泣者,正所謂百感交集是也。

三、結　語

　　夏菁在一九五四年在台灣與余光中發起組織「藍星詩社」,出版有詩集八部,散文集三部,忽忽已有五十年半世紀之久,雖在一九六八年離開台灣,客居海外,但一直對台灣新詩發展及詩壇現況十分關懷,他一直堅持詩要具有「可讀性」,主張「用字不妨經濟、淺近,內容則須新銳、深遠」。

---

9 同前註5。

寫詩是他一生無悔的追求。他在詩中有客觀的描寫、有主觀
的融入，有時重視心理刻畫，有時重視詩中的戲劇性，語言
也十分個性化，對許多細微的描寫也不忽略，舉凡身邊看到
一隻鳥、一棵樹，都能用心體會，別出心裁，寫出佳構。他
說他產量不多，平均每月寫一首，雖然如此，年近八十的夏
菁，仍能執筆，真是令人佩服不已。在嘆服的同時，展讀夏
菁新書《雪嶺》特寫出一點雜感，請夏菁先生指教外，還請
高明不吝賜正。

刊於藍星詩學 22 期 2005 年耶誕號

飛出自己的姿勢

—— 讀張貴松詩集《記憶的煙塵》

　　第一次讀到張貴松的詩是在優秀青年詩人評審會上，對他的詩能從古典走向現代，以及使用鮮活的意象語言，印象深刻。當時，我不但大力推薦，並且在他得獎後，在我的「讀星樓談詩」專欄，爲文介紹他的詩。文章與他的照片在九十二年十一月二十六日於台時副刊見報後，許多詩友紛紛探詢「張貴松是何許人也？」我乃鄭重告訴他：「就是用子青爲筆名的詩人張貴松啊！」

　　九十五年初，張貴松寄來他的《世紀詩選》，展讀之後十分興奮，正想寫一篇評介之際，他又寄來他的《記憶的煙塵》並附上短箋告知《葡萄園》將於一七二期做一個「評論張貴松《記憶的煙塵》專輯」，於是轉而專門探討這一本詩集中的詩藝，希望高明先進賜教。

　　首先我讀到的是一顆詩人關懷世界的心，他用鉛字，把他內心幽微而熱烈的心聲，鮮活生動地打進了讀者的心坎。例如他看到『美聯社』報導：南北韓在乖隔五十年後，兩邊的人都展開尋親之旅，親人相見時的擁抱以及淚水，令人動容……。詩人因而寫了一首〈五十年〉，其中部份詩句都像子彈般的直接打入我的心裡：

　　五十年模糊了親人的影子
　　　皺紋發出的痕溝匯聚成江河
　　　已經分不清是昨天還是明天
　　五十年給了縹緲的主義
　　　那誰還給我五十年的青春

　　是啊！政客可以有他的理想、他的主義，但就因為這種
虛無縹緲的主義，害得許多人家破人亡、骨肉分離，南北韓
如此，兩岸虛弱的代言：「誰還給我五十年的青春」，這樣虛
弱無力的話語，卻有子彈般萬鈞的力道，直接痛擊人們的心
靈。

　　像這樣寫實的作品，最容易看出一個詩人的寫作功力。
有人說畫鬼容易畫人難，許多功夫不足的詩人，大寫天馬行
空的作品，其根本原因是詩藝平凡。張貴松的可貴處就在於
寫現實的題材而不做表面浮相的報導，例如〈舟遊安平〉乙
首的部份詩句：

　　我乘著你的滄桑
　　放眼將過去的繁華收藏
　　引領風騷的白鳥
　　以雄姿歡迎歸隊的靈魂

　　不是實說報導，也不是浮面內心激情的表白，而是深沉
的，以生動的意象語，透過詩藝的手段，趣味性的表達出來。
因此詩人簡政珍教授在他的《台灣現代詩美學》乙書的〈導

論〉中就說：「詩是詩人透過文字觀照的人生。詩美學是這種觀照所顯現的藝術，那是語言穿透生命的交融狀態。詩美學涵蘊了詩人和客體世界相互的投射。詩美學也會探討詩人經由詩作觀照人生的過程中，所引發的哲學思維。」張貴松的詩作優點在於植根於現實，但不是現實的複製品。

　　張貴松作品的另一個特色是詩中具有現代短篇小說的功能，馬森在〈現當代小說的主要潮流〉一文中說：「現代短篇小說在西方是一種後起的文學形式，直到愛倫·坡（Edgar Allan Poe，1809-49）在一八四二年評論霍桑（Nathaniel Hawthome 1804-64）的《重述的故事》（Twicetold Tales）時，才給短篇小說的形式加以肯定。他以為詩的效果或印象的統一，只有在一口氣讀完時才可獲得。無印象之統一，即無法產生最深切的效果，故詩不可過長。像詩一樣，短篇小說也可以產生同樣高度激動的效果和深刻印象。他稱短篇小說為『短的散文敘事體』，其短，限於半小時至兩小時的閱讀時間，且故事須集中在單一的效果上。」雖談的是短篇小說，但詩要短、集中單一效果，讓人印象深刻的道理都相同。以〈時間〉乙首為例，正是短而且效果集中讓人印象深刻的作品：

　　　　針與針交會
　　　　成了不可避免的宿命
　　　　唯一的座標
　　　　是你
　　　　圓周內的宇宙
　　　　是所有生命共處的天堂

> 十二只星辰
> 閃閃發亮
> 各有各的張力
> 一起拔河
> 你必須承受
> 直到世界只剩
> 最後一座的空城

　　以鐘面的圓周爲宇宙，針和針的宿命交會，暗喻人生籠罩在某種不可抗拒的命運之下，令人再三玩味。時間是抽象的，訴說人生的道理也十分浮泛，此詩正像短篇小說，讓人能夠深沉的體會，仔細反省。

　　當代法國詩學家加斯東·巴什拉（Gaston Bachelard）在《夢想的詩學》一書中說：「一個詩的形象，可以是一個世界的萌芽，一個呈現在詩人的夢想中的想像天地的萌芽。在詩人所創造的這世界前，驚奇讚賞的意識極真純地開啓了。」從張貴松的詩作中，我讀到了他夢想天地之萌芽，例如〈鷗〉的部份詩句：

> 飛飛飛飛飛
> 飛出自己該有的姿勢
> 放逐正好是夢想
> 就在今晨與世界分手
> 雲是我唯一的同伴

　　此詩明顯受到《天地一沙鷗》一書中「岳納珊」那隻沙鷗的影響，靈感也來自於此，但仍然展現了詩人夢想天地之開展。他要飛出自己的姿勢，放逐自己，與世界分手，雲是唯一的同伴，孤高的胸懷，理想的展現。我們祝福他的萌芽正邁向茁壯，我們祝福他的詩作，正邁向圓熟。讀完《記憶的煙塵》，我知道張貴松會繼續尋找別人沒有寫過的題材，使用更鮮活、更有創造性的語言，鍛鍊更有活力的想像力，寫出更好的詩篇。

（刊於葡萄園第一七二期，2006冬季號）

故事性強，體悟人生深刻

── 讀《詩想起》

　　寫詩多年，出了好幾冊詩集，獲獎無數的子青又有新書問世了，令人振奮。展讀之後，更加覺得有與讀友分享心得的必要，於是不憚愚陋，把粗淺所見，略述於後，祈高明指教。

　　從子青自序中，他已深得寫詩三昧，他說：「在詩的國度裡沒有所謂的輸贏，也無須論說什麼成敗，詩不像儒家也不必逍遙如道家，有時候它像一名墨者櫛風沐雨，轉身一變更可能針砭似峻酷的法家，讓小人們也正視詩的急急如律令。」這一段話深獲我心。不知那些爭排名，感嘆寫詩無用的詩人，看了有何感想？

　　集中有一首〈往事細數〉，讓我閱讀再三，感想很多，原詩是這樣的：

往事細數

公園的老夫婦

耳靠著耳說些什麼呢

是新婚時的故事

是產房裡的喜悅

是孩子的上學日

是中年的勞碌命

是時代的大變化

是老朋友的凋零

是被冷落的滄桑

還是⋯⋯

兩眼相對的茫茫

（二〇〇九、四、十三載於《中華副刊》）

　　這一首詩故事性極強，對人生的體悟很深刻，讓人讀後感想很多。子青什麼也沒說，只點出幾個人生的重要項目，如新婚、生產、孩子上學、中年勞碌、時代大變化、老朋友凋零⋯⋯這些就已刻畫出整個人的一生，其他讓讀者自己去補充、去聯想。尤其末句「兩眼相對的茫茫」，更寫盡老夫婦的人生滄桑，是一首很能讓人細品回味的好詩。

　　其他還有很多類似的好詩，請讀者自行仔細挑選。現在我再找一兩句令人驚豔的警句，與讀者分享：

　　先看〈愛河速描〉的第一、二句：「愛河的船將心劃過／盪漾的水紋讓思緒推得更遠」，船竟然將心劃過，而且水紋竟會把思緒推得更遠，看似現實，又似超現實，詩的秩序就在這樣混沌中建立了起來，詩的表現也在矛盾中達成了。有經驗的遊客，用心的賞遊者，的確會把心繫於船的前進，把思緒和盪漾的水紋結合，這樣看來似乎是極特殊，可是表現在遊客身上卻往往十分普遍，同時作者也以這樣有限的畫面，

暗示無限的心情變化，也就是心事重重，太令人欣賞了，深獲我心。這種把行船、水波的無情世界，化爲有情世界的功力，你說你欣賞不欣賞。

　　本來讀了全冊詩集，還有許多話想嘮叨，但因限於篇幅，只好就此收筆，將來還有機會再深論之。

　　　　　　二〇一一年七月十二日於中和松廈
　　　　　　刊於葡萄園一九一期

外表樸素，內涵豐繁

── 再讀《思想起》

　　一九六五年出生的子青，生活的體驗和視野，絕對不同於早期的台灣詩人。他沒有經歷大陸來台的軍旅詩人，接受炮火洗禮、流落異鄉、與親人生離死別之苦；也沒有台籍日據時期接受日本皇民化，光復後又接受國民政府的中國化教育的詩人之徬徨，寫出來的詩自然有別於這些人士。

　　我看子青的《詩想起》詩集，是很單純的從自己的閱讀和觀察周遭人士的生活，有感而發的作品。詩作有些表現方法從東方走向西方；有些又是從西方回歸東方。尤以他接受中國文學教育直到研究所碩士，所以東方味比較濃厚。

　　我說子青的詩東方味特濃，是有原因的，除了他接受國文的教育、教授國文之外，一定也非常喜歡中國山水國畫，所以很多詩讀來，都有淡墨山水的韻味。例如寫〈雨中爵士〉的第一段：

　　　空濛的山色
　　　還存有蘇學士的詩味
　　　數不清的天淚

淌在車窗那慵懶的姿勢
像極了方才甦醒的藍調
（《詩想起》詩集第十一頁）

還有〈雨中九份〉第一段：

窗前山色婉約
有妳縹緲的身影
耽飲秋雨
雲霧纏綿
將天地鋪成午後的夢境
（《詩想起》詩集第十八頁）

從兩段詩中，不難看出子青受古典中國山水畫的影響之深，只是他是以詩來畫國畫。像這樣詩中有畫作品很多，讀者可以自行選取品賞。

然而，如果讀者以為子青就像幽居的文人雅士，不關心人間的一切生老病死，那就大錯特錯了。從子青出生的年代開始，台灣正歷經農村經濟蕭條解體，資本主義的工商經濟正衝擊著台灣社會，包括生活、禮儀、宗法觀念都逐一崩潰。詩人眼見這些情形，自然會有反映表現，只是他的表現含蓄而溫婉。

例如〈秋醒〉乙首：

秋像午后的雨

被雷炸開

飛進惆悵寫成的殘詩

無語的思緒輕輕抹過

心情飄零

冬已蟄上了甦醒的眼

（《詩想起》詩集第十四頁）

詩人以午后的雨來象徵外界的侵擾，像雷一樣炸開他古典心情惆悵味道寫林黛玉式的殘詩，這被炸開的正是現今社會田園景觀的改變，其心情當然是無語的思緒、心情的飄零。眼見經濟的寒冬已然來臨，能不甦醒嗎？所以在這個年代，流行歌以「來去台北打拼」、「台北不是我的家」、「我的家鄉沒有霓虹燈」來抒發，小說則以「嫁粧一牛車」來展示農夫的血淚。可是詩人不能赤裸裸的呼喊，否則就像散文、口號，只能含含蓄蓄，語焉不詳的用〈秋醒〉來抒發心情。但這樣的詩，一旦深入人心，力量卻不可抵禦。這種不能解決民生疾苦的心情，〈心賦〉第二段說得最令人不忍：

春天的時候

你喜歡浪費自己

在山水之間

做一個舞雩而歸的儒者

卻容易身在百花叢中

忘記了時針學不會逆遊

　　一個讀書人，手不能提，肩不能挑，只能浪費自己在山水間，在這種千變萬化的世局中，無法回到陶淵明的日子了，矛盾傷感之情，溢於言表。

　　像這樣既不能適應都市的經濟生活，也不願再浪費自己在都市的人，當然也有回歸鄉下，而鄉下的人湧向都市，正像〈會〉乙首中的第四段：

> 交錯兩車
> 再也清算不完的悲喜
> 還是讓它回到屬於它的終點
> 平行的鐵軌
> 殘留的餘溫
> 在轟隆的吶喊中
> 靜默……

（《詩想起》詩集第廿九頁）

　　歷經台灣農村經濟轉向資本工商社會的子情，當然也面對東西兩種文化的衝擊。讀國文的他，並沒有躲在典籍中出不來。他用西方傳過來的溜冰，象徵自己並非一直是研究古中國文化的老學究，他也會以蹦躂的溜冰步伐來圓夢，而且正要成功：

圓　夢

> 你是意志堅定的陀螺
> 為理想和目標不停地旋轉

那搖曳的舞姿蹁躚的步伐

讓所有的眼眸沉醉

偌大的溜冰場是勝利的輪盤

在喝采聲中圓夢

在高雄的天空下擁抱快樂成功在望

（《詩想起》詩集第三十一頁）

　　我讀子青的《詩想起》詩集，覺得整冊詩集中的詩，看似十分普通，但仔細推敲，又覺得用意十分深遠，從無奇處下筆卻能引出奇趣。冷天中讀詩，五味雜陳。有時熱血激昂，如讀〈難忘的日子〉乙首，有時又傷心淚下，如讀他寫日本大地震的兩首詩〈太陽站起來〉及〈又見春陽－爲日本震災而作〉；沒有悲憫之心的人，還能當詩人嗎？

　　我很欣賞子青用平常的語彙，平常的意象、樸素的表現方法，卻開拓出了詩的繁華繽紛。他能得很多重要詩獎（如作者介紹中所述），不是沒有理由的，可以說是實至名歸。賞讀之餘，特爲文道賀，並向文友推介。

　　　　　　二〇一一年十二月寄自新北市中和
　　　　　　刊於葡萄園一九三期

品好詩如品好酒，痛快！

── 讀子青詩集《詩雨》

　　子青又有新詩集《詩雨》問世了，令人十分佩服，因為子青自己都認為：寫詩是一種壯舉，這一種非常人所能理解的行動」，深獲我心。自從喜歡新詩創作以來，親朋好友總會露出奇異的眼光，有時甚至提出一些令人哭笑不得的問題，所以幾十年前開始寫詩的確心中有些「悲壯的感覺」，寫詩不但不能生財，還要自掏腰包出詩刊、詩集送人，常被認為是「傻子」，有一位小說家說：「如果我寫詩，絕對養不活五、六個孩子……」我聽了心有戚戚焉。還好！詩人大部份是業餘的，如今老了，還能有「老人娛樂」，也算不錯啦！

　　看來子青不但詩寫得好，連自序也寫得讓我「題外話連篇」，抱歉！抱歉！現在言歸正傳，話說子青出身中文系，不論寫作內涵，思考方法，語言習慣均受古典中國詩詞的影響，書中名篇詩作如〈無題〉、〈桐雪〉、〈驚夢〉、〈夜雨〉、〈七夕雨〉、〈秋心〉、〈迎春〉……等從題目一看，就是古詩的題目，意象更是古詩詞的意象，例如下面的詩句片斷：「昨夜的那一場雨／在心裡滴答地下著」、「轟轟烈烈的雷聲／彷彿是你千里迢迢的呼喚」、「思潮激動地拍岸／好心的濤聲趕來寬

慰」……幾乎俯拾即是，可以看出子青在古詩詞中吸收了超多的養分。這樣寫出來的詩句，甚至可以比美年輕時期白萩的〈羅盤〉和〈蒼鷹〉。例如他的〈眺〉和許多詩中的文字都有振翅欲飛的詩思：「聳立的大樓／你兀自思考著什麼呀／是有些暗沉的天空／還是微風輕飄的夢」，詩中有著佇立樓頭，思考著如何隨風而飛的夢；外表斯文的子青，內心裡潛藏著許多「野性」，在詩作中娓娓道出：「陰冷的空氣收斂了我的心／無法分辨的鳥叫聲裡／藏不住對於春天的渴望」，古典中有現代的情思，意識流的手法，更輕輕的託寄心語，頗有言外之意。

　　一再的反覆誦讀子青的詩，常被他純真、貼切的詩句所感動，讀者不妨讀讀看，他的詩是否會讓人「不快」？所謂不快，就是讀不懂的不快，看著惡劣文字的不快。我看子青的詩每一首都很純真，都從內心裡面有感而發，常被他的詩句感動，尤其是〈我的花博我的痛〉，為了欣賞花博，為了參觀夢想館，抱病前往，「司機先生滿臉笑容／卻映襯著我疲憊的心情」，外面是「微冷的春天」，而裡面是「悽悽的我」，對比得多好。如果仔細閱讀，子青詩中這種二元對立的反思，是他的詩作有味的法寶之一。這種絕技所造成的衝突，是詩作引人注目的重要手段。

　　總之，子青我手寫我口，我詩寫我心，他是誠意用心的詩人，他的詩文字古典詩思幽美，哲理雋永有味，繼承古典，仍有新的創意，擅於創造意象，擅於運用比喻，尤其擅於突出衝突對立點，使詩作醒目：我覺得讀子青的詩，如品好酒，如喝好茶，痛快！　　（刊於葡萄園二○三期，2014 年 8 月號）

試評「問雨」

── 寒林寫詩十年的心路歷程

一、高貴的詩魂

在「風燈」詩刊上斷斷續續讀到寒林的詩，感覺這個年輕詩人是個有心人，他透過他的詩篇，企圖表達一己對生命、對生存環境的關懷，直到他的詩集「問雨」出版後，對他的創作脈絡有更清晰的認識，更加肯定了我這個看法。

這個看法可以在他的序和跋中找到端倪。例如在序文中他說：「……我嚮往那種萬物有神有知的世界，更喜歡那冥冥神思與靈異的宇宙所交融的神秘境地。我時常在碌碌的生活中佇足，驀然發覺周遭的景物有一種茫然陌生的可愛。偶爾推開窗，天雲的飄忽與遠山的凝浪形成了堅實的對比，會猝然震撼一顆敏感的心。面對久違的大自然，支頤在黃昏的天宇下，蒼茫的暮色從四野圍攏過來，我會感覺生命原來竟是如此渺小而莊嚴……」以及，在跋文中他說：「……大概寫詩之於我，難免懷有『青青子矜，悠悠我心』的情懷……深夜伏案，一壺茶一盞燈陪我入詩入夢，我隱隱聽到隔壁有嬰兒

誕生的聲音，遠方有砲火的聲音⋯⋯」我之所以不厭其煩的抄錄上面這些話，乃是因為這些話對研究一個詩人的作品太重要了，透過這些話，可以幫助我們了解他的詩作的「內在肌裡」，因為文字只是表面，不論語言、節奏再如何好，「內部」沒有東西，等於沒有靈魂，人造花一樣，再美也沒有生命。

　　基於以上對寒林那顆高貴的詩心，無比的推崇，我願不揣愚陋，一探他詩集的究竟。

二、愛情、親情與友情

　　「問雨」這本詩集，計分七輯，寒林在跋文中說是：「取決於詩的情趣，相近者歸。」第一輯「眉睫之外」，寫的是寒林的「愛情與親情」。例如「我們的愛」第一段以及「眉睫之外」最後一段。

　　　　我們的愛已接近
　　　　盛夏
　　　　金黃的稻穗結滿纍纍的
　　　　果實
　　　　你的心寬闊如糧倉
　　　　合當囤積穀粒
　　　　作為我們永遠的糧
　　　　　　　　—— 我們的愛

如我歸來
證實愛情的根與莖
勝過瓜果的存在
我將種一排防風林
在你的眉睫之外
　　　　—— 眉睫之外

　　由這兩段文字，我們很清晰的可以看出寒林的愛情觀絕不像一般人朝三暮四，視婚姻生活如兒戲，因而我們更加相信他在「戀歌」中所唱的充滿光燦遠景的歌聲：

給出晚霞　　透着金燦
給出雨景　　濕着塔影
給出晨露　　濾着曦光
　　　　—— 戀歌

　　因而我們更會相信，寒林的愛情觀 —— 認為夫妻是「瓶與花的依存」：

瓶與花的依存
在你我之間
雖然短暫
却是美好的共生
　　　　—— 感覺之一

　　第二輯「暮雲低」除了少數幾首寫「車禍的老兵」、「海邊的釣者」及「被處決的死囚」外，大體上都屬於與風燈詩友唱和之作，例如：

　　　　沿着河
　　　　我在尋找一把吉他
　　　　吉他琤琮流過的下午
　　　　急雨打着草葉的
　　　　下午　有一首詩要譜成
　　　　歌
　　　　　　　　　　── 尋找一把吉他（懷笛笛）

　　　　在繁花複葉的枝上
　　　　我們總該遺忘
　　　　江湖上的恩怨
　　　　讓微溫的手交叠或盤握
　　　　像兄弟一般
　　　　　　　　　　── 植物的思維

　　因此，由這一輯詩中，我們可以看出風燈詩友兄弟般的感情，他們經常聚會，互相關懷，常常繞過半個台灣，互相造訪：

　　　　我來訪你
　　　　秋是冷冷的菊

　　慢車載我接近那海岸
　　左側是水
　　右側屬山
　　山水之上是遼闊的天
　　若是緣
　　既高且玄
　　　　　　　—— 暮雲低

　　他們經常聚會，以「詩運」為己任，常常「心懷天下」，憂心忡忡：

　　寫在水上的　　將流逝
　　刻在碑碣的　　恐剝蝕
　　吟在風中的　　怕消失

　　因此，我們可以說寒林透過這兩輯詩來表達他對親情及友情的看法。「言為心聲」，信然。

三、思古的幽情

　　接著從第三輯開始到第七輯止，寒林關切的層面由家庭、朋友而向外延伸。寒林在後記中透露：「古老的典籍和自己的身世常常在我讀書癡思之中，糾纏激盪，松雪傲岸的情緒於焉產生，從不拘的青少到而立，無論昂揚得意或潰敗黯然，都形成了自我對歷史洪流的莊嚴與卑微的表達或者註

解。〈花的鏡子〉、〈古甕之歌〉、〈喜怒哀樂〉和〈錦瑟〉等六
首均屬此類之作。另外，對大自然的關懷，今昔之比；對國
家天下事的箋註等，產生了〈田埂〉、〈野地〉之類的短詩和
〈秋的諷諭〉與〈一九八〇年〉之類的長詩。……」

　　根據以上這一段後記的記載，寒林十年來創作的心路歷
程雖然駁雜，但脈絡却也清晰可尋。首先，我們來看看寒林
到底對歷史、對故國有著怎樣的情愫。從「鐘」和「古廟」
中，我們找到了這樣的詩句：

　　　　哦哦……
　　　　請譯出我重重門牆背後的
　　　　是宗周的也是中國
　　　　請譯出悲情的美好與苦痛
　　　　是芬芳的酒亦是香火
　　　　哦哦……
　　　　請譯出我
　　　　幾千年的兵燹山水
　　　　宮殿殘破　　就是漆了再漆的我
　　　　　　　　　　　　　——鐘

　　　　我是遲來的謁出者
　　　　香火熒熒的飄搖
　　　　而淒涼也只是淡淡的
　　　　門啟處
　　　　青苔是來時的路

　　只覺一雙芒鞋　滿地落葉
　　　　　　　—— 古廟

　　由這兩段文字，我們不難發現寒林的「歷史情意結」，自古以來兵燹連連，宮殿殘破，搬了又搬，甚至有毀掉的、流落在外的「古文物」，那種心情我們是不難體會的。現代人生而未見輝煌的過去，「我是遲來的謁山者」、「只覺一雙芒鞋滿地落葉」，嘆惋之情可知。

　　這種心情〈深夜臥遊〉乙首，表現的更是淋漓盡致：

　　屋前的年菊不開
　　酒在封了的甕中隱隱不安
　　發酵的聲音彷彿
　　子夜的劉伶
　　妻已入睡
　　喝一杯
　　便來到秋的邊陲
　　紅雲兩鬢散入秦淮
　　蘇子放歌：
　　這樣的子夜酒是不能不喝的
　　四週悄然你我獨對天地的蒼茫
　　詩是不能不寫的
　　戰火燃燒過歷史的原野江水滌盡歲月
　　前後赤壁且容你我扁舟一葉
　　　　　　　　　—— 深夜臥遊

基於以上的瞭解，我們在寒林另一首詩〈秋的諷諭 —— 寄給故國〉中，找到了這樣的詩句：

> ……
> 在雪溶之前
> 竄昇幾乎是不可能
> 但是你的存在像一粒麥子
> 我正為你準備一盆小爐火
> 讓你感覺溫暖與家的迫切
> ……
> 我如此堅信著
> 你的形象
> 風裏孤然傲岸的形象
> 背負著典籍以及
> 那一殿一堂
>
> —— 秋的諷諭

對於故國，我們除了像一粒麥子，需要家的溫暖外，我們還有什麼比這要求更迫切？我們不難從這幾輯詩中，讀出寒林的古典情懷。

四、內心深處的疼痛 —— 彎彎君子

和寒林比較接近的人，都知道寒林很固執，常為堅持理想和原則，與人爭得面紅耳赤。對自己深自期許而不肯於文

壇上的送往迎來。對於浮名視如糞土。因此，我認為了解他
的個性，可以幫助我們了解他的某些詩篇，例如對周遭環境
的不滿和抗議，以及對於自然時序更替的感傷等。尤其以〈竹
籬與我〉那首，最叫他感到他為了「適應環境」，竟有一份「在
深處的痛」，而令人心痛難忍：

　　　你是會生長的籬
　　　分明是竹
　　　却被彎曲成一圍
　　　牆的寫意
　　　………
　　　無奈那份在深處的痛
　　　毅然堅持你的固執
　　　明日的我
　　　亦當有彎彎君子的難過

另外我們在「春花」一首中，也可看到寒林那份無奈：
　　　無奈
　　　在這曝晒龜裂或者流失的土地上
　　　辯論勝過死亡
　　　在這被供植被賞玩的世界裏
　　　忽然很想念雨
　　　很想念故鄉
　　　季節的威迫
　　　教我們成為招展的春花

只好成為你眼裏的春花
什麼也沒有說

　　　　　　　　—— 春花

五、閉門讀書心懷天下

　　寒林是一個相當用功的書生，但在讀書之外，他也關懷人類的安危，從一九八〇年那首長詩，我們知道他對戰禍連連，暴行不斷，表示了他的憤怒和抗議：

上帝用槍砲發音：
把我所造的活物
都從地上減除
佛祖正在菩提樹下
沉思
沙特穿過哲學的殿堂
突然宣佈：上帝因嘔吐而死
…………
教堂的鐘聲遠了
祈禱的人也各自失散
我們都來到一九八〇年
一個海洛英盛開的
年代
這世界　在神的面前
敗壞

耶和華後悔造人於地
人造了核子武器
造了權勢和猜疑 ——

因為原詩相當長，我們無法全部引錄，但是由於上面所引的兩小段，我們已可以約略知道整首詩的精神所在。我認為一個文學家，若沒有耶穌、佛陀的「博愛」，成就有限自不待言。

六、結語 —— 花已開了，果子還會遠嗎？

寒林十年來，雖僅得詩集一本，但從集中詩作的表現，不論關懷層面的寬廣下懷抱一顆博愛的心胸，以至小到文字的洗鍊，他都投下相當大的心力，我們深深盼望這樣一位讀外系而又悠遊於中國古典文學的寒林，能更加努力創作，開出更燦爛的花朵，進而結出纍纍的果實。

一九八四年二月二十七日於讀星樓
曾刊於詩友季刊、成功時報和台灣詩季刊第五號

風燈的良心

── 吳承明其人其詩

一、戰地金門來的儒生

　　吳承明，民國四十二年生，福建省金門縣人，國立高雄師範學院英語系畢業，現任中學教師，爲人溫文儒雅，對浮名視如糞土，是「風燈」的典型人物，有「風燈的良心」之美譽。

　　在金門高中唸書時卽嘗試寫詩，啓蒙算是早的，發表在創世紀第卅四期的「鷗」乙首，卽爲當時的作品：

鷗 ── 給自己畢業

越

・

來

・

越

越來越

遠

了

我們的

天

涯……

　　和時下的文學青年一樣，作品深受當時前輩的影響，不
但遣詞用字像極了當時的名詩，連樣子也排得高高低低的，
就連蕭蕭推動的「大黑點小黑點」也學了進去，可見一個初
學者很容易受人影響。

　　直到吳承明考上師院，並且參加了「風燈詩社」，才慢慢
建立他甜美抒情的柔軟調子，尤其〈落日與煙〉一首最爲膾
炙人口：

落日與煙

靜坐着

沉思

那彷彿故地的落日

正扯動你不安的身影

秋意已深，這重重的蘆花

莫非是你去歲離家時的緘默

落葉繽紛

這村子是沉靜了

深深的巷子穿入煙渺的往事

綣綣的煙纏繞着

> 拉不斷的感嘆呵
> 那彷彿故地的落日
> 正悄然滑入
> 你遼闊的鄉愁裏

調子十分甜美，意象十分典麗，與該詩同一風格的尚有「暮」、「歸鄉」、「跋涉」……等。吳承明也以同一手法寫了兩篇散文，一篇卽是得了六十九年中國時報散文獎的〈烽火的訊息〉，另一篇〈水薑花〉也得了幼獅文藝營教師組散文創作第一名。

二、「消息」以後的吳承明

然而，吳承明是不以此爲滿足的，他開始關心現實，思索人類的生存問題，〈賣玩具喇叭的老頭〉乙首，算是一個開始，接着〈消息〉、〈假設〉等首，才算奠定了吳承明寫作的新方向。

其中尤以〈消息〉乙首最具震撼力，陳克華的〈星球紀事〉也是類似的作品，可惜吳承明的作品未能引起詩人們的注意。

〈我的心中有說不完的故事〉乙首，用史詩的寫法，刻劃出一系列現代的浮世繪，對現代人頗有啓示作用。

〈假設〉乙首，更是對目前的國際現勢表達出一份「先天下之憂而憂」的傳統士大夫胸懷。

假設我們的世界脆弱如一張報紙
沒有美工設計和校對
我們只好靜靜等待
等待整齊的字盤
從命運手中無力滑落
並且亂成一團
……

　　以上的詩句錄自〈假設〉乙首中的片斷，讀者已不難看出作者的「設喻能力」和詩中的「暗示力」了，「風燈詩社」的寒林對這一首詩有一段精闢的評論：

　　〈假設〉較凝鍊，因為焦點集中。作者採用古今對比，運用聖者與霸權的對比，將焦點集中在命運裏，並透過歷史的觀照來俯視現實。作者提出了質疑，當然，也表達了無奈的情緒。

　　……報紙呈現世界大事小事，却不永恆而且脆弱，美工設計正是精神文明的關切與暗示，而校對便屬改過與省思。這字盤便是我們，任人選擇安排或者散置，終因無力地滑落而零亂，正暗示著世界的危機與知識份子的無力感。全詩讀來沉痛，而且乏力；深刻的無奈只好讓詩人再度成為世紀末的預言者，或聖經裏的先知。

　　另外吳承明的〈鬧鐘〉乙首，更把西洋的意識流寫作手法加以純熟的運用：

鬧　鐘

一直到很晚 ──

夜色才像苦撐的巨漢猛然倒下

「終於崩潰」他說。然後定時，扭緊發條把一天的疲

倦、憤怒和隔日的不安

全部絞進鬧鐘裏。「好了。」他說：「我把自己裝扮成無

憂無慮的兒童。」然後躺下，夢見無數面巨大的鬧鐘

正以憂鬱的眼神對視，更奇怪的，那些齒輪嚶嚶而

泣，隱忍著，用極其稚嫩的童聲

背誦成人無從理解的課程。嘴巴張合著

那樣呆滯而又沉穩，彷彿要吞噬 ── 而冷汗並不重要

重要的是 ── 他說：

「好了。有時候鎮靜劑是必需的。」再一次安然躺下，

那時張惶失措的鈴聲正拉著他鎮靜的軀體

朝千百個錯愕的方向

奔馳而去

　　這一首詩運用意識流的小說寫法，把一個痛苦焦慮不安
的現代人，生動的呈現在讀者面前。

三、關懷現實的詩人

　　吳承明的重要性，除了他寫作技巧的圓熟，如前段所述
之外，更重要的是建立在他的人生觀上。熟悉他的人，都知
道他的沉默寡言，對世事很少批評，更沒有極端的不滿，但

他的沉默，正足以使他能夠冷靜思考問題，由於他的冷靜思考，凡事均能洞悉事物的核心，而不受表象所蒙蔽。

最簡單的例子，可以舉他的兩首詩「母親節」和「盆栽」為例。「母親節」乙首，由於眼見當代人只知買一朵「康乃馨」來代表「抽象的孝心」，大家都千篇一律寫「一切平安，請釋念」的家書，大家都「買二十元一朵的緞帶花掛在胸前」，其實「母親節」只是對一件事的感情而已，却也暗示了現代人在很多方面的粗疏、膚淺。

而〈盆栽〉乙首，正是對現代生存環境的狹窄，沒有田園景觀，只能「在陽台上在客廳裏」擺上幾盆盆栽，如此而已，現代人生活在這種暗淡的天空下，詩人為他們發出了沉痛的哀鳴。

另外前段中提過〈消息〉乙首，是吳承明重要詩作的旅程碑，由於這一首詩，我們可以知道吳承明的眼光，已經放得很遠了，他不再只關懷周遭的人，他甚至關懷人類的安危：

消　息

等待……

一些預料中的情節
果然陸陸續續
發生
看時間在這裏那裏
輕輕落下
看你如一枚惶急的葉子

在枝枒間焦心等待
等待
並且想像
隔著公園廢棄的黃昏
我遠遠看到了
一個剛剛學步的嬰兒
牽著步履蹣跚的老嫗
正小心跨過
冬日剩下的一點陽光
那時候，我想像漫天的風雪
如同整個宇宙爆炸的星塵
正以絕對冷靜的速度
撞擊整個地球

　　他用一個剛學步的嬰兒和步履蹣跚的老嫗，來暗示他對生命的體悟，以及預言他的「消息」，他好像看到「漫天的風雪」如同整個宇宙爆炸的星塵，正以絕對冷靜的速度，撞擊整個地球，讀後能不悚然而驚，若有所悟？

四、企圖再度超越自己

　　最近一年，吳承明的作品奇少，甚至未發表任何作品，這並不意味著詩人已經停筆，甚至不再創作，事實上他正冷靜的沉思，默默的觀察，期望再有突破性的作品呈現。
　　從他的詩觀中，我們不難瞭解，吳承明為什麼會被稱為

「風燈的良心」：

　　他的詩觀：我相信真正使一首詩不朽的是它感人的內涵而不是別的。詩的語言固然也很重要，但現代詩絕不該只是一些濃粧過的句子，漂亮但毫無內容。我們是否已誠懇地用準確的語言表達出心中的意念？這個問題比爭論一首詩的晦澀或明朗要重要得多。

　　我一直試著用客觀的敍述來表達主觀的思想。當一首詩完成的時候，它便離開我的主觀意識而成爲獨立的生命體，我不在詩中直接告訴讀者什麼，但我希望讀者能從詩中感覺到什麼。

　　是的，他日夜苦思的是詩的不朽內涵，他的觀念是較有建設性的，他認爲「明朗與晦澀」的爭論實在並不重要，重要的是詩人是否「誠懇地用準確的語言表達出心中的意念」，詩人的作品，是否能讓讀者「從詩中感覺到什麼」。

　　詩人已漸入中年，思想將更圓熟，在他這段「閉關」時間之後，希望能提供給我們更多可讀的作品。

　　　　　一九八五年二月九日
　　　　　曾刊於創世紀詩刊、台灣詩季刊第七號

註：出版校對時，獲知吳承明已車禍過世，內心不勝悲戚。

評介「騎鯨少年」

── 談陳克華的詩

　　騎鯨少年是陳克華的第一本詩集，根據蘭亭書店在詩集封底的介紹：「陳克華，一九六一年生，山東汶上人，就讀台北醫學院醫學系。曾獲第四、五屆時報文學獎，第一屆陽光詩獎。他寫詩不到五年，却頻頻得獎，是八〇年代詩壇的異數。」居於好奇心，我把〈騎鯨少年〉閱讀再三，果然發現陳克華詩作有下面幾點特色：

　　（一）把小說技巧融入詩作中：以〈晨詩〉一首爲例，他企圖表達現代人徬徨無助的心態，「意識流」小說技巧便很自然的派上用場。

　　第一段他先刻劃心態：「……早晨，我蜷伏在陽光的窗枱上／獨自捕食著，吞下一些／長久無詩的恐懼。」接著第二段仍然是心理刻劃：「只蠕蠕的慾望我無從抵禦／牠們自夢國攀出，以狡黠的保護色……」第三段筆鋒一轉：「啊，是誰在拖長了聲音喊我？／我急忙望出去，洪荒的市街／只一道血跡迤邐／在昔日你我走過的，亂石磊磊的小路」完全是夢境的追尋，接著第四段「我終於走到盡頭，果然／你受傷的軀體在地上劇烈的扭動著／我嘆息著走過去，端詳／然後用力

把你踩碎」，夢境的破滅，作者的潛意識中，極為痛恨實際人生中的自我。最後一段：「那是昨日你倉皇退走／所斷離的，誘敵的尾巴」十分突兀，讓讀者自己去想，去推測，就像海明威的雪山盟，那一隻「豹」到底像徵什麼？依愚見「誘敵的尾巴」乃是指現實中的「我」，為了生存、為了某些緣故，必須偽裝出來另一個我的「假相」，而真實的「我」，因此「用力把你踩碎」，這種矛盾、衝突、內心糾結成一團，令人又憐憫又難過，其實，那一個人不是如此呢？詩人寫出了人類共同的困境和哀嘆。這種小說情節的壓縮，意識流的表達技巧，也見於〈否認〉、〈盟誓〉、〈我在你我之間醒來〉……等。讀者可以自行體會、印證，不再贅述。

　　（二）甜美、抒情的柔軟調子：我這裡之所以不說氣氛的營建、音韻的掌握，乃是因為陳克華的詩，並未刻意去營建氣氛、掌握音韻，而是很自然的流露出一種甜美、抒情的柔軟調子。例如〈我在生命轉彎的地方〉：

　　　　我在十字路口停下來，等你
　　　　希望你會跟上來，詢問
　　　　我再小聲告訴你
　　　　這裡是我生命轉彎的地方

　　　　很久了，我僅有的夢境遲緩地
　　　　自昏黃的櫥窗裡浮現 ——
　　　　你正飛快地奔跑，我跟在後面
　　　　撿拾你一路遺落的珠寶與首飾

　　　　把它們 ── 拋入相互撕扯的浪裡…

　　　　　　　　　　　　　　　　　（後兩段略）

　　因為篇幅的關係，我只節錄前兩段，不過，讀者已不難發現作者屬於什麼樣的「氣質」，當然，這無關詩的成敗，卻討人喜歡。像瘂弦的〈我是一勺靜美的小花朵〉，可以讓人緩緩低誦。蕭蕭說：「可以讓人感到美的輕飄微漾，彷彿身在雲端」，大概就是沈浸在這種柔軟的調子裡吧！這種調子我們可以在〈旅人的夜歌〉、〈凍土地帶〉、〈明天〉、〈雨聲〉……等篇章中讀到，讀者不妨在靜寂的夜晚，低聲誦讀看看，會有什麼體會。

　　（三）擅長捕捉特殊的詩材：寫詩最忌人云亦云，或像照相機，有什麼拍什麼（當然攝影家特殊取景例外），或像導遊，頻頻告訴遊客，這是什麼、那是什麼，作者在處理超多現實的題材，常能捕捉最特殊的部分，刻意加以特寫放大，去掉不必要的雜質，留下令人再三回味的篇章。例如〈往天祥路上〉這一輯詩是代表作，不論用字的精鍊、感覺的清新、詩境的高妙，在在令人嘆賞。茲舉第一首〈長春祠〉為例：

　　　　彷彿過度的渲染
　　　　水墨的重壓
　　　　粗劣的白描將你忽略

　　　　敲鐘是唯一回聲的記憶
　　　　吊橋之後，禪光寺被水圍繞

難以著墨的鐘樓
以西的路段飛著流籠

當我折返谷底
錯亂的披蘚皺
溪流在背後如摺扇
一摺一個廻流地展開
夏日多骨的畫風

特地我將你的位置留白
其餘書上：
禁止通行

　　其他如〈燕子口行腳〉、〈慈母橋〉、〈夜宿天祥〉等，均
為佳構，絕少「言盡意盡」之病。
　　（四）題材多面性、關切層面寬廣：這本詩集中有「自
我的探索」，如一、二、三輯，有對鄉土的關懷，如第四輯火
燒埔，有對現實的批判，如第五輯「旅鼠」，輯中，「旅鼠」
就是為日本文部省篡改歷史教科書而寫的，〈失嬰記〉就是寫
給被盜賣出國的嬰兒們，……可見作者絕非躲在象牙塔內的
詩人，根據歷屆諾貝爾獎的頒發，我們可以找到一個事實，
就是得獎的作家普遍有耶穌、佛陀的「博愛」，基於這種發自
內心的關切，才能產生偉大的作品，作者既已具備了這種「良
心」，再加上文學技巧的純熟掌握，成就自是可以預卜的。作
者自謙這是一分文學的實驗報告是可以的，但是「心虛」卻

大可不必,我看了陳克華的自序:「我寫詩,閉門造車了幾個年頭,到現在越寫越有點心虛,真怕是自己肚臍兒上作文章……每當有人介紹我是詩人,我往往耳際轟然一聲,臉紅心悸……」這種心情大可不必有。

綜觀全書,作者是屬於天才型的詩人,也就是說一出手即不凡的詩人,這樣的人寫詩最怕的是「半途而廢」,比如生活環境的改變 —— 忙於行醫賺錢,比如觀念的改變「寫詩有什麼用?」我們盼望陳君堅持初衷,發揮才華,寫出比「星球記事」更加震撼人的東西,我們深深期待著。

一九八四年三月二十日於北港讀星樓
刊於台灣時報副刊、詩友季刊

一把很好的雕刀

── 略談蘇紹連的「茫茫集」

　　第一次對蘇紹連的詩產生印象，是在拜燈雙月刊看到蕭蕭的評論，由於蕭蕭大膽論斷蘇紹連「點鐵成金」法，已經使蘇詩勝過杜詩「春望」，著實使我嚇了一大跳。

　　以後蘇紹連推出「驚心」一系列的作品，以及「刀的歌聲吞遙遠 ── 蘇紹連作品討論會」（後來收入「現代名詩品賞」集）等文章，慢慢使我注意到，也接受了蘇紹連的才情。

　　平心而論蘇紹連是「少數有創造力的青年詩人之一」（羅門語），但他承襲了五、六十年代晦澀詩風，並不斷嘗試西洋詩壇二、三流詩人的圖象詩手法，可能使多數讀者拒絕讀他的詩，這一點使他有一段時間「似乎十分消沈」（詩壇消息人士如是說。）最近他一連串獲獎，相信在如此「重大的鼓勵」下，一定會更加勇往直前，創作一些更好更能傳世的作品，不會再「四於茫茫」了！

　　以下我擬就「茫茫集」一書，提供一些粗淺的看法。

　　第一蘇紹連是天生的寫詩人才，從整本詩集裡，我們可以看出他語言的敏感度十分強，用字特殊，很少有散文化的敗筆，雖然不免和五、六十年代「為晦澀而晦澀的詩人」形

似，但他的技巧十分純熟，往往能凸顯意象，鮮明主題，例
如他的「秋之樹」第三段：

　　　雲雲雲雲

　　　好雲雲雲

　　　多好雲雲　　請看天山的那些雲

　　　喲多好雲　　正用樹們的枝椏

　　　雲喲多好　　在背後張起你的遺容

　　　雲雲喲多

　　　雲雲雲喲

　　　整段詩使秋天的氣氛因層層濃雲而凸顯出來，不必再着
任何說明的筆墨，是「類疊」手法成功的展出，使印象深烙
讀者心中，感應力特強。

　　　第二我認爲蘇紹連握著一把很好的雕刀，雖然有時不免
用力過猛，但他所雕出來的詩篇，往往具有文字的雕塑效果，
且很重視立體感覺，如果以電影的拍攝技巧來說，他很重視
畫面的色彩和線條，彷彿「現代啓示錄」一片，對人物心理
的刻劃十分用勁。例如「春望」「江雪」等首均是。以詮釋學
的觀點，用現代詩的手法去詮釋古詩，加上現代人的一些特
有的感覺、心理狀態，未嘗不是一條可行之路。

　　　第三矛盾語法矛盾情境的成功運用，使蘇紹連的詩特別
有味，而且有奇趣，例如「廢詩拾遺」的一段：

寫信的手

不經意地

與家書同折疊在信封裏

寄出

才發現右手的傷口

傷口處正貼著一枚莒光樓的郵票

　　誠然，一本五年前（六十七年）出版的詩集，是無法囊
括所有目前蘇紹連的成就的，同時在這本詩集裡「實驗性質」
十分濃厚，我們可以看到他許多成功的地方，當然也有不少
敗筆，如「茫的微粒」第四首，對現代人的心理狀態，就很
能適度的傳達，而第五首就顯得太激情，簡直有什麼說什麼。
最近在某報副刊看到蘇紹連的作品，可能受時下「詩風」的
影響，居然也淺白無味，令我十分詫異。

　　看來如何保持自己的特色，不要隨波逐流，對一個藝術
工作者是十分重要，而且必須堅持的。

　　　　　　　一九八三年十二月十五日於讀星樓
　　　　　　　詩人季刊

試評「釀酒的石頭」

── 談洛夫的詩

　　「釀酒的石頭」爲洛夫第九本詩集，收錄七十年六月「時間之傷」出版以後到七十二年十月本書出版之前的作品。我從頭到尾細讀了兩次之後，覺得有些話要說，乃不揣愚陋，試爲之評。

　　大約從前年開始，我感覺到洛夫的詩有越寫越白的趨勢，但仔細研究，不像「時下流行的白 ── 有什麼說什麼，毫無詩趣可言」。他的詩「淡而有味」「淺而有致」，有時竟能因而引發讀者一聯串的聯想。例如〈雨中過辛亥隧道〉乙首：

雨中過辛亥隧道

入洞

出洞

這頭曾是切膚的寒風

那頭又是徹骨的冷雨

而中間梗塞著

一小截尷尬的黑暗

辛亥那年

一排子彈穿胸而過的黑暗
轟轟
烈烈
東行五十秒
埋葬五十秒
我們未死
而先埋
又以光年的速度復活
入洞，出洞
我們是一羣魚嬰被逼出
時間的子宮
終站不是龍門
便是鼎鑊
我們是千堆浪濤中
一海一湖一瓢一掬中的一小滴
隨波　逐
一種叫不出名字的流
存亦無奈
沉更無奈
倘若這是江南的運河該多好
可以從兩岸
聽到淘米洗衣刷馬桶的水聲
而我們卻倉惶如風
竟不能
在此停船暫相問，因為

因為這是隧道
通往辛亥那一年的隧道
玻璃窗外，冷風如割
如革命黨人懷中鋒芒猶在的利刃
那一年
酒酣之後
留下一封絕命書之後
他們揚著臉走進歷史
就再也沒有出來
那一年
海棠從厚厚的覆雪中
掙扎出一匹帶血的新葉
車過辛亥隧道
轟轟
烈烈
埋葬五十秒
也算是一種死法
烈士們先埋
而未死
也算是一種活法
入洞
僅僅五十秒
我們已穿過一小截黑色的永恆
留在身後的是
血水滲透最後一頁戰史的

　　滴嗒
　　出洞是六張犁的
　　切膚而又徹骨的風雨
　　而且左邊是市立殯儀館
　　右邊是亂葬崗
　　再過去
　　就是清明節

　　這一首詩是十分淺白易懂，但却是有技巧有味道的作品。比如利用「辛亥隧道」聯想到辛亥革命，用「現實的寒風冷雨」來比喻當年的政治環境，以電影蒙太奇的手法來做時空的交錯，均處理得十分得宜，因此我去年在某青年刊物「新詩賞析」專欄中，曾做了很詳盡的介紹。我希望青年讀者能由本詩的介紹中，獲得正確而高超的寫作方法，不要迷惑於「明朗」與「晦澀」的爭論，詩只要好，如何表達，並不重要。因為寫曲折難懂的詩，固然不易，寫淺白有味的作品，更需要「功力」。

　　洛夫這兩年來，為「淡而有味，淺而有致」的詩，做了許多良好的示範。例如〈贈林泠〉乙首：

　　水聲
　　曾是你的名字
　　由湖水提升為天空的歷程
　　只有雲能詮釋
　　羽白的意象

薄冰般浮在你的詩集中
輕盈依然
依然如田埂上的鷺鷥
一點足
又飛走了

這首詩很巧妙的將「林泠」和她的本名「雲棠」放在詩中，該詩刊在「聯副」的時候，正值盛夏，暑熱逼人，我讀了「如同喝了荷葉上的露珠」一般，清爽宜人。

因此我認為一位好的詩人，不必把時間浪費在無聊的爭論中，洛夫的看法大概也是如此，請看他的「雨中獨行」：

風風雨雨
適於獨行
而且手中無傘
不打傘自有不打傘的妙處
濕是我的濕
冷是我的冷
即使把自己縮成雨點那麼小
小
也是我的小

這首詩不知完成於何時？不過，我大膽假設「可能寫於『詩壇春秋三十年』事件」之時，當時詩壇人士羣起而攻，而洛夫未置任何辯解，想來心情當如「雨中獨行」，而他「手

中無傘／不打傘自有不打傘的妙處⋯⋯」。自況相當好，相當
有「肚量」。

　　當然，我這樣假設未免太大膽而且沒有根據，不過，詩
人寫詩常因有感而發，我這樣推論自有我推論的理由。比如
洛夫這本「釀酒的石頊」集中，以秋爲題材的不下十餘首，
當因人入中年，秋意襲人之故也。而這些「秋」的篇章中，
我至爲欣賞「植物園小坐」：

　　　　伸展雙臂
　　　　他獨霸了池邊的那張座椅
　　　　原本是兩人與共的
　　　　荷也是

　　　　只是花歸你
　　　　留給他的是一截絲絲不絕的斷藕
　　　　這時心中升起
　　　　未流一滴淚便猝然死去的
　　　　那種快意

　　　　藏在風中的是
　　　　去夏最動人的一聲蟬鳴
　　　　說多蒼涼
　　　　就有多蒼涼
　　　　他對準自己的倒影
　　　　猛力把煙蒂向水面彈去

　　嗞的一聲
　　整個秋天便這樣過去了

　　你曾指著
　　荷葉下一隻水鳥間
　　牠在獨自孵些什麼？
　　事隔經年
　　終於有了答案
　　當他獨霸池邊那張座椅
　　將一雙空手
　　伸向茫茫的夜色

　　一個人沒有到相當的年歲，某些道理可能體會不出來的，洛夫終於體會出「荷葉下那隻水鳥到底在孵些什麼？」並且「將一雙空手／伸向茫茫的夜色」，使我聯想到凱撒要死的時候，命人在棺材兩邊開洞，讓兩隻空空的手垂在外面。英雄事功勳業如凱撒尚且如此，其他人就不用說了，雖「獨霸了池邊那張座椅」又如何呢？這一首詩令人印象最深刻的當屬「他對準自己的倒影／猛力把煙蒂向水面彈去／嗞的一聲／整個秋天便這樣過去了」我想這是「洛夫成功的鑄造意象」的緣故。

　　談到「意象」，而且鮮活的鑄造意象，是洛夫詩作成功的主要因素，本詩集中，首首無不「意象鮮明」，但最令我難忘的，當推〈吃蟹〉乙首：

桌上堆滿
肢解過的蟹殼
這是菊花與酒的下午
薑絲的辛辣
和一小碟鎮江醋的下午

不由人黯然想起
放肆地
吐白沫的嘴
以及
一度從我多骨的腳趾上
橫行而過的褐爪

持螯而啖的我
未必就是愛秋成癖的我
夏日已死
城市中哀傷之事所剩不多
據案吃蟹乃其中之一
引杯就脣
然後敲殼而歌，而揚眉
而有快意恩仇的亢奮

縱然聽到一陣沙沙之聲
從背後追來
此刻，不由人又乍然想起

　　我那首被橫排的詩
　　你們說一切都是出於善意
　　只是語言已經僵死
　　而且在蟹肉的腥氣中
　　變了味

　　整首詩以「吃蟹」意象貫串全詩，十分生動也十分戲劇化。至於詩中的「言外之意」，當因讀者的體會而有所不同。但詩本來就可以各自解讀，評家不是常說：「作品完成時，作者已死，解讀是讀者的事，作者不得干預」嗎？

　　另外一首「天涯之旅 ── 李錫奇畫冊題詩」也頗值得提一提，我未看過李錫奇的畫冊，但光憑這一首詩，我卻可以體會洛夫借題詩而發抒胸中丘壑，爲了討論方便，我把它拆開來，首先他描寫場景「月出天山」，然後說到自己年輕的時候，「意興風發」：

月出天山
　　驚起的
　　馬羣
　　自絕頂奔騰而下
　　他是傳說中
　　那一匹
　　追遂天涯的
　　青銅瘦馬
　　四蹄擊出火的風景

接著他說出這些年來左衝右突以後的感受：

> 大地的縱橫
> 是他胸中縱橫
> 金屬般的嘶鳴
> 已被時間界定
> 為山為水
> 為傳說中的
> 火山與海嘯媾合所生
> 一陣天動地搖之後的
> 大寂寞

接著他寫出越接近晚年，感觸越深的處境，甚至竟以老
驥自況：

> 月落雙目
> 轟然激起血管中的驚濤
> 只是
> 他已非當年的駭浪
> 而是一匹
> 蜷伏櫪下的老驥
> 孵着
> 一個比千里還遠的夢

讀完全詩，令人慨嘆良久，青年時期理想遠大，奔走了
一生，也不過爾爾，「蜷伏櫪下的老驥」還能孵「千里的夢」

嗎？

　　最後，由於篇幅的關係，有許多長篇如「給女兒曉民」、「武士刀小誌」及「血的再版」，雖是感人至深的好詩，卻不便引錄，只好略而不談。創作數十年的詩人，如洛夫，寫詩「已經到了隨意揮灑都成佳作的境界」（見蕭蕭在七十二年詩選導言評余光中的詩），因此我這篇評介很少在寫作技法、用字、音韻……等下功夫，我至盼有心人能看出我探討的方向，因而對洛夫近年的詩風，有更深入的研究，寫出更紮實的論文，以饗讀者，那麼我這篇粗淺的「初探性」文章，就沒有白費功夫了！

中華文藝 160 期　腳印詩刊

火星四濺的鐵砧

── 我看向明詩集「青春的臉」

　　最近讀到向明的詩集「青春的臉」，常被集中的作品感動得情緒激昂，久久無法平復。他的詩之所以容易感人，理由很簡單，從現實生活中去挖掘題材、加以錘鍊，使讀者覺得，他的詩就是讀者要說的話，只是他們說不出來，或無法完滿表達而已。

　　因此我訂了「火星四濺的鐵砧」這個題目來探討他的詩，我認為在生活的重錘下，向明的詩，正是那四濺的火星。以下我擬從幾個不同的角度，來探討向明詩作的特色：

　　（一）向明寫詩的第一個特色是 ── 從生活中提鍊素材。從「五張嘴」一詩中，我們可以看出，向明飽受生活的壓力。

　　　　五張嘴，五張嘴的吼聲
　　　　是五千噸的壓力
　　　　我是那五隻鐵錘下
　　　　火星四濺的鐵砧

　　「火星四濺的鐵砧」，意象準確、生動而有力。向明自比為鐵砧，每天飽受生活重擔的錘打。他的詩就是「四濺的火星」。例如「妻說」、「充耳篇」、「瘤」……等均是。「瘤」一詩尤為詩評家所津津樂道，洛夫甚至認為：「現代詩人吟詩之苦，顯然比古人表現得更具體，更生動，也更深刻。」

　　（二）真情流露是向明詩作的第二個特色：我看現代詩中，不乏語言、意象、結構……均佳者，惟失之矯情、虛偽，好像人造花，讀多了令人倒胃口。向明能言人所不敢言是我認為最可貴的一點，例如「爆竹」一詩：

　　　　歲月，原本是一襲安靜的羽衣

　　　　我們心連心的
　　　　相偎依
　　　　恬睡在羽衣的包被

　　　　可別攪亂我們的安寧啊
　　　　尤其別惹我們
　　　　以火

　　　　千萬別讓我們
　　　　在一聲怒吼之後
　　　　奮不顧身的
　　　　跳起

　　我讀完這一首詩，掩卷嘆息良久，證之現實人生，「爆竹」一詩，簡直深深擊入要害，此詩從頭至尾，沒有一句和爆竹無關，但那只是借物抒感而已，真話留在字裏行間。試想：我們不是像爆竹嗎？外表安靜，內在潛藏危險的質素，若遇刺激，便不顧一切的爆炸開來……在任何地方做事，總難順心，有一位朋友曾大喊：「誰在興風作浪？」那位朋友還是一顆未爆的爆竹呢！向明的詩雖淺白易懂，但和時下流行的赤裸裸的白不同，我以為寫淺白的詩，若未能加以藝術技巧的處理，失敗率偏高自不待言。

　　（三）作者的寫作題材極廣：凡是在他週遭的，幾乎都可以入詩，有時順手拈來，竟成妙品，如「遊覽車上所見」兩首，把台灣人民生活富足的情況；很巧妙的加以報導，使人很容易接受。他尤擅長寫自己的生活際遇，除了上述幾首外，「鼓」、「咳嗽」……等也是很不錯的詩。「生來就是要忍受捶擊的」（鼓），真是一語中的。尤其描述自己在飽受煎熬之後，只有妻：

　　捧著一盅微溫的白開水
　　無助的
　　手

　　真是令人擲筆三嘆。寫得如此深刻感人的詩，真是舉不勝舉。

　　另外，他也為這個時代做見證，例如：〈青春的臉〉一首：

好長好長喲
三十五年歲月的這條
時間的長廊
長廊的盡頭始終張望著
母親那張
青春的臉

可以焦心為她思念
可以清夜對她傾吐
就是不能觸撫到的
在單行道的時間長廊那頭
母親張著的那張
青春的臉
在這種日子裏
不知該為她奉上一朵
什麼顏色的
康乃馨

　　此詩和洛夫的「血的再版」一樣，是這一代亂離人的悲傷血淚，不用多說，親歷其境者，自可以體會詩中的痛苦以及這一代離鄉背井，親人終生不見的難言哀傷。

　　向明也擅長寫知性的詩，洛夫並以「釘」一首為例，論斷向明絕不是「小天小地的婉約派抒情詩人」，的確頗有見地。

　　（四）保守激進的詩人：我認為向明自稱「保守激進派」

也是他的特色之一，自有新詩以來，很少不以反傳統自居的，但向明的詩，仍然承繼了中國古詩「言志」的詩法，例如〈讀〉〈翻書〉等首，均在表達詩人的意志如：

翻書
從序言翻到最後的結語
祇想翻到你佔領的那一頁
兩眼一觸便電光石火的那一頁

人類歷史就像一部書，自己也想「佔領一頁」，志向隱約可見。另外，我們從他的作品中、也可以發現他並不泥古不化，他的語言、題材以及寫作方式，均有突破，意象的塑造雖不駭人，但也非因襲老套者。「瘤」「釘」「鼓」「爆竹」……等均很有創意。

十年來才得詩七十首的向明，一般說來創作嚴謹是必然的，但是「野獸、野獸」一首卻令人十分失望，也許那是在驚聞同事車禍驟死，悲傷難耐，有什麼說什麼，完全忘了詩要藝術處理的緣故，洛夫也曾在雷根挨槍時寫了一首「最混蛋的一槍」，也許是人之常情吧！

總之，向明在現代詩壇上的成就是有目共睹的，難怪作品除了收入國內各種詩選外，英、法、日及亞洲現代詩選均有他的作品，我們盼望他能繼續從生活中，為我們捕捉一些「四濺的火星」……，或許在看膩了「撲朔迷離、不知所云」的詩文之後，覺得不無小補！

一九八三年三月十五日於讀星樓
（中華文藝、葡萄園詩刊）

試評陳寧貴的詩集

── 「商怨」的各種特色

　　好詩應該經過分析、介紹，讓多數人接觸它，進而喜愛它，讓它發揮應有的光澤，然而，遺憾的是，經常看到一些詩評詩論，把一首很壞的詩，一本很差的詩集，運用古今中外的高明理論，把它說得「十分出色」，以致於真偽莫辨，好壞不分，實在是令人異常痛心。

　　最近讀到陳寧貴的詩集「商怨」，興奮異常，這正是我期待已久的詩集，詳讀「商怨」，發現陳寧貴寫詩有下列幾個特色：

　　（一）言之有物，有感而發，頗能修正以往詩壇專捧專寫撲朔迷離的詩作之弊病。例如〈燈外蛾〉一首：

　　　　我瞄準了一盞燈
　　　　興奮的撲過去，興奮的
　　　　撲過去……撲過去
　　　　但是，我仍然
　　　　被拒絕在燈外，我仍然
　　　　想衝進去

最後
我的翅膀再也
負不起些微的疲倦
而燈光却越來越灼熱

終於我的翅膀
焚燒起來，終於
來不及留下我的遺言

　　全詩藉「蛾」來描寫一個人奔向理想的殉道精神，「燈」
象徵光明，象徵理想，全詩以「飛蛾撲火」的腐朽古老意象
爲主，作者却能「化腐朽爲神奇」，使它在作者神奇的雕塑下，
變成一首感人的詩篇。

　　第一段寫得很具體生動，誰不是看到自己前面有一盞
燈，誰不是興奮得想撲過去，但往往理想無法實現，「仍然／
被拒絕在燈外」，「仍然／想衝進去」，彷彿眼前就有一個詩人
慷慨、激昂的形象，在前面衝著，努力不懈的衝著，一直想
衝進藝術之國的窄門。

　　第二段描寫詩人衝累了，「翅膀再也／負不起些微的疲
倦」，而理想仍在遙遠的眼前，「而燈光却越來越灼熱」，使人
讀了就好像自己也變成了一隻蛾，疲倦的奔向越來越熱的燈
火。作者寫出了一群爲理想而奮力向前的烈士形象，鮮活如
在眼前。

　　第三段寫蛾的「翅膀／焚燒起來，終於／來不及留下遺

言」詩的劇情急轉直下，令人無限的悵惘，林覺民烈士還來得及留下千古不朽的「與妻訣別書」，令天下有情人同聲一哭，而作者所描繪的悲劇英雄居然「來不及留下遺言」，我為這首詩中的劇情，難過了好久好久，一直無法淡去，無法釋然，所以我說作者寫的詩均為有感而發，而且頗能抓住人類的共感，發別人所不能發，表達別人想表達的，為天下有理想的人，一吐胸中的鬱悶。

再看〈深夜喝茶記〉一首：

在這冰冷而透明的夜裏
污濁的心事紛紛地沉澱下來
一切洶湧而來的聲音也悄然睡去

睡去吧睡去，我却於是醒來
醒來喝一杯泡了二十三年的茶
呷一口，最初的感覺
宛如左手不小心觸到凜冽的夜肌
我禁不住掉入顫慄中

為了想嘗到真正的味道，我猛喝第二口
突然，我把茶一噴而出──
大聲叫道：「好苦！」

全詩利用喝茶的道理，來抒寫人生的體驗，由兩口茶體會出人生的哲理，如果不是真正的生活體驗豐富，怎麼有辦

法寫得如此深刻

　　詩中頂真句法使用十分成功，例如第二段前二行「我却於是醒來／醒來喝一杯泡了二十三年的茶」，以泡了二十三年的茶來形容二十三年來的生活體驗，不落俗套，十分生動，是令人過目不忘的好詩句。

　　這一首揉和了戲劇和嘲諷，確是有感而發言之有物的好作品。

　　（二）頗有諧趣：陳寧貴作品的第二個特色就是諧趣，令讀者讀完之後，頗爲驚愕，有時又會發出會心的微笑，新詩人中擅長諧趣的高手不少，但能像陳寧貴這樣成功的運用者，並不多。我們在陳寧貴的詩中，可以找到不少例子，例如「洗臉記」一詩中的第一段「那天早晨，當他／端出一盆水準備洗臉／一俯身，突然／臉掉進水裏了」，多麼生動的筆法。再如「心之月」一首中的第二段「並且把自己的影子／張貼在後院那座頹然而立的牆上／然後默默地讀起來，宛如翻閱／一冊深奧難解的書／突然，我打開雙臂／把牆緊緊地擁抱在懷裏」，除了諧趣外，作者還擅長「跳脫」法的使用，例如「岸」一首：

　　　　彼岸無岸，強名曰岸
　　　　岸無成岸，心止即岸
　　　　　　　　　　（般若波羅蜜多心經）

　　　　有一頭獸
　　　　潛伏在內心深處

日益兇猛

最近，牠常在我的
胸膛怒吼，尤其到春天
更不分晝夜了

我開始感到煩惱
經常下決心要捕殺牠
直到有一天
我已白髮皤皤
才恍然大悟地，自言自語：
「原來我就是那頭獸啊！」

令讀者讀到最後有意外的驚喜。美國短篇小說王奧・亨
利就是擅長使用「驚奇結尾」的高手。

（三）輕鬆的筆觸，難言的哀傷：陳寧貴的作品，抒寫
時往往狀甚輕鬆，而骨子裏卻是令人無法忍受的哀怨。例如
「嘔吐」一首：

有一天，他喝得酩酊大醉
但是却很快樂，因為
他可以趁機吐掉，吐掉平時
不敢吐的東西

睜開眼，天旋地轉

兩路旁的電線桿，向他

猛衝過來

踉蹌地倒退三步

閉上眼，清清楚楚地

聽到血液奔流在體內的聲音

醉了吧醉了，真的

他緊緊地抱住淒涼的夜色

他想嘔吐

吐出腸吐出肺

吐出不可說的絕望

於是撞入浴室

打開嘴巴，打開胸膛

打開冰冷的水龍頭

他興奮地取出腸取出肺

一面唱歌，一面洗著

　　這一首詩和吳晟的「向孩子說」中的「孩子呀，阿爸多
麼希望／你有什麼話要說／就披肝瀝膽的說出來／不要像阿
爸畏畏縮縮」有異曲同工之妙，均在抒寫對環境的不滿，又
不敢提批評或改進的意見，怕惹麻煩，如果實實在在生活過
的人，一定有這種相同的感覺，只是陳寧貴寫法甚為高明，
假藉喝酒嘔吐，要吐掉真心話，全詩以輕鬆的筆調抒寫，却
是有難言的哀傷在裏頭，令人讀後久久不能自己。

（四）亦秀亦豪的一支詩筆：他不但可以寫陽剛之美，也可以寫陰柔之美。首先我擬找出一些豪氣干雲的詩句。例如「劍」一首最後四行「劍啊，且忍住這陣渴／總有一天，我會讓你如巨大的麥管，插入胸膛，喝他的血／喝個痛快」，彷彿岳飛的滿江紅，要渴飲匈奴血，飢餐胡虜肉一般。另外再看陳寧貴寫柔美的一面，例如「一把吉他」的第一段「為我錚錚述說吧，吉他／我把心聲用手指傳給你／讓美麗的故事從絃上流出來／宛如一條婉轉的溪水」比翼集的序詩：「從此，我們日日夜夜反芻著／同在一起的美麗。把相思串／成彼的名字，祇要輕輕呼／喚，幸福便如雨，落滿我們／人生的旅途。」「傘」中的兩句：「是誰在撥弄　我們的心弦」「熨」一詩中的第二段：「請再用妳的掌心／把溫柔／輕輕地覆在我的額頭上／像熨斗般／熨平我心裏的皺紋」。俯拾即是，不再贅舉。

（五）拓寬現代詩的寫作領域：陳寧貴不但寫生活小品，寫愛情也寫人生的哲理，更利用敍述詩來寫歷史詩，使詩的視野更加寬闊，不再讓人們老覺得現代詩是夢的囈語，是文學的怪胎，對現代詩被人們「肯定」這一方面，陳氏功不可沒。

（六）反諷技巧的貼切使用：反諷為詩人們常用的手法之一，陳寧貴也寫得十分成功，例如〈鏡子〉一首：

　　每臨深夜
　　我總是喜歡站在化粧鏡前
　　仔細的梳著不成熟的思想

驀地，我發現
鏡子裏的那個人居然在嘲笑我
我一掌遽然推出
那個人消失了，我的右掌上濺滿了
血

洶湧而來的熱血開始一點一點的往地下滴落我突然
覺得很得意的說：
「看你以後還敢不敢嘲笑我。」

　　這一首詩諷刺的十分深刻，醜人照鏡子，打破了鏡子，
仍然改變不了他的醜，當事人做事被批評，批評者就如同一
面鏡子，不但不改善自己，反而想辦法整批評的人，就如同
醜人打破鏡子一般，毫無幫助，本詩反諷技巧十分高明。
　　現代詩若要「被肯定」，尤其是「被多數人所肯定」，除
了像陳寧貴這樣的詩人，孜孜不倦的努力，擇善固執的寫詩
之外，還有什麼方法？

　　　　陽光小集詩刊　第 9 期 1982 年春、夏季號

悲傷的旅人

── 讀向明詩集《水的回想》

　　從《青春的臉》詩集之後，向明詩作，語言更加「清明、簡練」，寫法更加「輕描淡寫」，而內涵卻更有「東西」，更值得深深品味。

　　《水的回想》一書，收集向明七十一年十一月以後五年間的作品七十首，以懷屈原之詩作〈水的回想〉爲書名，以表示自己寫詩的態度和屈原一樣有「堅定執著的精神」。

　　整本詩集，不論從生活感悟、對往事的追憶，甚至出國旅遊，均代表這一代渡海來台的詩人真正感受，可以說是四十年來亂離一代的史詩。

　　《水的回想》一集，雖係作者離開行伍生活後之作品，但那段刻骨銘心的日子，豈那麼輕易就忘懷得了的？〈舊軍帽〉一詩，最是代表作：

　　無論怎麼樣擺置／都不如當年頂在頭上／日曬雨淋
　　合適的／一頂舊軍帽／妻一橫心／憤然扔進了儲藏
　　室／

誰知她是，立意／在保持這室內的整潔／還是／想把殺伐一生的我／都一起封存進去？

只是，室外的世界仍然在喧嘩／胸口上的傷疤／變天就隱痛／在溫室裏成長的她／那裏會懂？

　　一頂舊軍帽退伍之後扔了可也，何以要擺來擺去？在戰後出生的世代「那裏會懂」？這種無法割捨的情感，這種隱隱作痛的「胸口上的傷疤」，如果不是身歷其境，那裏會懂？

　　作者和許多當年一起來台的年輕軍人一樣，四十年來，退伍的退伍了，老的老了，而當年來台的願望 —— 打回大陸，却隨著年華的老去，而越顯得縹緲不可捉摸，其內心的傷痛，是可以想見的，試看〈破軍氈〉的末六行：

一張軍氈／沒有毀於彈片／一頂軍帽／無法昂首疆場／一個兵士／只能讓歲月壓傷

　　「只能讓歲月壓傷」，多沉痛的話！這種打回去的理念，經過歲月的冲刷，遂變成逐漸褪色的夢，一種近乎絕望的夢魘，眼看年華逐漸老去，長者逐漸凋零，希望無法實現，客死異鄉的惶恐心情，可以從〈吊籃植物〉一詩，獲得印證：

從前他們說／你是一株不用著地的／移植的藿草／只會緬懷昔日的家園／難於認同眼前的窩巢

　　你的枯槁能為你說什麼呢／你委實不想說什麼了吧
／在這樣的氣溫下／反正離鄉背景的這麼久／說什
麼也不好

　　在特定的意識型態下，真的「說什麼也不好」；然而，表
面上「不想說什麼了」的作者，却為多數形容逐漸枯槁的離
鄉背景人士，說盡了心中的淒楚。而從〈吊籃植物〉一詩，
我們可以欣賞到作者借客觀的事物，表達主觀的意念的寫作
手法，這種手法在中國傳統詩詞中屢見不鮮，即王國維所謂
「以我觀物，故物皆著我色彩」。這種「回頭重新沈迷古典」，
正是作者「詩的語言越清明，越簡練」，進而奠定作者在詩壇
上佔有一席之地的重要原因。
　　基於以上對作者生活背景及創作經歷的了解，讀者要深
入作者的堂奧，自然就簡易得多。基本上作者四十年來如「吊
籃植物」，萍寄台灣，出身軍旅却「無法昂首疆場，只能讓歲
月壓傷」，因此作者在詩作中，經常透過詼諧幽默的筆法，展
現他所看到的充滿矛盾和淚光的世界，例如〈生活六帖〉中
的「第一帖」：

　　早晨出門時／妻走在我後面驚慌的說／你的髮梢／
醞釀著秋後葦花的變局

　　我說，那有這種糗事／現在正彈足糧豐／它們未經一
戰／怎可擅自／就把白旗挑出

　　這種從驚見白髮，感嘆年華消逝，到輕鬆的幽自己一默的寫法，令人錯愕，這種情節如果轉換爲戲劇，仍然具有相當強的感動力和震撼力。

　　這種由於生活的不順遂，感嘆歲月催人老，願望未能實現的落寞、矛盾等情緒一再借外界事物加以抒發，如〈鷹的獨白〉、〈雨中的木棉〉、〈蒲公英〉……等均是此類作品，而和〈吊籃植物〉有異曲同工之妙。而〈蒲公英〉乙首，最爲看透人生，了悟人生：

　　　　把一生／一生中最美好的部份／嗶嗶落落的／隨風
　　　　散盡之後／就擁著光禿的自己／淨看／他人的形形
　　　　色色了／就知道／就知道自己／只是大地任何一角
　　　　／最最微不足道的／一株蒲公英／曾經努力生活
　　　　過，也有／小小的付出

　　真的，除了真正活過、體驗過的人，否則誰能體會出「自己只是大地任何一角最最微不足道的一株蒲公英」？而蒲公英又象徵著他們渡海來台飄零無根的一代，借物抒感十分貼切，讀後令人由衷的憐憫與感傷。

　　做爲一個現代詩人，除了感傷自己的際遇，悲悼時光的消逝，哀嘆生命之渺小外，對周遭的事物，也會產生關切，因關切而發抒己見，集中此類作品甚多，例如〈封面女郎〉、〈行過花市〉、〈排行榜〉、〈屠虎〉以及〈風波〉……等，均能以小見大，寓一於萬，令人讀後，深思良久，如〈行過花市〉、〈鳥聲〉、〈風波〉等，其中尤以〈風波〉最「諷刺」當

代人的「抗議行為」：

> 寫下幾行痛責屠虎的詩／後院的雞鴨們／豎冠鼓噪
> 而至／
>
> 是抗議不公平的對待咧／激情從脹紅的臉上／血般
> 的寫出
>
> 還好／只需一小撮粃糠／便把那一干鳥嘴／全然／
> 堵住

　　尤其是「末五行」把當代人的抗議情形寫活了，不論是紅毛港遷村、永安事件或林園事件，只要有一點「好處」，便可以「堵住那一干鳥嘴」，諷刺得恰當好，然而字裏行間却也有痛責有關單位這種「不乖的孩子有糖吃」的作法，令人讀後，心情十分沉痛。

　　綜觀全書，向明寫詩幾乎已到了「信手拈來，皆成妙品」的境地，難怪作者在後記中頗有自信的說：「……我常對朋友戲言，寫詩寫到我這種年齡，已經習慣到像極身體上的排洩功能（作者有一首〈出恭〉剛好可為左證！妙極！評者附註），一有外在的寒暑入侵，悲歡刺激，自然而然就有汗有淚的流出來，幾乎不用強求……」然而，要寫到「不用強求」的地步，也需要數十年呢！年輕詩人勉乎哉！文末在此祝福這位「悲傷的旅人」，多多保重，多寫好詩，則我們讀者有福了！

十二月廿二日寫於北港讀星樓

79.02.09 中華副刊

試評「夫妻樹」

── 論雨弦的詩

　　今年五月間，接到雨弦寄贈的詩集「夫妻樹」，大略翻閱之後，我就決定要為這本詩集寫一篇評介，因此便很仔細讀將起來。不料，事隔月餘，李冰的評文已經出來，而且頗有見地，八月初向明的評論「再出發的燎原」又已見報，一方面責怪自己做事缺乏效率，一方面覺得「真不簡單，居然那麼多名家寫評，我一定要仔細拜讀一下！」最近想了一想：「別人評過有什麼關係，也許角度不同，看法不一定一樣！」因此不揣愚陋，再試為之評。

　　雨弦的詩給我的印象是「語言清新亮麗，節奏明快」，很少有「怪點子」出現，文筆流暢，俏皮幽默，對情節設計頗富巧思，素描基礎不錯，準確性高，現在試從這幾方面來探討雨弦詩作的特色：

　　一、情節設計富於巧思：這是雨弦寫詩很明顯的特色之一，從「空心菜」、「中國結」、「盆景」、「剪影」……等詩作中，均不難看出這些作品，都經作者精心設計過，而且很巧妙，茲舉「中國結」一首為例：

中國結

我把我的心事
編織為一條龍
唱出了
我們
不能再是
一
盤
散
沙

　　「中國人不團結,是一盤散沙」,因此作者利用「中國結」
的「結」字引申出來的歧義,頗富巧思,令人喜歡,可惜前
面兩句語言不夠精鍊,可以改為「我把心事／編織成一條
龍」,因為「我的」可以刪去,「織為」讀起來不順口,當然
這只是小毛病,另外「冰心」一首也寫得很好,以義造字,
頗見功力。

　　二、俏皮幽默,令人讀了會會心的微笑:一般人討厭現
代詩,和讀了以後「頭暈腦脹」有關,設若詩人不要一動筆
就立志「語不驚人死不休」,設若詩人「也寫一些輕鬆幽默的
小品」,一般市井小民,可能會樂於親近現代詩也說不定,開
話少說,試舉〈有了〉一首為例:

那天
妻對我說　有了

我看了看
我撫了撫
我聽了聽
我笑了笑
什麼也沒說
我想了又想
她是個不懂詩書的
肚裏那來的墨水
那來的真才實學
那來的內在美
有了
終於我對自己說

　　這首詩「沒有一個人會看不懂」，但是它却是經過精心構思和設計的，非常俏皮，讀後不覺令人莞爾。
　　三、情趣盡在不言中：雨弦的作品除了巧思、幽默外，我認為他頗能抓住日常生活中有情趣的東西，加入詩中，例如〈剪影〉一首：

　　其實
　　你所看到的
　　祗是我的一面
　　另一面
　　在我心裏
　　同樣地

我所看到的
也衹是你的一面
另一面
在你心裏

　這一首詩的靈感，大概來自街頭「剪影藝術」，有時我們只會覺得那些剪影真有意思，想不到雨弦會「善加利用」。
　四、擅長藉物抒感：雨弦很擅長利用東西抒發自己的感觸，例如「盆景的話」：

小時候
就離鄉背井
來到這有土無地的
院落
仰不見天，俯不及地
總是常被人修剪
且隨時扭曲成
他們所喜歡的
一種樣子

沒有深植的根
吮水之后
卽暗自落淚……

故鄉呵
你在那裏？

　　讀完這首詩，令人心痛難忍，尤其是現實社會，那一個人不是「常被修剪」，「且扭曲成／他們所喜歡的一種樣子」，全詩白描盆景，事實上是在暗示真實人生，另外一首「盆景」也有異曲同工之妙。

　　五、企圖提昇人類的精神層面 —— 雨弦的詩作，大都是有感而發的，並且在詩中企圖表達自己對生命的看法，大家都在爭論「裸女的畫」是否藝術的時候，請看他如何提供他的看法：

裸女 —— 題畫

且捨棄虛飾的塵衣
回到初啼那種聖潔
那種真純

讀著妳的冰瑩
讀著妳的嫵媚
讀著妳的豐盈
讀著妳的慵懶
把秀髮讀成垂柳
把眉睫讀成曉月
把眼睛讀成流水
把乳峯讀成山巒
把臀部讀成水灣
把小腿讀成玉樹
把妳讀成荷花

讀成水仙
讀成一面粧鏡
一塵不染

　　這種把裸女讀成垂柳、曉月、山水……除了想像力豐富之外，對人類精神層面頗有提昇作用，另外他在「夜」一首中，描寫「做愛」也頗具藝術效果，絕非「雙人床」「鶴嘴鋤」等詩所可比擬。

　　總之，一個停筆多年的詩人，再出發之後，短短一、二年內能有這樣的成績，實在不容易，我們除了讚佩和祝福之外，希望他能更加勤奮創作，對不必要的技巧，能加以割捨勿用，例如：「疚──給母親的詩」，最後一行橫排，有無必要？藝術效果如何？作者不妨考慮一下，另外像「清明」那首詩（其他還有）太過說理，缺乏情趣，不妨再釀一下，「一件血衣」乙首，未能更深刻的抒寫，很可惜，「楚留香旋風」部份有打油的味道，應再努力經營，向明在「再出發的燎原」一文中指出：「雨弦是一個非常擅長於對單獨事物作精心對造的詩人，他把握到一件事物的精髓和其內在有關的淵源之後，便趁勢作準確有力的發揮。」真是一針見血，雨弦應多把握自己的長處，避開或更加格外小心注意不擅寫長篇的短處，相信不久的將來，一定會呈現給大家更豐碩的成果，讓我們拭目以待吧！

一九八三年九月三日夜於北港讀星樓
（中華文藝、腳印詩刊）

詩壇的一彎清流

── 試評戴宗良的詩

　　在濁浪滔天的現代詩界，戴宗良的詩可以說是一彎清流，予人以親切的面貌，清爽的感覺。我樂於在此向讀者推介，讓大家進一步多瞭解他的詩。

　　他的詩有許多詩思綺麗動人，語言平實可愛，深刻的表達了人類普遍而又恆久的感情。例如「遊佳洛水」一首：

　　　恍若登臨萬古之上
　　　黯然的眼瞳
　　　又一次閃亮繽紛的神采
　　　驚訝於你的神奇和完美

　　　吞吐千萬年的寂寞
　　　乃能完美如斯，沈靜如斯
　　　一個個嶙峋的風骨
　　　一座座不朽的形象

　　　抖落滿身的塵俗

於你身前我凝然端坐
看太平洋詭譎的波濤
幻化成世紀的風雲
看斑爛的岩塊
展示著亙古的奧秘
而海潮喋喋不休地
訴說你誕生的故事

此刻！我亦寂寂，如你之趺坐
我亦寧靜，如你之怡然
而當我仰視俯矚，
念天海悠悠，總是愴然

一萬年袛是一瞬
或是一聲潮音
粉碎於你的足下
或是一片斑痕
駐足於你的容顏

任潮起，潮落
任人來，人往
而我將歸去
袛有你怡然屹立
屹立於海天之間
屹立於時間之上

　　這一首詩借景抒情，有如陳子昂的登幽州臺：「前不見古人，後不見來者，念天地之悠悠，獨滄然而涕下」，令人讀後有無限蒼涼的感覺。本來詩人是帶著黯然的神情來到佳洛水的，登臨怪石之上看太平洋的波濤，就如同登臨萬古之上一般，對佳洛水風景的神奇與完美，發出無限的感嘆。由於觸景生情；感到二十世紀紛亂的世界，就如同太平洋的波濤一樣詭譎多變。對自己生命的短促，就如同一個波浪一般，所以有如下的佳句：「一萬年祇是一瞬／或是一聲潮音／粉碎於你的足下／或是一片斑痕／駐足於你的容顏」。綜觀全詩，氣韻渾然天成，把新詩的各種技法巧妙融在詩中（參閱拙編青青草原一書中的「現代詩中常見的寫作技巧」一文，該文已有詳盡論列，不再贅述），他說出了人類的共感，道出了別人想說而說不出來的話，所以令人讀後，久久不能自己。

　　他的詩另一個特色，就是擅長使同「借物抒感」方法，來表達自己的人生經驗及感受，例如：「詠物三首」「花盆」「唱片」……等。現在舉「花盆」一首為例：

　　　　經過一陣熾熱的痛苦
　　　　你遂脫胎換骨
　　　　展現出沈靜的風貌

　　　　若谷的胸懷
　　　　總是渴望著
　　　　擁抱泥土的芬香
　　　　你——

原是最堅實的母體

從不屠望那蔽天的綠
祗期待著
一枝新葉
描繪出田林的情韻
點綴著靜美的春容

　　這一首詩表面上是寫花盆，其實是抒寫自己的抱負和感觸，他希望「擁抱泥土的芬芳」，希望自己是「最堅實的母體」，雖然自己的生命曾經「經過一陣熾熱的痛苦」但只要「一枝新葉……點綴著靜美的春容」，於願足矣。本詩不論構思、用字都十分突出而成功。

　　再舉一首〈鈕扣〉為例：

總是那麼整齊畫一，
且又均勻對稱地
排列著
默默無言的，
你也有被釘在十字架
的悲哀嗎？

你小小的身軀
欲繫住人類的尊嚴
且以守護者之姿，

隔離著文明和野蠻。

偶而你也會殞落，
像一顆流星；
而另一顆，
又隨即升起……

永遠是沈默而嚴肅，
背負著命運的十字架
為人類作最卑微，
且最偉大的奉獻！

　　這一首詩通過人之眼，鈕扣已不再是鈕扣，而是幻化成
一列列的士兵或教師或默默奉獻自己的人。詩人把鈕扣擬人
化，像士兵一樣整齊對稱的排列著，默默無言，忠於自己，
奉獻自己，詩人加上一句問句：「你也有被釘在十字架的悲哀
嗎？」沒有回答，讓讀者自己去想、去感受，真是把鈕扣寫
活了。「你小小的身軀，欲繫住人類的尊嚴；且以守護者之姿，
隔離著文明和野蠻！」此段在表現上是「寫實」，實質上具有
高度的暗示，士兵不是「以小小的身軀去為人類的尊嚴，為
文明而戰」嗎？老師不是將青春付與白筆，為文明的進步，
為人類的尊嚴而默默的奉獻嗎？「偶而你也會殞落，像一顆
流星；」描寫士兵壯烈成仁像流星般的犧牲了，但「另一顆，
又隨即升起」，士兵的英勇，前仆後繼的精神，如在眼前，令
人由衷感動和敬佩。全詩沒有一句和「鈕扣」無關，而內容

又無限的延伸，我想戴先生如果沒有敏銳的觀察力和豐富的聯想力，是無法如此成功的寫出這一首詩的。現代詩人羣中，經常有人說：「詩是想出來的，不是寫出來的」。用在這一首詩上，十分恰當。「鈕扣」一詩與三十年來任何名詩人的作品相比，毫不遜色。

另外「唱片」一首，不但巧妙的運用借物抒感法，而且全詩十分精短，不像一般詩作嫌過份鬆散濫情，不信請看原詩：

黑色的生命
輪迴的痛楚
註定是悲劇的角色
當針尖刺向你的
每一處肌膚
誰知道
那柔腸千折的樂音
是來自靈魂深處
淒苦的吶喊

全詩短短只有九行，把唱片在唱盤上轉動想像成為一種悲劇，唱針比喻成人世的挫折、刺激，樂音比喻成「來自靈魂深處淒苦的吶喊……」真是巧妙已極。本詩辭句簡淨，暗示豐富，實在是不可多得的佳作。

（秋水詩刊）

註：戴宗良目前改寫舊詩有很好的成績。曾由普音公司出版《五色鳥》。

評介「千羽是詩」

── 談李政乃的詩

一、讀其詩，知其人

　　民國七十年前後，由於我辦「風燈」、「詩友」，各種詩刊、雜誌均會寄贈，內人發現了她小學時代的老師詩人李政乃的作品，很驚喜的告訴我，基於這種特殊的關係，我對他的作品格外注意，並且十分佩服已成祖母級的她還能回過頭來寫詩。七十三年八月初，她的詩集「千羽是詩」出版，承她寄贈乙冊，終於窺其整個寫作歷程，及作品全貌。

　　李政乃是民國二十三年二月五日出生於新竹縣竹東鎮，早年接受日語教育，入初中時才學了一年的國語，在這樣的語文基礎下，十九歲就開始有作品發表，不得不令人讚賞，要不是張默編「女詩人專輯－剪成碧玉葉層層」，選用她的作品，「激起她對詩更美的漣漪」（第九頁自序），可能不再提筆也說不定呢！由她整本詩集所附的作品寫作年月，從四十四頁起都是晚近的作品，占五分之四的篇幅，難怪她在自序中要說：「首先感謝張默先生給我的鼓勵」了！

二、早年作品清新可頌

　　詩人彩羽評介李政乃的詩時說：「……她的詩風，似乎每一秒鐘都在渡她那種點點滴滴的小宇宙中的夢幻生活」。「在民國四十四、五年左右，那時，年輕美麗的她，幾乎純得一塵不染。故她所成的詩篇……這樣不食人間煙火……」詩人張默在「剪成碧玉葉層層」一書中，也有這樣的評語：「……她那鸞鸞體的小詩，晶瑩潔白，十分可愛。李政乃一直在默默地編織她自己玲瓏的小宇宙……」，誠然，詩集中有五分之一是早期清新亮麗，不食人間煙火的作品。請看下面所舉各詩的片斷：

　　　啊！你素淨如夜空的美姿
　　　誰家公主能與比擬
　　　那清秀如滿月的臉龐
　　　閃爍如星般的藍寶石的眼睛

　　　　　　　　　　　　　　　── 黑貓

　　只有夢中的少女，多情的詩人，才能對一隻黑貓觀察得如此細微吧？

　　　顯得多麼輕閒呀
　　　我學著舊式日本婦女彬彬有禮的小腳步
　　　哼著沒詞的歌曲

垂著，悠閒地　悠閒地踱著

　　　　　　　── 散步

在曠野的綠野上，似綿羊兒一樣柔軟
藍天猶如平鏡照徹四處
除了濃郁的花香
還有銅鐘垂掛在高大的古樹上隨風搖響

　　　　　　　── 女人的王國

　　像這樣晶瑩剔透的詩句，俯拾即是，可見詩人一開始就
照著自己的性情來寫詩，難怪其夫婿林金鈔在序文中引用了
一段吳雷發的話：「詩以道性情。人各有性情，則亦人各有詩
耳。」（說詩菅蒯），知妻莫若夫，信哉！

三、歌頌婚姻，體悟生活

　　李政乃的第一本詩集「千羽是詩」一共收集了七十五篇
作品，早期的作品，寫少女純真的夢幻，當如前述，後期的
作品，除了一般性的抒情追憶、感物吟志外，我把它歸爲兩
類，一類歌頌自己美滿的婚姻生活，一類則是生活體悟的詩。
　　先說關於婚姻生活的詩作，試看下面所舉詩的片斷：

讓我們在花樣的年華相遇
在千萬個晨夕
飲啜詩般的情意

我歌　我誦　我詩
內心的明湖
始終照映著
沒有憂傷的晴日
讓歲月的年輪
鑄刻永生

—— 心願

恰值在　我四十九　你五十七
歷經多少星移斗換的年紀
携手宴遊在
無憎　無恨　無雲翳的樂地

—— 落夢是真

　　「詩言志」，由以上所舉兩小片斷，我們不難知道詩人的
婚姻生活，是「沒有憂傷的晴日」，過著「若夢是真」，「携手
宴遊」，令人羨煞的歲月。

　　其次再說到關於生命的體悟方面，林金鈔在序中說：
「……晚近的作品，綴響聯詞之中，含有禪理，當是受研究
佛學的影響；如『心弦』、『禪』、『曇花開的時候』、『心園』
等篇。……」我則從一般感悟，去體會她的詩，因為任何人
不論有無研究禪宗、佛理，年齡增長，體悟自深，不到那種
年齡，雖由書本獲得知識、經驗，其體悟自然隔了一層。例
如她再度寫詩的心境寫照：

為什麼我的歌還未唱完

夜幕便已低垂

為什麼許多的花園未開盡

泉水便已枯乾

為什麼我的詩還未寫完

生命似朝霧　一會兒就消散

我得趕緊唱我最愛的那首歌呀

唱給你們聽

　　　　　　　　　── 一生之頌

　　由此，我們不難體會她何以在五十歲左右，才再度寫詩，大概體會到「生命有時盡，文章日月長」吧！

　　其他有關生命體悟的詩還多的是，例如：

我總有死去的一天

現在已慢慢的死去

………

昨天我又死去了一些

在悲歡中慢慢的

有一天我會完全的死去

戛然休止，像令人悲歡的旋律

　　　　　　　　　── 我已慢慢的死去

　　實在的，年齡給人生命的體悟，假不了，我們盼望詩人把她更多的生活體驗寫出來，豐富詩壇。

四、作品自成風格

綜觀整冊詩集，作者的所有詩作，質樸而純真，她的「採茶女」一詩，令劉龍勳認爲「渾然天成，依稀是詩經時代，許穆夫人的一脈嫡傳。」畢加更贊美她的作品：「……樸質而未受西風的浸染，清芳晶瑩，每首詩都屬於我國傳統的語法，詩質上，也是我國傳統詩質的抒情婉約色調。……」雖然她的作品有時不知道剪裁，但質樸自然未加雕琢，讀者看她的詩一清如水，一覽無遺，這又何妨？

其夫婿林金鈔在序文結尾時說：「李政乃的詩，就是李政乃的詩。」信哉！斯言。

一九八四年十二月二十一日
夜於北港讀星樓（秋水詩刊）

註：李政乃老師已因癌症過世，校對時內心十分感傷。

站在水瓶中的杭菊

── 我看邱振瑞的詠嘆和無奈

　　自從掌握詩頁出刊以後，我就注意到了邱振瑞的才情。

　　一般說來，現代詩的作者，不是流於散文化的淺白無味，就是艱澀空洞，不知所云。我之所以說邱振瑞具有不凡的才情，正因爲他的詩語言凝鍊而不艱澀，內容清新而不空泛。

　　他的作品大部份從現實生活中獲得靈感，例如「泥土」「哥在前哨」「清明」等，他對於現代人生活的無奈感，很能適度地傳達，不過份激情。茲舉「泥土」一詩爲例：

> 整個夏天／五層樓地板，躍不出一葉／新綠／　　辦
> 公桌上／杭菊，離鄉背井／站在水瓶中／僵直／讀著
> 日漸黃昏的花季／　　母親說，失根的花草是悲涼的
> ／鄉疇／只有在各地遍植／　　當異地的花都開了
> ／我們必須趕路／回家／
>
> 　　　　　　　　　　　　　　── 原載掌握第三期 P30.

　　離鄉背井，到大都市謀生的人，每天面對著沒有一葉新綠的多層大樓，對鄉土的憶念是必然的，邱振瑞沒有像一般

詩人，有了這種感觸馬上赤裸裸的呼喊出來，他用「杭菊」僵直站在水瓶中做為意象，襯託出「異鄉人」的無奈，十分成功。我並不反對「詩要有主題意識」，但必須加以藝術技巧的處理，否則像某些作品，弄到老嫗能「寫」的地步，那就難怪余光中要說：「這樣的作品，淘汰率不會低於五、六十年代的超現實主義作品」！

　　邱振瑞對於歷史的詠憶，例如「不滅的詩魂－給屈原」以及對於生命存在的感受，例如「斷髮吟」都有很好的演出。他常能將要表現的主題技巧的藏在字裡行間。

　　不可否認的，詩之所以不同於論文、散文，正因為它有詩的情趣，如果認為工人可憐，可以去競選勞工立委，為他們爭取福利，寫一篇論文，呼籲大家重視勞工福利，但詩是無能力去面對以上兩種力量的，詩只能「點點滴滴在心頭」。因此，在嘉義地區與青年詩人們相聚，我曾多次提到邱振瑞、管心、王耀煌等人，他們都是具有才情的年輕人，假以時日，勤加鍛鍊，成就自屬指日可待！

　　　　　　　72.03.07 於北港讀星樓　　掌握詩刊

淺而有味淡而有致

── 談林野的詩

　　海語這一輯詩，大體上都屬於詩人靜觀萬物，所發出的一點感悟，「無機篇」與「街頭象徵」屬於同一種表達方式，都是使用借物抒感的方法，寫成的作品，而「海語」與「寸草集」均屬於哲理性的小詩。

　　這一輯詩，在語言上沒有作刻意的修飾，順暢自然是其特色，因此我選定了「淺而有味，淡而有致」做題目，來探討他的詩。在現代詩「明朗」與「晦澀」的爭論中，我認爲明朗與晦澀均不是問題的癥結所在，癥結所在是好或不好的問題。若是淺白無味，雖明朗何用？若是內容貧乏，雖故作驚人狀，讀者也難有收穫。我讀林野的「海語」這一輯詩，常爲其「沒有技巧，而技巧却在其中」的晶瑩透明之詩句所感動。表面他的詩易懂，但真正能感受其繁富的內在美的，恐怕也要有相當的鑑賞能力。

　　其次我認爲「無機篇」及「街頭象徵」兩組詩，也頗能達到「以小我暗示大我，以有限說明無限」的境界。例如他用短短僅五行的文字，寫「銅象」，而小小的「銅象」却能含容多少豐功偉業的英雄豪傑。這首詩，平舖直敍，未使用什

麼象徵及暗示，但一個英雄形象，在「忍受過多少無情風雨」，「昂首在眾多的仰望裡」，却活生生的，如在眼前，淡淡幾筆，頗能點出其神韻，其他幾首詩也一樣，功力可見一斑。

（陽光小集詩刊）

余光中的文學成就初探

一、引　子

　　在現代文學衆多作家群中，能像余光中這樣活躍的，實在不多見，「他寫詩、編詩、教詩、評詩和誦詩；一會兒瑟坐在廈門街某一小屋的書房疾寫，一會兒可能出席一個具有轉移藝術方面的會議，一會兒爲學院的新貴族們朗誦，一會兒在發表對文壇的新意見。他遠征新大陸。中守台峽，近來香島。覃子豪以降，從無一位作家揹起『詩人』的名義而像他如斯的活躍了……」（見吳萱人作「多妻的能言鳥」。香港「中報周刊」一九六九年三月七日）的確，余光中的鋒頭是很健的，難怪「七十年代詩選」的余光中小評，擘頭便寫：「余光中的文學活動是頗爲勇健的。爲當代詩壇著名的『英雄式』人物之一。他的詩足以透露出一個現代知識分子的心聲。」筆者十幾年前開始接觸余氏的作品，便被他那種「筆尖常帶感情」的文筆深深吸引住了，而且有越來越喜歡。越來越著迷的現像，後來和許多文友討論，發現很多讀者和筆者一樣，是余光中迷，有他的書便買，買後往往閱讀再三，愛不忍釋手，因此筆者希望冷靜下來，仔細檢視余氏的作品，參考別

人的批評，探討一下余光中到底在現代文學中扮演什麼樣的角色？到底有多大的成就？這是我寫作本文的動機。

二、余光中與現代詩

　　余光中的聲名除了部份因爲他的學術地位崇高以外，可以說大部份奠定在他的詩作上。到現在爲止，他寫了四百多首詩，其中以「天狼星」爲最長，達六百行，也有短僅三數行的，如「戲爲六絕句」裏面的幾首，但詩不論長短均曾引起海內外作家的熱烈討論，在現代詩普遍不受歡迎，普遍缺少讀者的今天，這種現象無寧是一種奇蹟。筆者願就衆多的批評與讚譽的文章中，歸納出數點余光中在現代詩中的重要成就：

　　（一）替現代詩找出一條正確的道路－以往不少現代詩人，盲目的崇尚西洋，開口閉口反傳統，以爲只有一切都西化，現代詩才有前途，把現代詩引入一條死巷。而余光中數度出國講學，對於台灣現代詩在美國不受重視的情形，有切身的感受，因此他在多篇文章中，均大聲疾呼：「我多少總算知己知彼，而對方呢總是知己不知彼，不，對中國一點都不知道，我甚至約略知道，他們二三流的詩人在想些什麼，說些什麼，可是他們對我一無所知，甚至不具備求知的條件，對我的族長如杜甫、李白也止於貌似恭謹而親炙無門甚至無心。」（見「現代詩與搖滾樂」）又在「第十七個誕辰」中指出，「我們的現代作家，在國際文壇上仍是一個『沒有臉的人』」。（「焚鶴人」頁一七四至七五、二〇九至二一〇）又在

同一篇文章指出：「可是國際的翻譯界……常用艾青、田間的作品做中國新詩的壓卷之作。」（見「焚鶴人」頁二一○）另外在「掌上雨」一書中也指出「藝術的聯合國，正如政治聯合國一樣，是先要取得一個國籍，始能加入的。」（見「所謂國際聲譽」，「掌上雨」頁一九五），他一再大聲疾呼「中國人一定要寫中國詩，否則就沒有前途」，因此他被稱爲「回頭的浪子」，他一面將自己的作品內容中國化，進而探索屬於中國的形式，盡量搬出屬於中國的意象，將自己的創作朝兩個方向走，一、是中國的現代化，二、是中國的古典，分別進行創作。關於第一個創作方向，請參閱余氏詩集「五陵少年」「白玉苦瓜」「天狼星」「在冷戰的年代」等詩集。第二個創作方向，旨在向中國古典尋寶，他認爲西方大師之作品未必盡佳，有的更比不上中國的古典名作。請參閱余氏詩集「蓮的聯想」。由於他的努力，許多年青詩人深受影響，而發起組織「龍族詩社」，他們的口號是「舞自己龍、敲自己的鑼、打自己的鼓」，許多現代詩人或多或少的修正了自己的創作方向，而中國現代詩多年來迷失在西化的波濤洶湧中，總算把住了舵，找到一條正確的道路。黃國彬在「細讀余光中的白玉苦瓜」一文中指出：「六十年代許多現代詩人在西洋詩的迷宮中盲目摸索時，他能卓然走自己的路。現在，事實告訴我們，他當時走的路是正確的。這也許是作者能超越其他同輩詩人的原因之一吧。」（中外文學第四十二期一九七五年十一月）。

　　（二）替現代詩塑造出新的節奏和句法－現代詩反對故意在句尾押韻，但一首完全沒有音樂性的詩，不但難讀，流傳更是困難，何錡章先生曾有意爲中國新詩找尋新形式，但

在每句句尾加上相同的韻，讀來矯柔造作，令人生厭，一直到現在仍然沒有成功。余光中苦心孤詣，在他的詩中塑造一種很高妙的節奏，使人讀下去有「一氣呵成」之感。首先他保留了昔日「因句生句，因韻呼韻」的節奏，如「八卦」中的「於是涼涼的雨新新的雨／落在龜裂的地圖上落著雨」，和「雨季」中的「公寓的陰影圍過來／圍過去」，將文字搭來搭去創造各種效果。最值得注意的是他同搖滾樂和民謠的密切關係。「江湖上」可說是西方民歌的移植；余氏大膽地採用了巴布・狄倫的疊句，寫成一首近乎民歌的詩。他最成功的嘗試，大概是「搖搖民謠」了。即使撇開這首詩美麗的象徵不談，我們仍會覺得它是一首十分悅耳動人的歌謠。作者能在均齊的格式中揮灑自如，足令許多「豆腐干詩人」啞然。更難得的是詩中溫柔的動盪感，從這一行向最後一行盪漾，與內容緊密配合，平易而不機械，重複而不單調，整齊中有變化。民謠節奏外，余氏在「白玉苦瓜」裏又大量採用疊字，增加節奏的繁複，如「逼人磅磅礡礡難呼吸／蒼蒼絕處是暟暟」（「落磯大山」），「荒荒曠曠神話裏流來」（「大江東去」），詩人利用雙聲疊韻，可造成多種效果：其一是加強語調，使整行詩更突出；其二是藉字形的重複製造圖畫性；譬如上面的「磅磅礡礡」就使人覺得亂石磊磊。此外重複手法也可以增加語調的委婉蘊藉，使人低迴不已，如「久朽了，　你的前身／唉，久朽」（「白玉苦瓜」）。「處女航」中，重複不但增加語調的溫婉，而且還使得第一、二段前後呼應，結構就不再單靠文意了，例如「下山的人啊再也不回顧／再也不回顧」。余氏更巧妙的融和西洋語法於中文裏，使中文更加活

潑，更加有生命力，例如「等你，在雨中」「她是劉邦／也是項羽的母親」（「斷奶」）如果把這行詩寫成（她是劉邦的母親，也是項羽的母親），便是拖沓累贅的散文句子了。（參見黃國彬作「在時間裡自焚」香港「詩風」月刊第 42、43 期一九七五年十一月十二月）現代詩的年青作者群中，很多人爭相模倣余氏的節奏法和句法，可見影響之深遠。

　　（三）替中國文字注入新的生命－余光中在「逍遙遊」後記中說：「嘗試把中國的文字壓縮、搥扁、拉長、磨利、把它拆開又拼攏，拆來且叠去，只爲了嘗試它的速度，密度和彈性。……要讓中國文字，在變化各殊的句法中，交響成大樂隊。」的確，余氏經常在他的詩文中，將中國文字的特性，發揮到了極點。他經常「舊詞新用」，增加新語彙。黃國彬在他的「在時間中自焚」仍有極詳盡的分析，現在節錄於后以供參考。

　　「余光中在練字方面的苦心，在早期作品中已可見一斑。『白玉苦瓜』裏，我們可以找到更多的例子，如『一座孤獨／有那樣頑固』（『積木』）；『你和一整匹夜賽跑』（『詩人』）。這兩個例子中，作者用量詞將抽象的『孤獨』和『夜』具體化。在下面一行，擬聲法貼切地刻劃了烏鴉的可怕：『烏衣巫的老鴉，在作法，磔磔』（『蒙特瑞半島』）。『看手相的老人』裏，我們也可以窺見作者練字的精純：『呼聲斷在夜的深處／鞭不出迴響，戶外，月蝕如故／龐大的眈眈黑視如故／你的呼聲，夜夜我聽見你的驚呼／搧過來』。」

　　讀者如果仔細閱讀余氏作品，將不難發現余光中實實在在努力在把中國文字「壓縮、搥扁、拉長、磨利……」

相信他的努力一定會造成深遠的影響。

（四）發掘年輕人的新詩人 ── 一個無藉藉之名的年輕詩人，想要受人重視，是十分困難的，而余光中對發掘年輕的新詩人一向不遺餘力。他曾因周夢蝶先生的推介而讀了方旗的「哀歌二三」這本詩集，余光中讀後大加讚賞，並爲文推荐，引起詩壇注目。七十年代詩選再版時，去掉王裕之的作品，而選用方旗的作品，即爲明證。設若無余氏的爲文論述，自費出版的「哀歌二三」想爲人知，實在困難。而羅青之所以受現代詩界的推崇，也是得力於余光中的論述「新現代詩的起點 ── 羅青的『吃西瓜的方法』讀後」一文，余氏在詩壇的影響力可見一斑。

三、余光中的散文

號稱右手寫詩，左手寫散文的余光中，除了詩的成就令人矚目之外，散文的成就絕不下於詩，有許多人至愛他的散文更勝於他的詩。他的散文也非常多產，到目前爲止，連評論的文章在內，大約寫了近二百篇，我印象最深的大概是「地圖」、「鬼雨」「莎誕液」等篇，這些篇章也最能代表余氏抒情散文的成就。

黃維樑先生就是特別推崇余氏散文的人之一，他在多篇文章中都曾大加讚美，例如：「余光中是一個最出色最具風格的散文家。將來文學史上的評語應有如下一句：他嘗試從各方面表現中國文字的性能和優點，且成功了。」

（最出色的散文家，香港「中國學生周報」專欄「小小

欣賞」)「散文是一切的寫作基礎，有如素描之於一切繪畫。五四以來，寫散文的人，一般都覺得散文達意足矣，很少對散文提出什麼要求。魯迅和周作人兩兄弟的散文，一以議論著，一以學問名，冰心和朱自清則以情見勝；何其芳刻意渲染情調，錢鐘書則旁徵博引，甚富機智；梁實秋風趣，林語堂幽默；他們各有特色。余光中不以步武各家之後爲滿足，他另闢蹊徑，創出獨特的余光中文體。…他的筆真的法力無邊；學則博引中外古今，意則翻空出奇，擅於運用比喻，精於鑄造警句，或者幽默機智，或則沉鬱深遠，有瑰麗之姿，且雄長之氣；句式長短，變化多端，文言口語，歐化語法，參酌互用，令人嘆爲觀止。」(「火浴的鳳凰」一書「導言」。)「當我最近右手承著『掌上雨』，左手執著『左手的繆思』，伴著『望鄉的牧神』，雙目縱恣，作『逍遙遊』時，我再一次驚訝於作者不可羈勒的想像力和揮灑自如的駕馭力。他把最古典的和最現代的材料合成無縫的天衣；他把科學王國的大使，邀到文學帝國的宮殿，與之高談闊論；他把中國的古文當作新郎，把五四的白話文當作新娘，牽到樂聲悠揚的禮堂，讓歐化文作證婚人。」(最出色最具風格的散文家。) 思果先生更認爲他：「用字力求不落俗套，清新俊逸，音調美，是詩人的散文，像『丹佛城』那樣的散文，真是了不起的鉅製。他的散文題材很廣，從文藝批評到諷刺短什，五彩繽紛，他有創見，又能用新鮮的文字表達出來。余光中文章特點就是文章自成一類，不讀是大損失，讀了只恨其少。不像一般作家，寫得太濫，許多文章讀不讀都沒關係。」(節錄自「飄然思不群」，中國時報人間副刊一九七四年四月九日夏志清先生

也曾對余光中的散文作過以下的評語:「就文體而言,三人雖各有獨特的風格,張愛玲、余光中都比海明威強,不像海明威那樣一清如水,多讀了沒有餘地。」(引自夏志清「文學雜談」收入夏著「文學的前途」(台北、純文學出版,一九七四年頁二〇二)、張道穎先生更認爲讀余光中作品是「非常過癮的事。」(見台大青年一九七〇年三月號「評介余光中的散文」)而碧竹先生在書評書目第一期(一九七二年九月號)上的「碧竹談書中」認爲「余光中的散文是目前台灣最好的散文」,另外還有多人曾爲文論述,如鄭明琍在「中華文藝」(一九七七年八月號)中寫了一篇「從余光中的散文理論看其作品」張筆傲也在馬來西亞的「蕉風」發表一篇「音樂化的散文-評介聽聽那冷雨」……等,對余光中的作品都讚美有加,由此可見余氏散文成就之卓越。

四、結　論

余光中是否能在文學史上佔一席之地,現在雖言之過早,但從他的詩、散文之受人喜愛、影響之深遠,可以大膽地斷言,余光中必然不朽。其實余光中本人就非常自負、自信其作品可以不朽,遠在一九五七年,他的詩齡尚淺,便已興起了因詩不朽的念頭。在「創造」一詩中,他認爲美的創造者,「給平凡的時代一個名字;／給蒼白的歷史一點顏色;／給冷落的星系一縷歌聲。／在字的巷中遇見了永恆;／在句的轉變處意外地拾到／進入不朽的國度護照。」一九六一年,他這「狂詩人」如是說「已向西敏寺大教堂預約／一個

角落／作我永久地址／我的狂吟並沒有根據／偶然的筆誤／使兩派學者吵白了頭。」在「蒲公英的歲月」裏，他預言死後「人們還會咀嚼他的名字，像一枚清香的橄欖」，「他以中國的名字爲榮，有一天，中國亦將以他的名字。」多麼自信，多麼自豪以至於自大。但是他自大有自大的本錢，我現在節錄黃維樑的「火浴的鳳凰」一文中的幾段話，做爲本文的結尾：

「余光中的文學地位，在一九六〇年代末期已經安穩奠定了。六〇年代末期，他的詩集已出了九本，早期的清詞麗句，『蓮的聯想』的古典風味，『敲打樂』和『在冷戰的年代』的現代情思，以及璀璨雄奇的抒情散文『逍遙遊』、『鬼雨』等等。都一一呈現在讀者面前。中國現代文學的一隻鳳凰已從烈焰中飛出來了。他是一頭絢麗的『朝陽鳴鳳』。可是余光中自信却不自滿。這隻火鳥，一次又一次浴於烈焰之中，要把自己變得更美更精純。……

余光中生於一九二八年，出版了十二卷詩集，七卷散文集。九本翻譯和多篇英文論著之後，創作力仍然旺盛。雖然『逍遙遊』和『敲打樂』時代的雄勁猛銳之氣已經消滅，目前常現閒適之情，其剛健之力並未減弱。這隻不斷火浴的鳳凰，仍要更生，更生就是他的永恆。火浴是劇痛的歷程，但他無畏以赴，寫詩、譯詩、教詩、評詩、編詩、一生與詩文爲友，也爲敵－要超越自己所寫下的。每個字都是火浴前的香木，也是火浴後的一片片新羽。這就是詩藝的正果，也就是他的象徵『白玉苦瓜』──『詠生命曾經是瓜而苦‧／被永恆引渡，成果而甘。』我們觀看瑰麗的羽毛，咀嚼香美的甘果，欣賞羨慕之餘，更油然萌生敬佩之心。

註一：本文參考論文均收錄在黃維樑主編的《火浴的鳳
　　　凰 —— 余光中作品評論集》一書中，純文學出版
　　　社出版。

註二：本文第一部份「余光中與現代詩」曾刊於文壇 251
　　　期〈余光中討論專輯 —— 透視桂冠詩人的感性世
　　　界〉，參與者有李瑞騰、蕭蕭、林錫嘉、陳寧貴、
　　　陳煌、張雪映、落蒂等，由主編林文義策劃

註三：本文完成於二十幾年前，只是初探，若再探，情
　　　況又大不同矣！余氏目前成就已不可同日而語。

楊牧詩集第一部之研究

一、前 言

楊牧本名王靖獻，臺灣花蓮人，民國二十九年生，東海大學外文系畢業，美國愛奧華大學碩士，加州大學比較文學博士，是現代詩人群中少數幾位獲得眾多掌聲的詩人之一。早期詩作婉約動人，深受年青讀者喜歡，七十年代詩選中認爲：「葉珊（楊牧早期的筆名）是早熟的，一直被視爲拍發美麗問題最多的人物。他那有名的『夾蝴蝶之書』，充滿無限情意的『寄你以薔薇』，一個勁叫朱麗，朱麗的『四月譜』，伴著青色水飄流去的『腳步』，……這些晶瑩柔麗的小詩，曾給予當時詩壇以無比的振奮和萬千的驚喜。」的確，早期的楊牧，以葉珊爲筆名出版「水之湄」，令人無比激賞他那婉約美好的少年時代的戀歌。

之後，由於啃下去的書越來越多，詩風爲之一變，從早期浪漫的抒情漸趨於古典的自律，嘗試從各種不同的體裁，融抒情、敘述，說理於一爐，在後期的詩中，經常顯露出機智和諷刺的一面。

最近他的「吳鳳」詩劇獲得文藝獎，更奠定了他在文學

界中的崇高地位。除詩作外，他專研西洋文學，並對中國古典文學有極深入的研究，可謂學貫中西，創作不輟的詩人，因此我樂於在這裡介紹他。

二、少年時代即已迷上新詩

楊牧在花蓮唸初中時和王禎和同在楚卿的班上，楚卿當時在文壇已稍有名氣，並且出版了詩集「生之謳歌」，楊牧之所以喜愛寫詩，也許是受到楚卿的啟蒙吧！

高一時便和陳錦標合辦「海鷗詩刊」，接著便向公論報的「藍星」和紀弦主編的「現代詩」投稿，當年公論報發行並不理想，花蓮只有三百個訂戶左右，楊牧家附近只有一個煙酒配銷站訂有公論報，他常常在星期六到配銷站看星期五從台北遲到的報紙，有時是下雨天，楊牧在雨中撐著傘，緊張地看單頁副刊上的詩作，尋找自己的名字，由此可見他對詩是多麼痴迷了。

唸高三時便開始在覃子豪、余光中主編的「藍星」寫稿，並且和黃用通信，楊牧自己說黃用對他的啟發特別大。高中畢業後，楊牧跑到台北，就和黃用、洛夫、吳望堯等人天天混在一起，認識的詩人也越來越多，詩也寫得越來越多，當時南部有「創世紀」，北部有「藍星」「現代詩」「中國新詩」……等刊物，比起現在的詩壇，那是熱鬧多了，因此他那時已發表了不少作品，詩壇都知道有一個年青的葉珊，他婉約的詩路和當時粗獷淒厲的現代詩風，剛好得到一股制衡的力量。

三、骨子裏奔流著野蠻血液的詩人

　　楊牧從在台北混的「不良少年」（陳芳明評語）到東海大學「用功的學生」，一直到留美的飽學之士，這之間的變化太大了，但他的個性還是一樣的，在他的骨子奔流著一股「野蠻的收束不住的血液」，聶華苓女士在「葉珊散文集」的序文中寫出了楊牧的詩人性情。

　　「第一次看到葉珊，是三年前在大度山。光中、葉珊和我，我們一同走了一段路，談了幾句話。大度山的風沙好大。前年秋天，葉珊在我前一個月來愛荷華，他和先勇、文興常到我住的地方聊天，做中國菜吃……有一天，他穿著短棉襖，捲起一截袖子，提起稀飯鍋往另一個鍋裏倒，稀哩嘩啦，活像軍隊裏的伙伕，他坐在地上，捧著碗喝稀飯，也像個大兵。我們笑他，指指點點說他叫人倒盡胃口，但心裏實在喜歡他那一股『土』」（序文 p2）。

　　「後來，在夏天，我和葉珊、少聰常常一同去美國小說家菩吉利的農莊。……我們在那兒游泳、種花、放風箏、生野火，等楓葉紅的月亮出來，等貓頭鷹啼哭，看『哀鴿』飛過腥紅的落日，看黃昏後發亮的羊眼睛，在池塘邊披著氈子喝威士忌和杜松子酒，或是踩著落葉，繞過小花……」（序文 p3）。

　　「我最喜歡葉珊喝得半醉的時候，只有在那個時候，你才可以看到骨子裡奔流著『野蠻的收束不住的血』的詩人……假如你一句話違背了他的原則，他會跳起來大罵你渾蛋，他

也會躺在地上沉沉地告訴你他是如何的愛，如何地痛苦……」
（序文 p3）

　　由以上所引三段聶華苓女士的描寫，我們已可以很清晰
的勾畫出楊牧是怎樣一個「有血有肉」的詩人了。

四、「水之湄」乙詩是早期的代表作

　　介紹詩人的生平、個性及其生活細節，最主要的目的還
是在幫助我們瞭解他的詩，我常聽人說葉珊的詩不好懂，我
也有同感，不過假使讀者能再三閱讀，多方推敲的話，他的
詩並非完全無法瞭解，因此筆者試著來探討他的「水之湄」：

　　　　我已在這坐了四個下午了
　　　　沒有人打這兒走過－別談足音了
　　　　　（寂寞裏）
　　　　鳳尾草從我足跟長到肩頭了
　　　　不為什麼地掩住我
　　　　說淙淙的水聲是一項難遣的記憶
　　　　我只能讓它寫在駐足的雲朵上了
　　　　南去二十公尺，一棵愛笑的蒲公英
　　　　風媒把花粉飄到我的斗笠上
　　　　我的斗笠能你什麼啊
　　　　　（寂寞裏）
　　　　我的臥姿之影能給你什麼啊
　　　　　（寂寞裏）

四個下午的水聲比做四個下午的足音吧
倘若它們都是些急躁的少女
無止的爭執著
── 那麼，誰也不能來，我只要個午寐
哪！誰也不能來

　　這首詩，作者並未直接告訴你什麼，只有把一個優美的
水之湄的畫面呈現出來，他把他年青的孤寂感，刻意的加以
描繪，依筆者淺見他寫這首詩時，感到自己還沒有什麼成就，
不夠格去找一個自己喜歡的人，只有獨自寂寞的坐在水之
湄，沒有人會來找他，縱使有人來找他也將是一些「急躁的
少女」，倒不如自己靜靜的做一個午寐－誰也不能來。

　　第一段作者很清楚的告訴我們，他是落寞孤寂的，「我已
在這兒坐了四個下午了，沒有人打這兒過－別談足音了」，在
一個等待的人來說不要說四個下午，四小時也將是很長的一
段時光，而他竟獨自在那裡等待一個根本不可能來臨的夢
幻。第四行「鳳尾草從我的足跟長到肩頭了」是加強寂寞的
長度，讀者一定要問：「四個下午，怎麼鳳尾草那麼快的就長
到肩頭了？」那是詩人在「邏輯上的一種超超」，欣賞詩一定
不可以去量「白髮真的有三千丈那麼長嗎？」如果這樣的話，
不論古詩或現代詩，你都無法得其門而入。

　　「說淙淙的水聲是一項難遣的記憶，我只能讓它寫在駐
足的雲朵上了」，詩人以一個非常美的形象，來描繪他的處
境，也許他曾經談過戀愛，情話綿綿就像淙淙的水聲，雖然
無法忘懷，如今也只好讓它寫在白雲頭上了。

　　「南去二十公尺，一顆愛笑的蒲公英……」作者把蒲公英當作抒情的對象，其實他是把他心目中的情人移情爲蒲英，雖然「風媒把花粉飄到我的斗笠上，我的斗笠能給你什麼啊」，斗笠暗示自己猶一介布衣，一介老農，一介毫無成就之書生，「我臥姿之影能給你什麼！」這都是他自慚形穢後的心語，的確，當你深愛一個人時，首先想到的是，「我能給他什麼啊！」最後幾行意思是說對我心愛的人我雖然不敢高攀，但我也不能隨隨便便去找一個「急躁的少女，無休止的爭執著」。這首詩很多人分析過，周伯乃在「現代詩的欣賞」第八章「詩的情趣」一文中也曾加以分析，不過他只說作者的立意只爲了表現一個人的落寞和孤寂。我覺得這首詩是他年輕、多情、浪漫的代表作

五、「孤獨」乙詩寫出複雜的心象世界

　　　孤獨是一匹衰老的獸

　　　潛伏在我亂石磊磊的心裏

　　　背上有一種善變的花紋

　　　那是，我知道，他族類的保護色

　　　他的眼蕭索，經常凝視

　　　遙遙的行雲，嚮往

　　　天上的舒卷和飄流

　　　低頭沉思，讓風雨隨意鞭打

　　　他委棄的暴猛

　　　他風化的愛

孤獨是一匹衰老的瘦
潛伏在我亂石磊磊的心裏
雷鳴剎那，他那緩緩挪動
費力地走進我斟酌的酒杯
且用他那戀慕的眸子
憂戚的瞪著一黃昏的飲者
這時，我知道，他正懊悔著
不該冒然離開他熟悉的世界
進入這冷酒之中，我舉杯就唇
慈祥的把他送回心裏

　　這一首詩和「水之湄」一樣，主旨都是描寫一個人獨處時孤獨的感覺和心境。寫作的時間相隔了十八年，表現技巧已由年輕浪漫的抒情進入理智說理的敍述。「水之湄」出版於二十歲，而「孤獨」一時却選自楊牧的「北斗行」，該詩集出版時已經是三十八歲的中年人了。

　　古今中外描寫孤寂的詩作很多，例如陳子昂的「登幽州台」：「前不見古人，後不見來者；念天地之悠悠，獨愴然而涕下。」這種孤寂感乃是一個人將自己置身在天地歷史與時間的洪流中所產生的，也有美國詩人作家艾默森所說的「我的寂寞，並非面對高山大海，而是在擾嚷喧囂的人群之中」，那是一種思想深刻，不願與人同流合污的孤寂感，至於李清照的「聲聲慢」從「尋尋，覓覓，冷冷，清清，悽悽，慘慘，戚戚」到「守著窗兒，獨自怎生得黑？梧桐更兼細雨，到黃

昏點點滴滴，這次第，怎一個愁字了得」，乃是寫一己小我的悲歡聚散之情，這種感覺多半是在情人遠離，或丈夫去世之後，心情百般無聊時產生的。

　　楊牧這一首「孤獨」，比較接近「聲聲慢」的情境。他把自己的心境比喻成「一匹衰老的獸」，並且「潛伏在我亂石磊磊的心裏」，「亂石磊磊」的意象又可象徵主述者心中積鬱不暢的情形，因在此四字中就有七個「石」字，使讀者產生了重重叠叠，交錯堆砌的石頭印象，把他心中的不平不順，充份的表現出來。該詩只分成兩段，第一段是靜態的，三、四兩句寫獸身上的花紋是善變的，是一種「保護色」，藏在「亂石磊磊」之中，很難察覺出來，前四句寫獸之棲止與顏色，後六句則寫獸之神情與態度，都是詩人的自況，因為自己想化為「行雲」的念頭無法實現，「孤獨」只好讓「風雨隨意鞭打」。在風雨之鞭打後，他已放棄了暴猛的性格，變成較為老練穩重，而他的愛或他所追求的理想，此時也已風化不見，好像在暗喻自己如同經歷了憂患滄桑的老者。第二段則是動態的，因為雷鳴的驚擾，「孤獨」打算「緩緩挪動」，離開主述者的心中，走入了酒杯，「且用他那戀慕的眸子，憂戚的瞪著一黃昏的飲者，這時，我知道，他正後悔著，不該冒然離開他熟悉的世界」，此段充份把「孤獨」的羞怯衰弱沒有主見的性格，刻畫無遺。其實孤獨時想喝杯酒那是人之常情，而喝了之後又後悔亦是常有時的事，矛盾得很，人就是那麼可憐的動物。

　　此詩以現代心理學的觀點描寫「孤獨的心境」，和一些「心靈畫派」的抽象畫有異曲同工之妙。現代文學作品中刻意描

繪「心靈意識」的作品不少，由於心象世界極其複雜深奧，因此呈現出作品的多樣性和繁複性，也由於「心」是看不見的東西，藝術家如何去補捉它，，描繪它，那就需要「功力」了，但一般人對此缺乏瞭解，總以舊有的「美學標準」去看現代的詩作（繪畫也一樣），頗覺格格不入，怨聲甚至噓聲四起，我們不妨將視界打開，多方面接納美，則以前以爲非美者，今日未必就是醜了。欣賞現代詩時，無論如何一定要建立起這個觀念，否則作者和欣賞者之間，將永遠無法溝通。

六、「松村」文字優美，詩質更佳

那村子是我們信約的村子，忘不了的村子－我們管它叫松村，將永遠叫松村，在我們靈魂深處，在我們的血液裏。你還記得那些樹嗎？在中秋節的前夕，那村子在月色裡，沉鬱得像個酒甕。

那些樹，生命的樹，雨的樹，愛的樹。我們用兩倍愛戀的視線佔領了那些樹，生命的樹，雨和愛的樹。你還記得天如何由暗轉明嗎？寒星淡下去了，巷子帶著潮意。許多樹，卻不見一片落葉，那清晨，你倚著我的右肩，你說，許多樹，怎麼不見一片落葉呢？葉子那裡去了？葉子那裡去了？你的淚像雨點，那巷子帶著深深的潮意。

我把右手交給你，攜你走過一段靠在牆頭的木梯，漸漸地升高，直到我們的臉頰都碰到了松針，多麼扎人的松針啊，你說。那松針就扎在你細白的臉頰上，你

　　試乾眼淚，那村子猶在夢中，那不知名的村子，我們
　　管它叫松村。（一九六三）

　　這首詩在形式上像散文，所以我稱它爲散文詩。其實「葉珊散文集」中的散文，每篇都有詩的味道，我特別喜歡他的散文，因而也特別喜歡這首散文詩「松村」。

　　「松村」寫於一九六三年，收錄在「燈船」中，也算是楊牧早期浪漫抒情的作品之一，情節十分簡單，大意是說在中秋節的前夕，一對情人在一個不知名的小村度過一個月夜。

　　詩一開始，馬上點出他們信約的地方－松村，那是他們心靈默契的地方，所以他說「忘不了的村子－我們管它叫松村，在我們靈魂的深處，在我們的血液裏。」使我們特別感覺到他們的愛是一種刻骨銘心的愛。「那村子在夜色裡，沉鬱的像酒甕」，這裏一語雙關，一方面說村子的那種安謐的境界，一方面是說他們沉醉在那麼美好的月色裡。

　　第二節則利用周圍的松樹，來強調他們愛的堅貞，又用「雨」的意象來達到「真」和「美」的境界，尤其是「怎麼不見一片落葉呢？葉子那裏去了？葉子那裏去了」，更是強調他們的愛情永不凋謝。

　　第三節是詩人在描寫愛的過程，「走過一段靠在牆頭的木梯」，暗指愛情的道路，「扎人的松針」，顯示愛情的堅強，雖然遇到阻擾，雖然「扎在你細白的臉頰上」，你仍將「拭乾眼淚」。

　　這首詩在氣氛上刻意經營得十分迷人，陳芳明說：「它是一首可以一再讓人嚼咀的詩，且益覺其甘。」

　　我認為這首詩有散文的文字優美，更有詩的質地，令人激賞。

七、結語：年輕浪漫的詩作已結詩果

　　葉珊耽溺於愛情的響往，近乎是一種少年時代的單純幻想，但留下了讓人難忘的少年情懷，例如〈崖上〉後六行：

> 在葵花滿開的崖上
> 我們只想到，如何靜靜地蒼老
> 水泉滴落，穿過環環的岩石
> 且聽著那遙遙伐木的聲音
> 我們在高處，擁抱著
> 生火，狩獵，沐浴，而且蒼老……

　　傳統的詩詞給葉珊的影響太大了，例如「寄你以薔薇」一首也讓人一再傳誦：

> 寄你以薔薇，以櫻花
> 以一次小小的獨立
> 影子在影子裏拉長 ──
> 嘆息落向黃昏，落向誰的門檻
>
> 以一剎那的沉醉將我叩落的夢境
> 昏黃裡，是一片風

離我遠去

　沒有重來的人了，小樓寂寞
　影子在影子裏拉長
　沒有人步過雕花的長廊了
　虛無，一片虛無（一九五七）

　　我們一再讀它，越發覺它有詞的味道，因此我認為要寫好新詩，在古典文學裡面下一些功夫，是必要的。
　　另外「歌贈哀錄依」一首的前六行也是十分令人著迷的，它是那麼之人愛不釋手。啊！他已為我們結了很多詩果：

　鎖不住，鎖不住的希臘風采啊
　風笛的意象，自律的美
　祈禱的鐘點又到了
　從大廳走來，或依靠偉大的長柱
　穿行下午鐘鳴沉重的密度
　紫色的晚風藏在花叢裡，啊！哀錄依

　　楊牧把他的五卷詩集「水之湄」、「花季」、「燈船」、「傳說」、「瓶中橋」印成楊牧詩集第一部，交由洪範書店出版，代表這一階段年輕、浪漫時期的結束，此時楊牧已揚棄那一時期的寫作方式，進入更成熟的階段，如楊牧詩集二、三等作品，讓人不得不佩服他的用心、專注。

本文參考書目及論文

1.陳芳明作：「七位詩人素描」，收錄在陳著：「詩和現實」
　一書中。（洪範書店出版）

2.陳芳明作：「燃燈人」「真和美的情詩」，兩篇文章均收
　錄在陳著：「鏡子與影子」一書中。（新潮文庫之 18）

3.楊牧著：「楊牧詩集 1」。（洪範書店出版）

4.周伯乃著：「現代詩的欣賞」。（三民書局印行）

5.聶華苓作：「葉珊散文集序」。（大林文庫之 5）。

6.張默、洛夫、瘂弦主選：「七十年代詩選」。（大業書店
　出版）

註：本文寫於二十多年前，曾在服務學校做教材使用，
　　未對外發表。因為寫作方向偏向指導初學者。

鄭愁予詩作研究

一、引　子

　　鄭愁予的詩一直爲多數的讀者所喜歡，尤其年輕一代的詩人作品中經常可以看到模倣鄭愁予筆法的痕跡。他那抒情得出神的筆法，夢幻般的魅力，以及迷人的意象，不知讓多少讀者吟咏再三。筆者多年來心中一直有一個疑問：鄭愁予的詩到底成功在那裡？爲什麼他的作品對現代詩的影響一直不衰？甚至於近年來在大學裡中文系和外文系都拿他的詩做教材？有的學生甚至以他的詩寫論文，有的研究他的詩作外，還考證他的「生平」。報章雜誌上有名氣的詩評家經常爲文讚美外，還詳加分析供讀者欣賞，一般作者爲文評介的更是不勝枚舉。他的詩作幾已公認爲現代詩的古典。因此筆者希望搜集有關鄭愁予的生平，詩作及別人的評論文章，寫一篇有關鄭愁予的研究。

二、少年初識詩滋味

　　鄭愁予本名鄭文韜，河北人，一九三三年生在一個軍人

的家庭，他的家是在一個北方的縣城裡，有四個城門，城的周圍是河，叫做濟運河，可以通天津，河面很寬，兩岸生長著高高的蘆葦，在春夏兩季是綠色的，像一道綠色的城牆。到了秋天，蘆花白了，又變成一道白色的城牆，彷彿是白雪覆蓋著，非常之美。

　　他的家靠著東關，有很大很深的庭院，是傳統式的住宅。祖父曾是清朝的官吏，二伯父做過慈禧太后的御林軍，而他的父親却進了舊制的軍校，成了職業軍人，後來參加了國民革命。他並不是在故鄉出生的，而是在山東的濟南市，出生後不久就到了北平，後來又到了南方，隨著父親不斷的遷徙，在襁褓中就旅行了不少地方。在抗戰末期，他伯父、叔父以及他們會合了住在鄉下，那時他才大約 12 歲，已經開始看書了。他有位二堂兄是一位有為的愛國青年，手抄了許多詩、散文、小說，幾乎三十年代稍有名氣的作家寫的詩，他都抄的有。因此他也在此時奠定了良好的新文學基礎。他開始寫詩是在初中二年級，那時他的一些親戚們已經唸大學了。北大國文系的學生在夏天組織一個讀書會，他在這個讀書會裡讀到更多的詩集子。在學校裡，他們自己出壁報，在壁報上寫詩，這是鄭愁予走入「詩生活」的開始。抗戰吃緊時，他們離開北平，撤退到了漢口，漢口有一份「武漢時報」，上面有文藝副刊，他寫了幾首詩投去，竟蒙編輯的重視，把他的詩排在刊頭，而且用墨線打了框，一些已經發表過作品的知名詩人反而排在次要的地位，編輯胡白刃還寫信約他去面談，這對一個初次出道的十五六歲「年輕詩人」真是莫大的鼓勵。

三、到了台灣，在「野風」中成長

民國三十八年，鄭愁予來到台灣，住在新竹，在新竹中學唸高三。當時台灣的文藝刊物水準都很差，因此他沒有興趣寫，只偶而在同學的紀念冊上題詩，直到民國四十三年他發現了一個文藝刊物「野風」，終於發表了他在台灣寫的第一首詩「老水手」，野風既給稿費，數目又不少，使他十分興奮，因此陸續在野風發表詩作，在「野風」中成長，頗受當時詩壇前輩紀弦、鍾鼎文、覃子豪等人的賞識，尤其是紀弦，拉他參加「現代派」，成為當時現代派的主力，那時候他和現代派的主要詩人方思、李莎、林泠、葉泥、商禽等都時常聚會唱和，他的寫作技巧也因而越來越成熟，詩的視野也因而越來越廣闊。

四、樹立了自己獨特的風格

鄭愁予從在「野風」上發表詩作到現代派成立，以至於「夢土上」出版，他的作品都一直保存著一貫的風格，在他的靈魂深處，有一個基本的音調 —— 一個屬於安靜的，沒有動亂的節奏，一種有永恆感的境界。他是深沉的，外貌並不做作，寫的詩也都是自己對自然的觀察、體驗中得來意象。他自己認為「沒有自然，他就不能寫詩」，因此他描寫山，描寫海，把自己融入山中、海中，他自己說：「我所寫的山差不多都是我的移情作用，有的時候我把山看成我自己，我看山

就是在看我自己，入了山，我和山化爲一體，也是我自己。」
他把心中的一撮雲翳，半畝陽光，毫無保留地攤出來，他的
詩是哲思的，可是沒有一點學究氣，他的詩是飄逸的，可是
沒有一點輕浮感，他的詩是戲劇的，可是沒有一點小丑味。
楊牧說：「鄭愁予是最中國的中國詩人」，我想那大概是由於
他與衆不同的風格－用優美的文字寫詩，而不是用「生疏惡
劣的中國文字」寫他的「現代感覺」。

五、在詩中，表現了中國的文字美

鄭愁予的詩最難英譯，他的節奏是中國的，非英語節奏
所能代替，其文字美惟有在原文中看得出來。他在「錯誤」
一詩中，表現了完美的中國句法，如古詩詞中的小令，不信
請看原詩：

> 我打江南走過
> 那等在季節裏的容顏如蓮花開落
> 東風不來，三月的柳絮不飛
> 你底心如小小的寂寞的城
> 恰若青石的街道向晚
> 跫音不響，三月的春帷不揭
> 你底心是小小的窗扉緊掩
> 我達達的馬啼是美麗的錯誤
> 我不是歸人，是個過客⋯⋯
> 　　　　　　　　　（錯誤）

　　「東風」與「柳絮」都是舊詩詞的用語，老套，但加上「不來」「不飛」，就可以化腐朽為神奇。心如小城也很普通，但接下去「恰若青石的街道向晚」，便不一樣了，彷彿已站在「中國詩傳統的最高處」。「青石的街道向晚」絕不是「向晚的青石街道」，前者以飽和的音響收煞，後者文法完整，但失去詩的漸進性和暗示性。

　　詩人一下子是「小小的寂寞的城」，一下子又是「小小的窗扉緊掩」，城和窗小大互喻，看似不切題和矛盾，但也由於其矛盾，更增加了詩之催眠力。最妙的是他用「達達」來描寫馬啼聲，和在「如霧起時」中用「叮叮」來描寫「耳環」一樣，在修辭學上稱為擬聲法，可以引起讀者豐富的聯想。但是，要轉譯成他文，由於語言系統的差異，就十分困難了。

六、突破詩的音樂法則

　　鄭愁予的詩最富音樂性，但他不是在句尾押韻，而是把音樂性放在字裡行間，例如〈賦別〉：

> 這次我離開你，是風，是雨，是夜晚；
> 你笑了笑，我擺一擺手，
> 一條寂寞的路便展向兩頭了。
> 念此際你已回到濱河的家居，
> 想你在梳理長髮或是整理濕了的外衣，
> 而我風雨的歸程還正長：
> 另外在「殘堡」中有跌盪蒼涼的韻味：

趁夜色，我傳下悲戚的「將軍令」
自琴弦……
山退得很遠，平蕪拓得更大，
哎，這世界，怕黑暗已真的成形了……

　　倒裝句法的使用，可以造成懸疑延岩的效果，使人讀後有一種無限蒼涼之感。這一首詩如果要朗誦，應該將速度放慢，而鄭愁予這種音響效果，正是他突破詩的音樂法則的最高收穫。他不同於徐志摩，徐志摩的「再別康橋」主要是依賴腳韻：「那河畔的金柳　是夕陽中的新娘　波光裏的艷影，在我心頭蕩漾」，而鄭愁予則不同。

　　「新娘」「蕩漾」是相同的腳韻，固然便於背誦，但用得太濫時，反而產生了做作的感覺。而鄭愁予是把音樂性放在字裏行間，給予讀者全新的感受外，也使他的詩氣氛更迷人。縱觀鄭氏的詩集，到處可以找到例證。

百年前英雄繫馬的地方
百年前壯士磨劍的地方
這兒我黯然地卸了鞍
　　　　　　（殘堡）
我們底戀啊，像雨絲，
斜斜地，斜斜地織成淡的記憶。
　　　　　　（雨絲）
飄泊得很久，我想歸去了
彷彿，我不再屬於這裏的一切

　　我要摘下久戀的桅燈
　　摘下航程裏最後的信號
　　我要歸去了……
　　　　　　　　　　（歸航曲）
　　來自海上的雲
　　說海的沉默太深
　　來自海上的風
　　說海的笑聲太遼闊
　　　　　　　　　　（山外書）

　　因此，我們感到鄭愁予的詩中，有時有細細的溪流，有時又似乎是汹湧的長河奔騰。我們的情感隨詩句而放鬆，有時又似乎有一種強大的；壓迫感……真的，他在音樂性的成績夠亮麗。

七、飄逸洒脫的詩境

　　我們說鄭愁予的詩風是飄逸的是洒脫的，因爲他喜歡遊名大川，喜歡看遊俠列傳有關：

　　我從海上來，帶回航海的二十二顆星。
　　你問我航海的事，我仰天笑了……
　　　　　　　　　　（如霧起時）

　　我仰天笑了，多麼瀟洒的詩句，彷彿他就在眼前。鄭愁

予的飄逸瀟洒似乎是師承徐志摩的「再別康橋」：

> 但我不能放歌
> 悄悄是別離的的笙簫；
> 夏虫也為我沉默
> 沉默是今晚的康橋
> 悄悄的我走了，
> 正如我悄悄的來；
> 我揮一揮衣袖
> 不帶走一片雲彩。

　　把辭句重覆，一首白話詩便可吟可唱。「沉默」的叠用，「悄悄」的呼應，復回歸首節的「輕輕」，點出揮別康橋的主題。楊牧評為：「這是中國有新詩以來難得一見的金玉佳構」。徐志摩是洒脫的，而鄭愁予何獨不然？「賦別」「殘堡」等詩，讀來令人陶醉在他那不拘的詩情中。我們還可以從他的詩作中再尋找一些更飄逸雋永的句子：

> 是誰傳下這詩人的行業
> 黃昏裡掛起一盞燈
> 　　　　　　　　（野店）
> 我自人生來，要走回人生去
> 你自遙遠來，要走回遙遠去
> 　　　　　　　　（小河）
> 來呀，隨我立於這崖上

這裡的 ——
風是清的，月是冷的，流水淡得晶明。

（崖上）

　　真的，舉不勝舉，俯拾即是，我想這是鄭愁予深深受人喜愛的原因之一吧！人總是喜歡一些自己無力做到的事物，在現實社會裡瀟洒不起來的人，尤其深愛他這種令人忘情的詩境。也想和他一樣登高山、遊大川，在荒野中吟詩。

八、詩壇的浪子，何時你再唱歸航曲？

　　六十八年聯副端午專輯連著兩天登出鄭愁予的詩二首，「燕人行」及「欣聞楊牧推出『吳鳳』詩劇有贈」。我以為鄭愁予將重拾詩筆做一個回頭的浪子了，然而時隔半年，又很少在報章雜誌或詩刊上見到他的作品，令人無限悵惘。余光中在一首懷念旅美朋友的詩裡，稱鄭愁予為浪子。鄭愁予當然是浪子，自從一九六八年赴美到任教於耶魯大學為東亞語文學系中文講師，迄今已有二十年了，二十年來他鮮有作品發表，喜歡他的詩作的讀者一定會問：鄭愁予何時再唱歸航曲？

　　此次端午專輯，他的「燕人行」一首，還是保持著它一貫的風格，不信請看原詩：

燕人行

未酬一歌　　豈是

慷慨重諾的
燕人？從這岸張望，易水多寬？
竟是愛坡雷神十萬畝鄉雲
五湖猶落木，草原諸州縱橫着凍河
愛荷華領一層瑞雪輕覆
柔軟起伏的
紫膚胴體
窳土已入，黃石公嵯峨居處
十九年后，自有匹夫勤練錐法
雖是罡風萬里
而浪子已喬裝，寬袍懷圖
圖中有劍，兩袖豈能飛舞？
而落磯山
豈能落足？雲深七尺不過是
瞬目左右間
不可彈丸向西　　窮趕落日
太平洋正煉天為水
驚詫間，自臍以下都是浪潮
竟然又是個雨港
說是……說是到了西雅圖
濛濛的西雅圖，木舍臨湖
舍內群朋圍坐　向火默然
莫是舉事的時刻已妥定
莫是　血已歃　杯已盡
而星座有席空着　一釀酒却

炙着　莫是等我？
恕我　駁氣涉水來得魯莽
倥傯間未及挽梳
我這顆　欲歌　欲飲
欲擲的
頭顱

　　讀完此詩時，發現他的詩風一如當年，晶瑩亮麗的詩句，明快的節奏，豐富的語言以及飄散著洒脫不拘的氣息，尤其最後讀到「我這顆／欲歌／欲飲／欲擲的／頭顱」使人彷彿看到他那英發的雄姿，以及不減當年的豪情。

　　對現代詩界來說，鄭愁予所造成的騷動和影響是鉅大的，眾多的讀者都在期待他的新詩，期待他回到我們詩的土地上，期待他再一次高唱「歸航曲」：

飄泊得很久了，我想歸去了
彷彿，我不再屬於這裡的一切
我要摘下久懸的桅燈
摘下航程裏最後的信號
我要歸去了……

　　楊牧說：「鄭愁予的三卷詩，份量遠勝過許多詩人的總合」，我們不希望這是「定論」，我們這些等在季節裏如蓮花開落的讀者，仍然希望他做個「歸人」，而不僅是個「過客」。

本文參考書籍及論文

1.張默、洛夫、瘂弦主編：「七十年代詩選」（高雄大業
　書局出版）
2.鄭愁予著：「鄭愁予詩選集」（新潮叢書之十七）
3.張默著：「現代詩的投影」（人人文庫商務印書館出版）
4.瘂弦訪問：「兩岸蘆花白的故鄉 —— 鄭愁予的創作世
　界」（聯合副刊 68 年 5 月 27、28 兩日）
5.楊牧：「鄭愁予的傳奇」（鄭愁予詩選集代序）

註：本文寫於十幾年前，未曾對外發表，只在學校中當
　　教材用。今再校對出版時，鄭愁予已是兩岸最風光
　　的詩人之一，出席詩獎、詩會、座談、駐校……十
　　分忙碌，詩作反而少了，且已無法保持當年水平，
　　莫非廉頗老矣？（2014 年 12 月 21 日附註）

以哲思凝鑄悲苦的詩人

── 周夢蝶詩作研究

一、引　子

　　周夢蝶，河南淅川人，民國九年生，師範畢業，曾服務於軍中，退伍後在台北武昌街擺書攤，是藍星詩社的一員，詩作有孤獨國（藍星詩社出版）還魂草（文星書店出版）等。在當代中國現代詩人群中，他的生活方式最特別，簡直無視於外界的功名利祿，在台北武昌街頭，他打坐著，如一尊木雕神像，如方外高僧，很多詩人停筆改行，他仍然自我吟哦着，令人十分敬佩。他的詩中閃爍着哲思的睿智，也含蘊著廣義的宗教情懷，表面上他是孤絕的，是黯淡的，但是他的內理卻是無比的豐盈與執著。七十年代詩選有如下的介紹：「詩人自孤獨國出發，好比初看世界，柔柔地唱著他獨自編寫的心曲，雖有一股滿溢的矜喜，但因反覆的自我傾訴，以及心中釀製的概念未臻成熟，是以令人讀後有不夠開闊之感，可是經過一段不算太長時間的錘鍊，他的詩自發表『絕響』開始，無論就表現技巧、幅度、語言創新、視境等等，

均有其獨特的建構，特別是他講求嚴酷的自我內省，自我隔離，從而深體一股龐大孤絕的影子迎面向他無情的一擊，是以他不得不推開一切現實的門，打開靈魂一切的窗子，他要衝破一切，捕捉一片永屬一己的光耀，與萬有也是萬無共携手。周夢蝶的詩最大的特色之一，就是無懈可擊的真摯，他深察羅丹精神的逼力與里爾克經常封閉的世界，所以他不斷努力學習與神對晤，與哲理對晤，與莊子對晤以及一切足以撞擊永恆的事物對晤，他從不寫自己不熟悉的事物，他更不挖空心思去提取一些與生命毫無關聯的意象，他更不作文字的奴隸，他的詩純是一個偉大心靈自然的流露。……周夢蝶的詩第二個特色就是意象之豐繁與冷冽。本來豐繁與冷冽是無法連結在一起的，可是當你深察作者的詩一定會有此種貼切的雙重感覺。作者對事物觀察之細膩，對人生真理穎悟之明澈，充份佈散在他的某些詩中，使人難以觸及而又不能不觸及」。是的，周夢蝶的思想、情懷、作品風格、生活方式都別具一格，因此我樂於在此析介他的作品，供讀者欣賞、學習。

二、一個以哲思凝鑄悲苦的詩人

　　台大教授葉嘉瑩為周夢蝶的「還魂草」詩集作序說：「陶淵明、李白、杜甫、歐陽修、蘇東坡是第一類『有著對悲苦足以奈何的手段的詩人』，屈靈均、李商隱是第二類『對悲苦作著一味沉陷和耽溺的詩人』，謝靈運是第三類『不得解脫的情感，乃得之於現實生活與政治牽涉的一份凌亂和矛盾』，而周夢蝶不同於以上三類詩人，他的不得解脫的情感，似乎是

源於他內心深處一份孤絕失望的悲苦」，因此葉教授下結論：
「周夢蝶是一個以哲思凝鑄悲苦的詩人」。葉教授的見解至為
精闢，確已抓住了周夢蝶世界中的基本精神，細讀葉教授的
序文，實有助於幫助讀者對周夢蝶的詩作進一步的欣賞。

三、「六月」一詩可以看出其悲苦原由

我們說周夢蝶以哲思凝鑄悲苦，那麼他悲苦的來源是什
麼？請先讀原詩〈六月〉：

六　月

枕着不是自己的自己聽
聽隱約在自己之外
而又分明在自己之內的
那六月的潮聲

從不曾冷過的冷處冷起
千年的河床，瑟縮着
從臃腫的呵欠裏走出來
把一朵苦笑如雪淚
撒在又瘦又黑的一株玫瑰刺上

霜降第一夜。葡萄與葡萄藤
在相逢而不相識的星光下做夢
夢見麥子在石田裏開花了

夢見枯樹們團團歌舞着，圍着火

夢見天國像一口小蔴袋

而耶穌，並非最後一個肯為他人補鞋的人

　　　附註：小蔴袋，「巴黎聖母院」女主角之母「女修士」之

　　　　　綽號。曾為娼。

　　這首詩讀完後，馬上會感受到作者一方面有外在宗教聖
潔的自我要求，一方面內在又有詩人情慾的激盪，內外交迫。
用佛洛以德的心理學觀點來看，人的情慾若不得渲洩，人的
自我衝突就非常強烈，有時甚至不管他是否卑賤或崇高，都
無法約束自己了。在這種矛盾的情形下，耶穌或佛陀都救不
了自己。詩人之悲苦，係由此而來。

四、「豹」一詩企圖在矛盾中尋找出路

　　周夢蝶的人生是孤絕的，但他人性中仍然有情慾，此詩
正顯示他企圖在矛盾中尋找出路，先看原詩〈豹〉：

　　豹

　　你把眼睛埋在宿草裏了！

　　這兒是荒原—

　　你底孤寂和我底孤寂在這兒

　　相擁而睡。如神明

　　在沒有祝禱與馨香的夜夜

　　歐尼爾底靈魂坐在七色泡沫中
　　他不讚美但丁。不信
　　一朵微笑能使地獄容光煥發
　　而七塊麥餅，一尾鹹魚
　　可分啖三千飢者。

　　雪在高處亮着
　　五月的梅花在你愁邊點燃着—
　　由盧騷到康德里
　　再由鷄足山直趨信天翁酒店
　　琵琶湖上，不聞琵琶
　　胭脂井中，唯有鬼哭……

　　終於，終於你把眼睛
　　埋在宿草裏了！
　　當跳月的鼓聲喧沸着夜。
　　「什麼風也不能動搖我了！」
　　你說。雖然夜夜心有天花散落
　　枕着殼貝，你依然能聽見海嘯。

　　讀完全詩，你會發現，作者對情慾還是無法抗拒，但內在精神世界中又有一種孤絕感，因此利用主張情慾的歐尼爾和主張性靈的但丁兩個極端對比來自我嘲弄。以鷄足山釋尊的說法，來和信天翁酒店情慾泛濫對比，仍然是在說世人仍然都陷在自我矛盾中，自己何能例外。但最後詩作還是回到

詩人長期沉思後，仍然決定走崇高的路線，雖然他企圖超越又無法超越情慾與理性的拉鋸。此詩仍為周氏思想核心之作。

五、「十月」一詩表達人生是虛空的

　　周夢蝶在書攤旁讀書、靜坐，體悟到人生後來一切都是虛空的，請先看〈十月〉一詩：

> 就像死亡那樣肯定而真實
> 你躺在這裏。十字架上漆著
> 和相思一般蒼白的月色
> 而蒙面人的馬蹄聲已遠去了
> 這個專以盜夢為活的神竊
> 他的臉是永遠沒有縐紋的
>
> 風塵和憂鬱磨折我的眉髮
> 我猛叩著額角。想着
> 這是十月。所有美好都已美好過了
> 甚至夜夜來弔唁的蝶夢也冷了
>
> 是的，至少你還有虛空留存
> 你說。至少你已　得什麼是什麼了
> 是的，沒有一種笑是鐵打的
> 甚至眼淚也不是……

這一首〈十月〉，是周夢蝶哲思的代表作之一，作者用具體的事物來描繪抽象的概念和感觸。全詩主旨在闡釋時間消逝後，到死亡時，方能瞭解虛空之意義，人生一切是空無的本質。這和當時存在主義流行，失落的一代對人生本質的看法不謀而合。

六、天問和鬧鐘均在悲苦中企圖提升精神境界

以下擬選讀幾首周氏的佳作或片斷佳句，只稍作解析，不再詳細說明，以省篇幅。

天　問

天把冷藍冷藍的臉貼在你鼻尖上
天說：又一顆流星落了
它將落向死海若空的那一邊？

有一種河最容易氾濫，有一種河
天說：最愛以翻覆為手
迫使傲岸的夜空倒垂
而將一些投影攫入
蝙蝠一般善忘的游渦中。

一些花的碎瓣自河床浮
又沉下。沒有誰知道
甚至天也不知道。在春夏之交

當盲目的潮汐將星光潑滅
它的唇吻是血造的。

多少死纏綿的哀怨滴自劍蘭
滴自鬱金香柔柔的顫慄
而將你的背影照亮？
海若有情，你曾否聽見子夜的吞聲？
天堂寂寞，人世桎梏，地獄愁慘

何去何從？當斷魂和敗葉隨風
而上，而下，而穎連淪落
在奈何橋畔。自轉眼已灰的三十三天
伊人何處？茫茫下可有一朵黑花
將你，和你的哭泣承接？

天把冷藍冷藍的臉貼在你臉上
天說：又一隻蘆葦折了
它將折向恒河悲憫的那一邊？

　　此詩呼喊強烈，表現激越，天堂寂寞，既無悲苦又何來
比較的歡呼？人生桎梏痛苦，地獄愁慘恐怖，人生何去何從？
詩人道出的正是沉重的，與生俱來的先天性的無言之悲。

鬧　鐘
乘沒遮攔的煙波遠去

頂蒼天而蹴白日；
如此令人心折，光輝且妍暖
那自何處飛來的接引的手？

雪塵如花生自我脚下。
想此時茶靡落盡陽台上
可有誰遲眠驚夢，對影嘆息
說他年陌上花開
也許有隻紅鶴蹁躚
來訪人琴俱亡的故里

空中鳥跡縱模；
星星底指點冷冷的
我想隨手拈些下來以深喜
串成一句偈語，一行墓誌；
「向萬里無寸草處行脚…」
悠悠是我我是誰？
當山眉海目驚綻於一天暝黑
啞然俯視，此身仍在塵外。

　　此詩宗教信仰真切，詩句極為古典精美，陌上花開，紅鶴蹁躚，來訪人琴俱杳，委婉之中，又有一份惘然之情的迴盪，「向萬里無寸草處行脚」一句標示犧牲、克苦之旨，藉肉體之磨練以昇華精神力量的可貴，啓示人生，價值俱在。

七、周夢蝶擅長「矛盾語法」

周夢蝶擅長運用「矛盾語法」寫詩，耶魯大學勃魯克斯認為：「詩語言的特色就是矛盾語法，而詩的力量也是來自意象的矛盾情境」（見夏志清譯：「詩裏面的矛盾語法」一文，載於今日世界社出版之「美國文學批評選」）什麼才是矛盾語法？請看下面挑出的周氏詩句。

誰能於雪中取火，且鑄火為雪（菩提樹下）

縱使黑暗挖去自己的眼睛
蛇知道：牠仍能自水裏喊出火底消息。（六月）

是水負載著船和我行走？抑是我行走，負載著船和水？（擺渡船上）

說火是為雪而冷的，那無近遠的草色是為誰而冷的？宇宙至小，而空白甚大，何處是家？何處非家？（絕響）

像一片楚楚可憐的蝴蝶，走在剛剛哭過的花枝上（關着的夜）

我鵠立着。看脚在你脚下生根

看你的瞳孔坐着四個瞳仁。（一瞥）

　　以上都是周夢蝶詩中矛盾語法的典型例子，這些詩句中都存在着兩種或兩種以上的抗力，由不和諧的因素組成一種新的和諧秩序。這些矛盾語法最大的功能乃在使讀者對陳舊熟知的世界獲知一種新的認識和發現。在歐美詩壇，象徵派及超現實派詩人，都善於利用這種技巧來加強詩中的戲劇效果。因此柯勒雷基說：「此乃予平常物以新的美感。」

八、結　語

　　周夢蝶的詩作，十幾年來一直被爭相傳頌，他的第二本詩集「還魂草」出版不到兩年就再版，在新詩普遍缺少讀者的今天，簡直是奇跡、神話。然而，我們一再細讀他的作品，他之被讀者如此深愛，爭相傳頌，不是沒有理由的。中國現代文學選集稱他「篤信佛學，與世無爭……安貧樂道，頗為友輩所景仰」，實乃中肯之論。（「中國現代文學選集」，國立編譯館編，書評書目出版）

　　整體上來看周夢蝶的詩，最主要是他源自人的本性的悲劇精神，透過精巧的文字，鮮明的意象，各種文學手法運用，所營造的讓讀者十分推崇著迷的作品。難怪他在詩壇的地位非常崇高，相信將來仍然會有許多讀者喜歡研讀他的作品。

本文參考書目

1.周伯乃書著：「現代詩的欣賞」。（三民書局印行）

2.羅青著：「從徐志摩到余光中」。（爾雅出版公司印行）

3.洛夫著：「洛夫詩論選集」。（金川出版社印行）

4.張默、洛夫、瘂弦主編：「七十年代詩選」（高雄大業書店出版）

註：本文寫於十幾年前，並未對外發表，只在校內當教材使用。校對時得知，周氏（夢蝶）已於 2014 年 5 月 1 日下午 2 時 48 分過世，享壽 94 歲。

眾神的廟宇

—— 讀「爾雅詩選」

一、前言 —— 清朗有味的詩，值得品賞

由陳義芝主選的「爾雅詩選」，共選二十八家作品一○二首詩作，作者從今年已八十九歲的紀弦到今年才三十歲的王信，時差相距六十年。陳義芝說：「爾雅詩選不考慮詩人的長幼、名氣大小，從入選兩首到五首，我希望以爾雅設定的讀者意識作為品鑑標準，建立一個代表二十八位詩人，三十三本詩集互相對話的詩學標準。這個標準首先是詩人與出版者在不同的年代不同的文學風尚影響下進行的試探，然後是在二○○○年這同一時間點上，由編選者與二十八派對話總成一派。這其中有許多值得重視的聲音，包含語言、語調、以詩話的形式摘引存證。」因此每位作者作品之前附有一段詩話，俾使幫助讀者瞭解詩人的創作理念。書末附有詩人簡介，幫助讀者瞭解詩人的生活、著作，方便查考、撰寫論文。體例算大完備。

一般人欣賞的好詩，大概不外有創意，文字清朗有味，

讀後能讓人若有所思，引起共鳴，大體上這部詩選可以做到以上的標準，我樂於在此介紹大家欣賞。

二、佳作品賞

一百多首詩要全部為讀者賞析，似乎是困難的事情，若挑出幾首做為代表性的分析則比較可能。現在我們就來品味一下蓉子的詩「為尋找一顆星（頁八）」－不論是「為了尋找一顆星」，而「跑遍了荒涼的曠野」或是痴痴地在等「看青螢繞膝飛」，都代表一種理想的追尋與堅持，使用的複沓句法又特別鏗鏘有力。

接著我們來欣賞蕭蕭的詩「霧與我（頁十五）」，這首詩可以說是作者想像力的傑出表現，「霧」是大自然的現象，很多人都看過，也常因霧而有所感，並且利用它來做文學藝術的象徵。蕭蕭利用長期觀察霧的聚散，終於想到自己也和霧一樣，會突然湧起無端的心事，這些心事像霧一樣慢慢聚攏來又漸漸擴散去，心中的幽怨也像霧一樣來去飄忽，把所有的樓窗、所有的道路都抹去，只剩下微微發黃的自己。這裡面有寫實也有暗示。而寫一個孤伶伶的「我」在最末一行，更是蕭蕭特別熱衷的技巧。

再來我們欣賞馮青的「你在作些什麼（頁二十二）」，這首詩氣氛非常迷人，作者利用一句「你在做些什麼？」的關懷語來表達作者的痴，無時無刻不想到情人，馮夢龍在「山歌」末兩句中說：「橫也絲來豎也絲，這般心事有誰知？」大概和馮青一樣，寫盡了無盡的相思情。

接下來我們欣賞白靈的「鐘乳石（頁四六）」，這首詩是利用鐘乳石的形成緩慢來暗示作者寫詩的艱辛。詩一開始就說「詩篇寫成了讀起來多麼容易」，的確，看別人寫詩好像不怎麼樣，好像輕而易舉，就像看鐘乳石早已形成在那邊，低垂在那邊，觀眾那裡知道那是經過多少年才能形成一公分？接著作者又寫「而我的，仍垂懸著，無窮的待續句」，表示作者的詩仍像鐘乳石一樣，繼續在形成，繼續「在內裡，向深洞的盧黑中，探詢呀探詢」，表示作者挖空心思，絞盡腦汁，企圖求得半紙隻字，表示寫作的辛苦，第五行到第七行則寫作者經過千辛萬苦，流了數萬滴汗珠才詠成一個字，卻像滑脫的句子，掉下去了，只有通通的回聲，都叫「暗暗的地下河帶走了」，這一句是寫實，鐘乳石在形成時，有一部份會掉落被河水沖走，暗示作者好不容易詠成一個字，一個句子，有時難免失誤，未能完成作品，像掉落的鐘乳石被地下河沖走了。第八行到第十二行則寫鐘乳石的形成是經過幾千年才完成的，來暗示自己的作品也像鐘乳石一樣，經過再三推敲，久久才形成句與句的呼應，才有堅實的回聲。而「像是指尖滴在指尖上」、「那是水珠與水珠的拍手」、「句與句的呼應」「是真實與想像交互運用的手法，一邊寫鐘乳石的形成，一邊寫詩的形成，在虛實之間，讓讀者更具想象空間，但不論是鐘乳石的形成或詩的完成，畢竟那是「幾千萬年的距離啊！」末五行寫向下的鐘乳石與緩緩向上的石筍在時光的黑洞中，經過輕輕的一觸，那種震撼，就像靈感的火花，在可知與冥冥中那不可知的瞬間，迸出火花，完成偉大的作品，尤其最後一行，另外獨立出來「一觸！」更是石破天驚，讀

者可以想像其威力。這首利用「明喻」與「暗喻」的詩，能寫到這種境界，真是所謂「天上人間，人間天上」！

　　再來我們來看看張錯的「孤舟（頁六四）」，這一首詩是描寫戰亂不得不離開家園，到處漂泊，有家歸不得的苦況。這個時代的華人，因特殊的政治環境，有這種感受的人特別多，這一首詩，正好見証這個時代。作者一開始就描寫那種特殊的心理「你好像碰見了，卻不得不分手，好像遇到了，卻不得不揮別；」這種心理是一種遲疑、不定、如夢似幻的心理，作者以「鷺鷥」的意象來說明更加明白，更容易打動讀者。原來鷺鷥是一種歸巢性的鳥類，把自己比喻成遲到的鷺鷥，更加強了前面幾句的徬徨，更加能說明自己的漂泊不是孤舟的原因。這個原因是太多的人像鷺鷥要歸巢，豈只是自己？自己豈是孤舟，而詩題明明是孤舟，作者也自認是海外漂泊的孤舟，此處又說自己不是孤舟，其矛盾、痛苦之情，溢於言表。接著作者又以孩童天真的口氣，問媽媽為什麼那一大群白鷺鷥有一隻飛得特別慢？借用孩子的問題來說明自己的漂泊，原來是癡念故園的心，而這種癡念故園的心，用「蔦蘿之歸附松柏，磐石之苦戀大地」來描寫則更具體，意象更鮮明。這種說明更可以使讀者瞭解「為什麼在變化的人生河流裡，有那隻不繫的孤舟？」使讀者的疑惑－「為什麼一下子稱自己是孤舟，一下子又否認自己想回家的信念，這種信念－想靜靜歸航的信念，不論是對民族的、家園的眷戀，不論是自己是遲到或姍姍來遲，總之，這種矛盾情緒，都將持續下去。整首詩意象語的使用，以及比喻，都非常生動而準確。作者以「螻蟻運糧的緩慢，燕子營巢的固執」來描述

他此刻的心理，更是可圈可點。

　　接著我們來欣賞沙牧的「如果海水是酒（頁七四）」，這一首詩描寫一個失意的人，每天虛無度日，一切事都不順遂，彷彿被蜘蛛絲綁牢雙腳，彷彿有一雙黑手，阻止他去做想做的事。他因而暴怒的揮拳擊向虛空，因而嘴裡常唧著雪茄，噴吐雲一樣的茫然，每天無聊到步測街道的長度，向殯儀館的牆壁吐口水，對著建築物傻笑，不睡在床上，寧願枕地而寐，希望能聽到最美的消息，心情煩悶時，甚至有自殺的意圖，在他的心裡充滿痛苦的時候，希望借酒來澆愁，希望飲盡像海水一樣那麼多的酒，痛苦之情，一古腦兒宣洩出來。這首詩淺白易懂，字裡行間傳達出面對人生逆境的瀟灑態度，行文有起承轉合的清晰脈絡，故事性完整，尤其結尾以「而如果海水是酒／我將一口飲盡浩瀚」來作結，令人讀後有久久不能釋懷的感覺。彷彿腦中一直存在著一個痛苦，鬱卒的影像，而那飲盡天下所有的煩憂的影像是如此鮮活而且深刻。

　　再來我們來品賞非馬的「國殤日（頁八六）」，這首詩是抒寫作者對戰爭的抗議，前段白描寫阿靈頓國家公墓，用隆重的軍禮，安葬自越南歸來的無名戰士，表面上這位戰士十分風光，有隆重的軍禮，又被葬在國家公墓，其實呢？第二段才寫出本詩的重點，「但我們將如何安葬／那千千萬萬／在戰爭裡消逝／卻拒絕從親人的心中／永遠死去的名字？」令人讀後十分痛苦、疑惑，人類為什麼要有戰爭？非馬的作品，以精短著稱，以巧思見長，往往讓人讀後拍案叫絕，這一首詩就是代表。

　　接著我們來品賞張默的「潑墨篇（頁一○八）」，這一首詩寫於他那段熱衷山水畫的時期，張默頗爲巧妙的捕捉到作畫時的心境變化，語言生動，詩句鮮活，十分難得。第一段寫作畫時的心情－靜氣凝神，描寫作畫時下筆處－先從左上角還是右下方，作畫的方法－開始渲染，這些都只是開始而已，接著才是詩中令人著迷的地方，令人喜歡閱讀的所在－使整張三裁大的宣紙喃喃發狂，到底是作者喃喃發狂或者是宣紙喃喃發狂？這種宣紙發狂或作者發狂的物我兩忘的境界，使詩更加有味，「然後喊疼」一句達到最高潮，第一段末兩句充滿生命的暗示，在作畫的忘情中，作者已經忘了是在作畫或者是生活中的其他活動境界，只有熱中於藝術創作者可以心領神會。第二段仍然是生動的描寫，描寫他如何運用顏彩，在畫紙上作畫，作者以「一隊小小的斥堠」的鮮明意象來突顯作畫實況，更加讓讀者如親自看到作者在畫紙上，如何以手指的律動去調和顏彩。尤其是「駐足、撩撥、眺望」生動極了，這三種動作，凡當過兵的都知道是斥堠的標準動作，以之來描寫作畫的神態，十分傳神。接著畫到入神處，恍如不遠處就有一幅山水，以下的幾行表面上是描寫這幅山水，但又像在描寫潛意識中的夢境，所以作者做了一些懷疑，「有濃霧升起，真的是一抹濃霧嗎？」接著「我依稀驚見，咱心中的彩墨」，可以說作者已明白告訴我們，他心中有一幅畫，在他作畫時潛意識不自覺的讓它浮現出來。而潛意識中又有其他生命的活動，虛實交互運用的抒寫方法，毫無痕跡的施展出來。最後一段作者又回到作畫的現實，想到自己既不是石濤，又不是八大山人，如此一個勁的努力作畫，有什

麼用？此處的「轉折、騰躍、潑濺」都是作畫的動作，但是事實上也可以做為作者奮力想有所作為的描述，可是這一切的掙扎，奮力的搏鬥，最後只有落得在「何處去煮那些雲淡風輕的山水」的緩緩聲調中，悄悄落幕。全詩本來意興風發，左衝右突，最後雲淡風清，悄然而止，詩味讓讀者久久不能忘懷。

　　再來我們就來欣賞焦桐的「我假裝睡醒了（頁一六）」－這首詩是在描寫一個小職員不願意上班，卻又不得不上班的無奈心情。一個小職員每天朝九晚五，工作非常單調，早上被迫起床趕上班，所以作者寫我「假裝睡醒了」，為什麼要假裝？其實還沒醒，還想睡，可是非得上班不可，只好假裝睡醒了。上班要打領帶，作者打趣的說，被一條領帶牽著走，讓作品更有味更有諧趣。焦桐許多作品都有「漫畫」的諷刺幽默效果，我曾在評他的世紀詩選說：「這是新現代詩的方向」，或許，將來讀者每天讀一首詩就像看一幅漫畫，哈哈一笑，詩也和漫畫一樣頗受歡迎。

　　接著我們來看隱地的「旅行（頁一八三）」－這是一首把人生比喻成旅行的詩，旅行隊就好比人生的隊伍，你也在其中行走，前面的人一個個變魔術般的消失了，而他們的笑聲仍在林中擴散，像先賢雖然不在了，但他們的言行，仍供我們學習效法。第二段正式點明了他的「旅行」一詩，就是寫人生，作者把結婚的普遍場景突顯了出來，接著寫「誰家的孩子，在隊伍後面，綿密跟來？」寫剛接到一張喜帖接著又一張，剛披上婚紗，接著孩子就出生了，作者不寫結婚生子，而是寫「誰家的孩子，在隊伍的後面／綿密跟來」，以便和詩

題契合，又是寫旅行，又是寫人生，鏡頭轉換，十分靈活。接著寫有人迷失在十字路口，有人會遇到各色各樣的人，作者抽樣寫出一些人生的場景。最後兩行，寫人生的行列，仍繼續向前，作者仍在趕路邁向人生的終站。作者在末句中用「黃昏的落日」在比喻人生的結束，而他正在黃昏的落日前趕路，筆調十分蒼涼，讀後令人感悟良多。

三、結語 ── 百花齊放，各有特色

　　由於詩選是從二十八家三十三本詩集中選出，隨便讀上幾首就有那麼多內容，限於篇幅，無法一一介紹，沒有選讀到詩作的詩人有杜國清、陳義芝、紀弦、席慕蓉、蔣勳、蘇紹連、沈志方、洛夫、何光明、向明、扶桑、辛鬱、王信、朵思、李進文、梅新、王鼎鈞、渡也等十八家，從名單上看就知道仍有許多名作未在賞析之列，讀者不妨自行品賞。

　　陳義芝在序文中說這個選本希望能形成一個詩派，他舉江西詩派為例：「由一宗所流行的二十五人，只是一種觀念的聚合，彼此師承不同，年輩不同，行止也大有出入，因此有人說二十五人就有二十五種風格、二十五個支派，只有百花齊放的創作情勢才有流派紛呈的繁榮局面。「不論是否形成詩派，」「百花齊放」，確是一個編者重要思考方向，試想一個編者只有獨鍾一種口味，那選出來的東西，清一色是同一個調調，而讀者只能被迫接受，其痛苦可想而知。二十八家詩作，各有特色，你喜歡誰沒有關係，只要隨手抽出一首，自然能品嚐到它無限的芬芳。　　原載《兩棵詩樹》乙書中

思想與語言之美

── 向曾美玲的人生與新書賀喜

　　收到雲林同鄉曾美玲的新詩集《午後淡水紅樓小坐》，十分興奮，立刻寫了一封感謝函，稱讚她是故鄉令人驚艷的女詩人。

　　認識曾美玲是在她得優秀青年詩人時，《中國時報》雲嘉版大幅報導，尤其對她出身師大英語系，更是「印象深刻」。我自己也是英語系，詩作發表時，學生常問：「為什麼不讀中文系？」，不知曾老師有沒有遇到相同「困擾」？

　　認識是指知道有這麼一位女詩人在雲林鄉下教書，見面卻是好幾年後，她到北港高中參加「英文科教學研討會」。她那時年紀甚輕，有些羞澀，沒有太多交談，但可以看出她屬於「溫文儒雅」型的。

　　從那之後，我們若有出書，都會互相寄贈。在她出版第二本詩集《囚禁的陽光》時，就想為文評介，但一忙，一拖，就這麼過了七、八年，時光真是無情啊！

　　為了不做無情人，收到書後，就努力閱讀了起來。讀著，讀著，竟然欲罷不能，有些篇還讀了好幾次，真可以說是「悅」讀啊！多久了？好像讀詩的經驗都是「痛苦的」，除了很多不

懂外，莫名其妙的創意，往往令我「跌破眼鏡」。因此，我常自告奮勇，把讀過的好詩賞析一番，希望「初次」讀詩的人，不會被許多奇形怪狀的詩嚇跑。

話說回來，讀曾美玲的詩，早就有「欣然」的感受，那是我在替聯合報系《世界日報》副刊寫「小詩賞析」時，她的〈囚禁的陽光〉乙首，就刊在世界日報「湄南河副刊」上，我馬上加以「賞析」，且獲得湄南詩人群的熱烈回響。

原來湄南詩人們認為曾美玲的詩有思想之美和語言之美。讀來不會像一般詩作空洞無物，也對會用一些怪字、怪腔怪調嚇人。先說她詩作中的思想美吧！

首先我發現她詩作中有「出塵飄逸」的思想美，她寫〈向日葵〉：「一群微笑的小太陽／穿越百年孤寂／穿越冷漠人心」其實是以詩中的「向日葵」喻人，寫出作者出塵飄逸的思想。

其次是慈悲的思想，例如〈致最後一葉〉：「**你是最陽光的武士／手持正義的寶劍／將侵犯女孩潔白身軀／散播死亡毒菌／黑色的病魔／一一擊退**」，這是她讀美國短篇小說王歐亨利的作品「最後一葉」，所發出來的如同佛陀、觀音、基督等的救世思想，任何偉大的作家，內心裡一定有這種偉大的慈悲心，作品才有永恆的價值，文字的雕琢是次要的，再美的文詞，也勝不了慈悲的心胸。

第三是關心人類的苦難，這一點和第二點有重複的疑慮，但還是有一些小小的區別。她為南亞大海嘯罹難的兒童而寫的〈我做了一個夢〉，就是因為有慈悲心，而發出的對人類苦難而哀傷的詩篇：「**從結冰的惡夢中／驚醒，重新擁抱／爸爸媽媽陽光的笑容**」，死難的兒童，這恐怕是永遠無法實現

的夢了。

　　當然，有思想美做基礎，仍然需要文字修辭之美，因此曾美玲的詩作中，往往可以發現很多語言方面之美。

　　首先是她作品中有語言的具象美，一般說來語言是抽象的，如何讓讀者有印象，那就靠語言的具象美。例如她的〈相對論十六首之一 ── 窗內與窗外〉，描寫著星星，她就用「垂釣」兩字，真是神來之筆：「仰望窗外茫茫夜空／詩人耐心垂釣星星眼波的寂寞」，這就是具象美，也就是一般詩人常論的「意象」之美。

　　第二就是她詩中的語言有密度美，一般平易的詩文，總犯散文鬆散的毛病，如何在平易中留下無限的回味，總能把千言萬語的人世感慨，化為數行詩：「扛著家的重擔／日夜爬行／為生活奔波／向現實低頭」（〈蝸牛與蝴蝶〉），以蝸牛背著重重的殼來影射人生的艱辛，真是「化腐朽為神奇」，光從字面看，多麼平凡，再細細思索，又多麼有「哲思」，那是密度美功力的展現，把一堆泥沙，用力擠壓成一粒鑽石。

　　第三是詩作中的語言彈性美，它像皮球，拍的越用力，彈得越高，彈性美指的正是這種伸縮如皮球、橡皮筋的文字意象經營美學。

　　「橋三首」，分別寫〈獨木橋〉、〈吊橋〉和〈天橋〉，都是橋，但詩人變換不同的對橋的感覺，就是彈性美。她的書寫功力還可從〈彩虹〉乙詩看到：「把握短暫的生命／在天空無垠的畫布／毫不遲疑／盡情揮灑」，把「天空」化用為「畫布」，因虹的短暫，而納入人生生命短暫的哲思，彷彿一切書寫都捏在曾美玲手中，如同變化萬千的軟球，讓詩人盡情的

玩弄。

　　曾美玲在雲林故鄉，與正心中學、虎尾高中的師生，年年辦理新詩大獎賽，對詩的提倡、推廣不遺餘力。教學之暇，又不忘寫詩，且越寫越好，時常有佳作出現，爲她的人生道賀，也爲她的新書出版道賀。

　　　　　　　二〇〇八年九月十八日台北・中和

大家來寫小詩

一、前言：我為什麼迷上小詩？

2003 年元旦，林煥彰主編的泰國世界日報　湄南河副刊，刊出六行小詩的刊頭詩，位置就在左上角，且定名「刊頭詩」，十分醒目，一時泰華詩人風起雲湧紛紛投入六行小詩的創作。印尼的「梭羅河副刊」也同時響應，十分熱鬧。

2003 年 9 月，煥彰拿了八個月份的「湄南河副刊」，要我選優點評。我逐一詳細拜讀，覺得這些小詩意象十分鮮活，聚焦明確清晰，十分喜歡，於是不憚愚陋，大膽的點評了起來，每星期一篇，一直寫了 142 篇，直到 2007 年 12 月 3 日煥彰另有高就，離開世界日報為止。

文章刊出不到五篇，就有曼谷詩人嶺南人寫一篇鼓勵我的文章，說有的評「筆如一把解剖刀，刀起刀落，刀刀入骨入肉，剖解得肌理分明，令人讀後，得到不少啓發。」他希望我一直寫下去，這樣對作者、讀者，都會得益匪淺。

以後這樣的鼓勵聲音，不時刊在湄南河副刊上，且有透過煥彰，知道我的地址，而來信切磋的文友，於是我就寫得欲罷不能了。2004 年 7 月 7 日，更刊出老作家金沙的文章，

認爲我的點評,「錦上添花,使許多小詩亮麗起來,使廣大讀者對詩的欣賞方面開了竅……」於是,我更加努力點評,希望所有作者、讀者都因我的賞析,而在創作與欣賞方面,有相當程度的進境。

於是,我把台灣已出版的小詩選統統找了來,把所有詩集中,凡是提小詩的部份,全部詳加閱讀,果然發現了小詩確有其獨特的迷人之處。

二、多少行,多少字才算小詩?

六行小詩,刊在刊頭,一眼就看到,不會忽略,據曼谷的詩人告知,刊頭詩是讀者每日優先必看的欄目,往往在每日清晨,就被詩中獨特的思考,強大的爆發力所震撼,因而精神百倍,工作效率十足。

然而,小詩是不是一定要六行?世副因篇幅關係採六行徵稿,但我們一般人寫小詩,是否一定要規定六行?向陽就曾經以十行寫天地,白靈也曾經努力於五行詩的創作。

《創世紀》詩刊曾經舉辦小詩獎,決審委員就曾對小詩的行數字數各自表述不同意見。洛夫說:「我認爲小詩有兩個標準,第一是形式上的,第二是內在的,形式上是短小、字數少,有可能只有二、三行,或十行,通常不超過十五行……」。白靈接著說:「對短詩的定義是一百字以內,行數不要太多,十行或十行以上在百字以內,或只有幾行,字數多一點也無妨,我的標準比較寬鬆。商禽的〈圖書館〉只有幾行,字數卻很多,此次小詩獎中雖然有行數不多,卻有百

字以上的，我都把它算做小詩。」魯蛟則說：「小詩小到三、五行，二十幾個字，卻能創造一個長久的氣氛，讓人一下子受到感動、動心、或驚喜。我讀過很多優秀小詩，例如瘂弦的〈晒書〉、〈寂寞〉，鍾順文的〈山〉、商禽的〈霧〉……等都是很好的小詩」。向陽則說：「小詩寫法在形式上短小是必要的，包括行數、字數，如果行數太多，或字數太多，就不是小詩。」辛鬱也說：「我覺得小詩要有『小格局，大境界』，透明中要含蓄，有深意，有啓發性，絕不是格言，不要扳起面孔說教。」看了上面幾位決審委員的話，可以整理出：「小詩的行數就是少，字數就是少，不能超過十五行，不能超過百字。」這和古詩中的「絕句」（四行），「律詩」（八行），日本的「俳句」（多爲三行），另外中國的「春聯」（兩行），都可以算是小詩。因此，我們可以說，小詩就是短小精悍，像匕首，像子彈，一刀命中心臟，一槍命中準心，讓人不必花太多時間，就能獲得閱讀的滿足，意外的驚喜。

三、小詩的特色

　　小詩除了行數少，字數少之外，還有些什麼特質？

　　第一，它必須能滿足工商社會人們忙碌時，抽空的閱讀，短暫的時間裡面，就能馬上獲得閱讀的樂趣。大家都很忙，那有那麼多時間去再三推敲？所以洛夫說：「第一，語言要清新，意象要簡潔。不拖泥帶水，疊床架屋，搞得意象複雜。第二，有立即效果，一看就懂，就喜歡這首詩，不要反覆去思考有什麼含意，一舉中的。第三，要餘味猶長，給你很多

想像空間。第四，文字背後要有意境，有人生感悟。有知性也有感性，內涵是深刻的。」也就是說它具備了所有詩的要素，但卻要滿足人們在忙碌時，瞬間閱讀的特性，像速食的東西，立刻可以享受，獲得滿足。

第二，慎選寫作題材，小詩的要求就是短小，麻雀雖小，但五臟要俱全，不要說像《伊利亞德》、《奧德賽》、《失樂園》的長詩時代，早已過去了，就是像白樂天的〈長恨歌〉、〈琵琶行〉也不符時代的要求了。它們雖然膾炙人口，但也只傳誦少數的詩句而已。因此，小詩要慎選在短時間內能讓人會心會意的內容。即使像賈島的「松下問童子，言師採藥去，只在此山中，雲深不知處。」讓人彷彿有所得，又彷彿無所獲亦可，這樣不必說明訪者何來，有何目的的小詩，正是讓人瞬間滿足，恆久回味的小詩。目前新詩中已有不少類似的佳構，如夏宇的〈甜蜜的復仇〉即是常被提到的顯例。而桑恆昌的〈觀海有感〉，更常被模仿：「網老了／魚還年輕／船年輕／海卻老了」。像這樣能深深體悟情景，寫出來的小詩，才能吸引讀者。

第三，寫小詩要懂得留白，不可說盡，就像洛夫所說的要有想像空間。寫小詩要用最精省的語言直指意念的核心，至於周圍的一切可省則省，讓讀者自己去想。一首小詩，說多了如同好酒摻水，倒人胃口，你必須把深層含義，留在字裡行間。張默編選的《小詩選讀》，李瑞騰在序文中說：「希望現代的『小詩』能和古近體中的『絕句』、詞曲中的『小令』，在中國詩歌文學中鼎足而三。」說白了，絕句、小令的特色就是留白，讓人讀後有「拍案叫絕」的喜悅。

　　第四，小詩要有機智幽默和巧思，甚至有玩詩的意味。不必一定要都寫成像杜甫〈八陣圖〉那樣的傑作，有時讓人覺得會心一笑或很好玩，讓多數人都想來一起玩詩亦無不可。以前一個小學推動童詩，發現一個小朋友詩很有意思，大意是「媽媽是一瓶好酒／爸爸喝了一口／就醉了」大家都覺得很有意思。夏宇的〈甜蜜的復仇〉，大家也都覺得寫得很妙，頗富機智幽默的巧思：「把你的影子加點鹽／醃起來／風乾／老的時候／下酒」。十幾年前（大約是 1997 年 3 月吧）爾雅出版社與台灣詩學季刊社在台北六福客棧二樓，辦了一場新詩三書發表會，其中之一就是向明、白靈編的《可愛小詩選》，於是白靈就說了：「山老了，樹仍然年輕」，張默接著說：「張默老了，白靈仍然年輕」獲得如雷的掌聲。其實這乃是把桑恆昌的「網老了／魚還年輕」加以遊戲利用，一般人也可以如法泡製。2008 年 2 月，爾雅出版社在爾雅書房替林煥彰的詩集《翅膀的煩惱》舉辦新詩發表會，林煥彰即席朗誦他的許多小詩，其中有首「鳥飛過／天空還在」，顯然是桑恆昌詩作的變奏，當場許多來賓熱烈鼓掌，並表示：「這樣我也會寫詩！」為什麼不可以？為什麼一定要讓詩嚇死人？小詩要有親近大眾的特色。

　　第五，小詩應特別注意語言的凝鍊，要像鑽石一樣能多面展現光澤，亦即羅青在他主選的《小詩三百首》中所說的：「理想的小詩，應該是擁有一個自給自足的完整境界，其中情景交融，意象應合，可以反映出多層的意義，多面的象徵。」亦即如鑽石雖小，卻可展現多層次，多面向的光澤，達到「小而美，小而省」的詩之美學。也即是張默在他主選的《小詩‧

牀頭書》中所說的：「小詩的語言，儘量講求密度與純度，務期以最凝鍊的文字，一舉達成表現鵠的。」正是鑽石般的小詩，最好的詮釋。

四、小詩發表概況

　　小詩從五四時期開始發源，歷經三個高潮，至今已近九十年，這三個高潮是：第一，新詩誕生時期有劉大白、康白情、汪靜之等人大量創作小詩，尤其冰心和宗白華的小詩，曾風靡一時。第二，抗戰開始，田間、艾青、王亞平、邵子南等人創作鼓勵戰鬥意志的小詩。第三，新時期，內容更寬廣，形式更靈活的小詩多了起來，早期紀弦、覃子豪、鍾鼎文、洛夫、張默、瘂弦及近期白靈、向陽、蕭蕭、陳義芝等都創作了相當多小詩（鄒建軍：〈試論小詩的的美學特質〉）。

　　由於小詩的發展迅速，創作人數眾多，於是小詩選便應運而生，首先羅青於 1979 年由爾雅出版兩冊《小詩三百首》，1987 年張默也由爾雅出版《小詩選讀》，1997 年張朗由絲路出版社出版《小詩瑰寶》，1997 年爾雅也出版了向明、白靈合編的《可愛小詩選》，2007 年張默再由爾雅出《小詩‧床頭書》。大陸方面也有《中國現代抒情小詩選》（1984，重慶版）、《中國當代抒情小詩五百首》（1985，長江文藝版）、《台灣小詩五百首》（1992，長江文藝版）等，十分熱鬧，其他未在筆者收集之列的小詩選更多，限於手邊無書，暫不列入討論。

　　更因爲許多人看好小詩，詩刊特別闢專輯討論，如《台

灣詩學季刊》1997 年 3 月第十八期就闢有「小詩運動專輯」，
參加討論的有羅門、非馬、張健、白靈等多人，十分熱烈。《創
世紀》詩雜誌更於 2007 年 3 月號第 154 期舉辦了首屆「小詩
獎」，從公開徵稿發表於 150 期到 153 期之間的一百五十家，
詩作五百多首中經初複、決審選出不計名次五人，各給獎金
一萬元及精美獎牌乙座，詩壇十分注目。

　　白靈多次表示：「未來的時代是小詩時代」，非馬也說：
「我相信小詩是世界詩壇的主流，如果不是目前，至少也是
不久的將來。」洛夫更說：「中國是小詩傳統」，可見小詩的
發展被多數人看好，可以多寫，畢竟未來是小詩的天下。

五、小詩的寫作要注意什麼

　　根據小詩的特質，寫作小詩除了注意一般詩作的寫作要
領外，特別要注意下面的事項：

　　第一，短詩特別注意瞬間的感悟，多數是主情的作品，
產生於片刻的會心會意，悟景悟情，寫作特重易讀、易懂、
易記及晶瑩剔透、回味無窮（謝輝煌：〈古往今來看小詩〉）。

　　第二，小詩寫作特重繪畫中的「留白技巧」，詩中要「詩
情、詩意、詩思」一字要當十字用，一個標點也可以重若千
鈞。詩中袖裡乾坤，可以變化自如。如果押韻，力戒其滑。
注重文中多義性，務使耐品、耐讀、耐存、耐傳。要使小詩
像蜜蜂，身軀小，績效高，翔舞自如，蜜汁誘人（張健；〈小
詩十六說〉）。用心經營「爆發點」，務使爆發威力，牽動全詩
（羅門〈短詩短論〉）。

　　第三，注意偶發的靈感，隨時筆記下來。有時讓靈感與想像力交叉反射。一張畫，一部電影，一封信，一張風景明信片都可以引發靈感。有時一束玫瑰、一輪明月、一夜奇遇，惡魔式的浪漫，也可以帶來無限文思。隨時帶著一本「心情小站」的筆記本，不要有漏網之魚。（楊平〈驅動小詩的二十二種誘因〉）。

　　第四，寫詩要寫到意足為止，如果九行可以表達的，為什麼一定要寫十行？（非馬〈漫淡小詩〉），所以我們並不要求小詩要寫三行或五行，以意足為止，但若超過十行，則只經營成短詩，短詩和小詩仍有差別。

　　第五，要用最少的字，表達最多的意思，用字要「精準、雅緻」，務使所有表現都十分貼切（白靈：〈閃電和螢火蟲─淺論小詩〉）。

六、結語：期待小詩天下迅速來臨

　　白靈說過：「小詩無妨像閃電或螢火蟲」，不論是閃電，直劈而下，或是如螢火蟲幽幽的光芒，都帶來無限的美感。馬克吐溫也說過：「貼切的字和差不多貼切的字的差別，就如同閃電和螢火蟲之間的差別一樣。」白靈說這一段話引發了他上面那句話的聯想。如果有一件小事、小東西，都能引起你多方聯想，那麼小詩就在你的周圍，在你的不遠處，甚至是在你的方寸之間，唾手可得。小詩易寫難工，如泥鰍不易捕撈，要用心思索，勤於追捕，，才會豐收。

　　讓全民都來寫小詩，尤其是中小學教師都來寫小詩，像

遊戲一樣的寫小詩，對新詩的推廣十分有助益。1994 年 9 月
6 日下午，《台灣詩學》社舉辦了一場「現代詩教學座談會」，
會中主持人李瑞騰就表示豐富的創作經驗，可以容易開發學
生的詩學觀念以及提高寫作興趣。白靈也表示自己把寫詩，
玩詩的經驗拿來教學，例如改「把車撞了一下」為「被美撞
了一下」，改「給他一把梯子」改為「給夢一把梯子」等等，
都會讓詩好玩起來，寫詩讀詩的人口自然就會增加了。

　　林煥彰在結束了世界日報副刊的主編工作後，擬在各地
推動出版《小詩磨坊》的詩選，目前已在泰國華文詩人中出
版了兩冊。第二冊獲選的八人，每人三十首，每首後面加上
一段作者「小語」，並請重慶西南師範大學新詩研究中心的呂
進教授為其中四人寫一至三句「短評」，另外四人則由落蒂書
寫。據說林煥彰正在徵台灣地區的「小詩磨坊」作品，希望
不久將來，能看到它亮麗的出版。

　　期待詩人們希望的「小詩天下」迅速來臨。

刊於文學人
2008.09.07 中和松廈

面對大海頓悟人生

── 讀洛夫長詩〈背向大海〉

　　最近拜讀洛夫一首長詩〈背向大海〉── 夜宿和南寺，十分讚賞。這首長達一百四十行，收在爾雅版洛夫詩集《背向大海》。

　　首先詩一開始，詩人所見就不同凡響，他竟看到：

　　一襲寬大而空寂架裟
　　高高揚起
　　把整個和南寺罩住

　　從附註中得知：「和南寺坐落於台灣花蓮海濱，在孤寂中經營一種罕有的寧靜，詩人愚溪居士常年在此參佛，讀經，寫詩。2005 年深秋我曾應他之邀在該詩小住數日，當時內心只感到無比的豐盈安詳，完成此詩時，已是一年以後的事。」原來洛夫此詩是 2005 年住宿和南寺，有木魚、鐘聲、海潮音，會讓你感到猛省，如同街上許多猛然回首的臉，身上的許多感覺都彷彿沒有了，空了，飄飄乎人似存在又似不存在，好像有許多感觸，又像沒有感觸，活在此刻，只有心想同落日

一塊兒下沉。

　　這是我從第一行讀到第 33 行的初次體會，可是再讀幾次，發現這一部份有完滿自足的宇宙；作者先是「面對大海」，寫出了他的感觸，接著又寫「背向大海」，又有不同的感觸，兩種不同的感觸構成了詩作兩極反差對比，因而形成了無比震撼的效果。這種從「所謂的受想行識全都沒了」到了「一把抓住落日說我想和你一塊兒下沉」的介於「悟」與「不悟」的「「混沌狀態」，寫盡了作者在面對大海與背對大海的「混沌心緒」，讀來五味雜陳。尤其詩人把木魚聲、鐘聲、海濤聲、海龜爬行的沙沙聲等意象，鮮活的描繪出所見所思，佛經的「四大皆空」彷彿在字裡行間，詩似乎有所指，又好像沒什麼特別指涉，特別有味，尤其反覆誦讀，又好像看到作者似乎看透人生，又好像看不透，生命之迷人，應該就在這裡。

　　從 34 行到第 63 行可以算是第二部份，可以繼續前面的詩行解讀，也可以獨立成篇看待。我們先按著順序讀：詩人接下來看到夕陽、岩石、沙灘，以及沙灘上的腳印，想到這一生，如同這些腳印，有慾望、驚愕……悔恨、迷失……等等，人生的岩石中，彷彿暗藏一卷經書，燃燒著智慧的火燄；整段詩讓人隨詩人之筆觸，引入一種深深的思考頓悟中。一生中的感觸，利用沙灘上的腳印呈現出來，而人生的體悟，也以岩石中的一卷經書來暗示，味道特別濃烈。

　　尤其詩中以六個腳印來陳述自己人生的茫然，從「第一個腳印，一種慾望」開始，接著是「驚愕」、「緘默」、「悔憾」、「遺忘」到「第六個腳印／一個在時間中走失的自己」，看似真的茫然，其實詩人在詩中準確的表達，這種茫然，正是瘂

弦在〈詩人手扎〉中所說的「有時候一首詩所產生的唯一感應便是茫然。而準確有效地傳達了此種茫然，那首詩的駕馭者便可以說是獲得了美學上的完全勝利。」

接下來從第 64 行到 83 行是第三部份，仍然是一種人生空無的書寫，自己躺在一塊巨石上，和魚群一樣，除了一身鱗，沒有什麼可以剃度的，人生如同木魚吐出的沉鬱泡沫，季風抓起大海滿臉的皺紋，人生竟如同海藍透了之後的絕望。寫出了後工業社會轉型期時人生價值的快速變動之思考，人類精神荒原在面對大海的浩瀚時，最有感觸。

此刻作者表示對「海藍透了之後的絕望」，其實是對人生的絕望，對存在的空無產生絕望，和許多人所說的：「人生本來就是一場空，從生下來就在等待死亡，人生本來就沒什麼意義」……等話，詩人寫出了對生命的反思和警醒。

第四部份從第 84 行到 109 行，仍然在寫「人生的空無」，從面前的墓碑，到史前留下來的空塚，其中所埋葬的是「無知卻是先知的海／一頭溫馴的獸」，最令人讀後再三思考。

詩中以木魚的敲，來論述人生的存在是有還是無，以木魚破與不破，敲與不敲，空與破，一再辯証，讀來隨之停頓，思考，再停頓，再思考，彷彿也若有所悟。詩人如何確立人之存在，或根本無需確立存在或不存在，和木魚之敲或不敲，破或不破，空或不空，都值得再三反思。一章迴環反覆再一章，詩的味道於焉出矣。詩讀到這裡，可以說已如喝酒，快要進入微茫的階段了。

詩讀到此，隱約中感受到詩人對存在的畏懼，存在本來就是沒有意義的，因海德格說：「凡是世界之內上手的東西，

沒有一樣是真正可畏的，真正可畏的是存在的本身，世界的本身。」詩人此時的感悟，已接近了生命的本真。

第五部份從 110 行到結束的第 140 行，詩已接近尾聲，詩人思考人生不平靜或如海浪之蠢蠢欲動，總之海有其宿命，我有我的無奈，不論鹹或苦澀，存在或本質，即使體悟到人生空空如也，還是會感觸而下淚，還是無法空到無情、冷漠，背向大海，還是會用心去傾聽那再度響起和南寺鐘聲。

整首〈背向大海〉讀來只覺人生是空無的，而空無的背後就是一個「畏」字。面對生死的畏懼，就如海德格在《存在與時間》乙書中所說的「在畏懼中，人茫然失其所在」，這種畏懼其實很抽像，看不到，摸不著，但海德格說「它已經在此，又在無何有之鄉」，不知在何處，才正是恐怖之所在。這種恐怖，可以在任何名山大川，海角天邊，無來由的產生，因此海德格又說：「畏懼，可以在無關痛癢處升起」，因此詩人在面對著一般人的信仰中心和南寺，面對著大海，生命的感觸可能無端興起，但經過一年多的沉思，終於完成了一首 140 行的長詩，令人驚艷。我在反覆誦讀之後，深深覺得詩人巧妙將人和海做虛實代替交換，來描述作者思想在那瞬間的感悟轉變，其中以指南針亂指一通最令人咀嚼不盡，以之來暗示人生方向的茫然，巧妙至極。

在讀完全詩之後，我覺得此詩尚有如下的優點可供探討：

第一，詩人選擇大海為場景，讓人生的變化如海浪之翻滾，可以有多方面的指涉，甚至配以鐘聲、木魚聲、海潮音、海龜爬行的沙沙聲，聲音的指涉，再配以畫面，如夕陽、落日、腳印、岩石、海面全黑……等，畫面的呈現。如此有聲

音、有畫面、有顏色，再加上詩人人生成熟的思想，詩的可讀性，再三反思性增加，可以讓人反覆誦讀，回味再三。

第二，詩句的長度，有短到一個字，也有長到十六個字的，讀起來有時要一口氣憋得很長，有時又很急促，暗示人生即是如此，同時作者在詩中反覆辯証的人生榮辱、興衰、成敗、空或不空，也是忽長忽短，人生本來就是如此。這種從詩的內涵和形式加以統一的強化手法，更能彰顯詩的效果。

第三，意象鮮活生動，一直是洛夫作品的特色，本詩亦然，從作者描述對和南寺的感覺，即以「一襲寬大而空寂的架裟，罩住和南寺」開始真正是十分巧妙的意象，架裟是實，但罩在和南寺上的架裟卻是虛的，而感覺又十分具體真實，其妙處正在以虛為實，在讀者心中造成了鮮活生動的心像……

第四，讀完全詩，感覺此詩正好印證洛夫的詩論〈超現實主義與中國現代詩〉裡的話，是一首「詩人通過超現實主義的技巧，擴展心象，濃縮意象，增強詩歌的純粹性，引入『直覺暗示性』來提昇現代詩的表現能力」的詩作。

第五，這一首詩題目是〈背向大海〉，但其實內涵是「面對人生」，對千變萬化的人生之種種頓悟；說是人生空空，又不盡然，包含太多的東西，簡直和瘂弦在〈深淵〉一詩中的企圖相似。瘂弦在〈現代詩短札〉中曾說：「對於僅僅一首詩，作者常常要它承載本身原本無法承載的容量；要說出生存期間的一切，世界終極學愛與死，追求與幻滅，生命的全部悸動、焦慮、空洞和悲哀！總之，要鯨吞一切的錯綜性和複雜性。如此貪多，如此無法集中一個焦點。」洛夫的〈背向大

海〉表現對生命的「悸動、焦慮、空洞和悲哀」與〈深淵〉相似，雖然表現手法不同，寫作的單一性卻和瘂弦詩作面向的多面性產生相同的結果，實令人贊嘆。

限於才學，許多可談而未談的，希望高明先進也來探討此詩。

2008.07.18 中和初稿，11.30 修訂
刊於乾坤詩刊

註：本文原題目是〈一粒鹽在波濤中尋找成為鹹前的苦澀〉，現在改為〈面對大海，頓悟人生〉。

再度出航譜新曲

── 評介《流轉的容顏》

　　年少愛詩的張清香在寫了一些雋永有味晶瑩剔透的短詩之後，就結婚生子，爲了教育兒女，照顧家庭，停筆了好一陣子，直到十七年後才再重拾詩筆。女詩人蓉子說：「這真是女詩人的宿命！」但是，再度出發的張清香，竟然讓「詩壇部份人士有驚艷的感覺」，詩人一信這麼說。

　　從張清香最近出版的第一本詩集《流轉的容顏》一書中，可以看出張清香之所以「引起詩壇驚艷」，實在是因爲她把這多年來的人生體悟，孕育成美好詩篇的緣故。有別於夏宇的巔覆傳統，張清香是十分中國的。如果說夏宇是波濤洶湧的海浪，那麼張清香應該是潺潺的小河流水了。這麼有特色的詩人，當然引起詩壇的注意。詩評家古遠清就說：「作者（指張清香）以哲人的睿智和詩人的敏感…洋溢著對生命的熱愛…生命的意義和精神價值，給詩壇帶來獨特的感受…」。在這麼多詩人、評論家推荐之下，我終於很努力的研究起她的詩集《流轉的容顏》。我之所以說「很努力的研究」，是因爲我再讀了第二次，希望找出一些張清香成功的因子。

　　第一點原因，我認爲張清香「走自己的路，寫自己的詩」，

她很實在的把生活入詩，不在語言上出怪招，她不管什麼現代、後現代，現實或超現實，她走她自己穩健的路子。例如「海韻三唱」末段，「當一切宛如輕煙散盡／酡顏不再，童趣已遠／也會將浴缸臥成海洋／我是悠遊的一尾魚／斜傾成不凋的海星」這種語言明朗有味，讓讀者再三吟詠的詩句，隨處可見，在讀厭了詰屈聱牙，艱深難懂的現代詩之後，當然有「驚艷」的感覺了。

　　第二個原因是她的詩作均以生動的意象取勝，詩作不是不可淺白，但要淺而有味，然而很多詩人就是沒有這個功夫，不能收放自如，寫得艱深了很有難懂的毛病，因此有人批評「僵斃的現代詩」，「失之空洞乏味」。張清香詩集中的很多作品，純然以意象取勝，例如「山盟」一詩中的兩句「無言是比海更深的漩渦／溺斃我於無底的黑洞」多麼生動，這裡的「漩渦」和「黑洞」已是足夠證明作者「無言」的「痛苦」和「無奈」了，何必再多費詞說明？再如「點燈記」中的兩句：「迷航的警鐘撞擊垂死的思維／敲醒魚眼般長夜未闔的懸掛」以及「繁花落盡又是春」乙首的四句：「夢醒繁花落盡處／拾掇不起片片墜地殘紅／被剝離傳統的苦楚浪濤般湧至／汩汩鮮血流自我殘破卻留餘熱的悸跳」，都是語言明澈，意象鮮明的詩句，把生活的感受，巧妙的表達出來。

　　第三點原因是她的句構自成一種新的音樂法則，徐志摩的「再別康橋」，鄭愁予的「賦別」以及「余光中」的「等你‧在雨中」之所以為讀者喜歡，那是因為在現代新詩人中，少有作品有那種迷人的氣氛，而那種「迷人的氣氛」是建立在音樂法則的突破上面，有別於傳統詩的韻腳、平仄。張清香

的詩句又和上述三位詩人的音樂性不同，她把句子分開以造成「延宕」、「頓」的效果，例如在「我兒」一詩中末段：「母親心中／兒子是宇宙／浩瀚　無窮」，這種單音節的排比「頓」的效果非常明顯，藉以延伸暗示的意義，因而詩味更雋永。這種技法亦見之於「鄉情」一詩的倒數第二節：「曾傲　先人烽火浴身而無懼／曾怒　曾悲／戰爭的殘酷　流離的辛酸」，使讀者在朗讀之後，腦中即有強烈的印象。不像某些詩作，讀了和沒讀差不多。

　　以上三點是個人的淺見，至於詩人蓉子在序言中所說的優點，諸如頗能表露作者對詩執著的情懷，寫得很有感情，語言雖平白，卻獨具創意，從日常生活經驗中提煉詩思，以及許多詩作寫得十分簡潔，沒有贅言廢句等，筆者都深有同感。至於評論家古遠清以及詩人一信的序都頗能道出詩集中的優點，不再贅述，讀者可以自行品評一番。

90.03.20 台灣時報副刊

探索台灣土地之美

── 讀汪啓疆新詩集《台灣‧用詩拍攝》

一、前　言

　　剛在 2008 年 10 月出版《疆域地址》的汪啓疆，又在 2009 年 7 月出版《台灣‧用詩拍攝》，令人對其努力創作，用筆勤耕台灣之苦心，感動莫名。

　　李進文在序中說：「這次，汪啓疆又不同了，他拿著鏡頭上山下海走透透，以詩一點一滴記錄下這些年來他所生活、所愛的土地。」（見李序〈為下一部史詩進行田野調查〉）。由於這樣的不同，我深深的喜愛上了這本詩集。於是，隨著他的詩，我又到了那些我常去的地方。

　　這些地方，雖然常去，有的甚至去了幾十回，但我只是走馬看花，用心不如汪氏。我發現他在詩筆的運鏡、對焦中，加上深深的愛和關心，有些地方，自己竟然彷彿初來乍到，十分陌生。

　　於是，我每天讀個一首兩首，摩娑著每一個字或詞，彷彿摩娑著台灣的每一寸土地。於是，我彷彿在每一首詩中，

看到一具具三稜鏡，顯現出五花八門的奇光異彩。彷彿雨後的彩虹，顯現出這一塊土地，在每個地方，每個時節，因時間不同的塗抹，而顯現出七彩的艷麗。

於是，我從書中的主題如時間，如回憶，如作者心靈的影像，如死亡議題，如人生的無常，如地方誌式的史詩書寫，如作者近年來視野的開拓等，從這些方面努力鑽研汪氏詩作的成績，詩藝的展現，草成此文，以就教於高明先進。

二、書中的主題

時間和所有文學藝術家一樣，時間一直是汪氏書寫的主題，明的就連詩題即以〈時間書〉直接寫出，內容更不用說了：「時間正一樣的忘卻你我名字入睡」、「輕輕剝裂燈火裡的聲音，時間」、「時間／剝到最末　悲喜／還剩下什麼？」，至於暗裡以時間主題書寫，或因時間的逼視在詩中形成張力，更是不可勝數。

全書只分七輯，但和時間有關的字眼為輯名的就有輯二：「聽時間說話卻聽到自己的呼吸」、輯三：「用年輪磁碟記錄台灣／族裔身貌」、輯六：「日曆月曆年曆記事曆」。

即以第一輯的〈蟬諾〉一詩，我們都會讀到汪氏以時光命題，帶給我們對生命深刻體悟的感動。我們會對蟬的鳴叫和汪氏的聲音相結合，體悟生命短促，卻仍「吟唱最後的完美」，感謝神的恩典，讓我們有「森林與樹因之具有意義，整個環境／充滿了豐富幸福，自由／渾厚」。汪氏對蟬鳴和自己的發聲，在詩中說：「怎麼能沉默。我急於讓生命響徹」，是

的，他以虔誠的宗教情懷發聲：「我是你等待走開的一扇門」，他的那扇門，讀者如果打開了，將看到如同神的恩賜，看到了「所居住的地方，軀殼內外，我的太陽／灌滿風、歌和雨水，我是白日解夢的鑰匙」。

是的，汪氏整冊詩集，都灌滿時間的主題，以誠敬的神思，傳達他的喜樂、哀傷。李進文就在序文中肯定汪氏詩中特有的質地，與國際名導安德烈‧塔可夫斯基透過攝影，傳達一種帶有宗教情懷的詩意感動十分神似。

這種感動，我們在〈園林〉乙詩中，也透過汪氏的詩句，被神撫觸到了：「這光線是如此熟悉的經過／我們家鄉，我們學校，我們昨天／此刻，你全然知道了：你已使我感覺到／通過了我，樹木的／跟已扎得好深」。像神諭一樣，沒有一個地方不是如此，無遠弗屆，廣被神的恩典。這是奉主甚篤的汪氏，在主面前誠懇的宣誓他對這片土地的愛，也因為有這一分宗教信仰的誠篤，才會有一連串的詩篇，寫出對台灣土地的誦讚。

本來就有「海洋文學座標」美譽的將軍詩人汪啟疆，如今退役了，他從海上返回他所熱愛的陸地台灣，於是用詩用心去拍攝這塊土地，是十分自然的事。我們對以往的台灣印象，往往要靠老照片來捕捉，因為，幾十年來，台灣改變得太快了，你以前所看到的山、河、稻田，往往已經變成高樓大廈。高速公路、快速公路、捷運穿梭其間，令人唏噓不已。照片當然有其補助回憶內涵的功能，但羅蘭‧巴特說：「攝影會留下肯定而短暫易逝的證據，但不久將不再能以象徵性的觀點和感情的角度來想像時間的長短。」因此，詩將可以補

足照片的不足功能，李進文在序文中說，可以「保留住象徵性與綿長的感情細節」。所以，我翻閱汪氏的整冊詩集，遺憾沒有任何照片和詩作配合，因此我們無法配合圖文，感受如他在〈底片〉乙詩中所言：「底片身邊的其他輪廓，就當作／是我隱藏的喜怒哀樂」。也無法體會如〈照片〉乙詩所言：「是已經完成形貌的隱喻／定格的美麗／心靈風景都作成了隱喻的匣帶」。是有些遺憾。

三、詩中的死亡和無常

我之所以說詩集未配上任何一張照片，有些遺憾，是因為讀詩時，往往被詩中的片段詩句，引得心癢難受。例如〈照片〉第三段：「我有一張我死亡了的照片／妻偷偷未驚動任何而在我睡中拍攝」，是怎樣的一張照片，讓作者突然聯想到死亡：「週邊的一切並未因鎂光燈而驚醒，一切都在睡／但我想起另一些事物」，哦，原來作者看到「相片」而聯想到：「父親遺照所穿那件黃毛衣原是我的／在那個時代父親穿兒子所給新衣裳相當正常／他永不捨得為自己買下任何東西」，是那樣沉重的思父親情，而不是任何頑皮惡作劇似的戲弄拍攝，我的第一個感覺竟然是開玩笑的拍攝，所以我很想看看真正照片和真正讀詩感覺之間的差距。安德烈‧塔可夫斯基說：「影像並不是導演所表達的特定意旨，而是宛如一滴水珠所映射出的整個世界。」原來拍攝者的意旨，只是水珠映射出的世界中的任何一絲光芒，讀者看到的，將是千萬光芒中的千萬分之一，若能讓讀者看到原照片，豈不更佳，收穫更多？

　　汪氏這幾年勤於用詩拍攝台灣，有些詩作確實滿足了作者和讀者的「回憶」，例如〈靜靜無聲〉：「芒果熟落，在枝椏下／芒果墜在它位置上，篤的一聲／光線、枝葉與夢都起伏不停／風把肉香與甜腐帶到遠處」，使我想到當年在北港高中宿舍，看結實累累的芒果，摘食的情景，彷彿回到我的夢中，我還聞到那些「肉香和甜腐的味道」。像這樣的詩作，比比皆是，每一個讀者都能讀到和他相關的回憶。

　　汪氏的許多詩作，往往將照片化成他心靈的顯影，但讀者也一樣可以勾起回憶，回憶近數十年來，發生在台灣的種種事件，例如〈二二八〉：「給歷史以省思和眼淚／給時間以警惕和新生，給／人性以無隔止的愛與和平吧」，讀者就不一定如作者所言「那麼簡單／就都化解恨變成愛與和平」了。

　　作者在詩中，往往關連著死亡議題的抒發，例如〈短詩〉：「秋天很美，秋天是一個靜止的季節／落葉其實是沉澱了夏天的重量，才墜出聲音。」這種睿智則有別於他在〈照片〉第六節的省思：「而我則是穿著父親給我的輪廓／坐在它墳前感受／所穿著衣服裏他的體溫」及第七節：「我在監獄內聽到獄友的一句老話／子欲養而親不在／他的臉孔，被我拍攝得／就像我的臉孔」。

　　這和作者前面處理睡與醒如同死亡一般的主題，又似乎不同，掉落的落葉，和坐在父親墳前的作者想到父親與自己的生命傳遞繁衍的關係，又似乎不同，這種生生死死，有生必有死，兒女是父母生命的延續，睡覺如同死亡，作者顯然花了不少心思去著墨。

　　面對著人生的無常，汪氏其實也很用心的處理。例如〈柿

子與葉片〉：「我看著。時間的盤皿內／完整得僅蒂臍受摘除傷損的柿子，正進行著、蝕腐著／自皮膚萎縮透往內臟的。世界的」，任何完美如「柿子」的人或物，都無法不像「柿子」，「慢慢自皮膚萎縮透往內臟」，甚麼時候「霉爛」了，無常的「掉落」，誰也不知道。或如葉片掉落：「一片片　葉子　一一下來／寄向大地的眷戀　放棄了／所有高度」，是的，任何高度的葉子都會有「放棄高度的時刻」，什麼時候來，誰也無法預測。人世的無常，莫過於此。

四、點滴拼貼台灣

李進文在序中說汪氏這本詩集是一部台灣的地方誌，是汪氏為詩寫台灣史詩的田野調查，並且以之為序文的題目，固然沒有什麼不可。但我以為，汪氏這樣從身邊的事物親人寫起，進而擴大到台灣各地名勝如七星潭、奇萊北峰，更進而台灣的動植物如蟬聲、蒲公英、水鬼、白頭翁、山芙蓉，更進而追進歷史，如二二八，可以說是台灣整個歷史、地理、人文環境、自然環境的拼貼，自然比「台灣史詩」更宏偉，更具價值的整個台灣書寫，整個大題目就叫「台灣・用詩拍攝」，不是比什麼史詩更有看頭？

這樣的書寫，讓我們見證了生命的奧妙，如〈短詩〉中的片段：「上帝讓我靜坐觀看一切光影的消失及互動…／上帝創造了彼此小小的肉體場景。」並且也看到了生命的初生之美，如同一首詩〈短詩〉中的第三段：「孩子撿來一隻尾部稍稍折損、僵硬了的紅紋鳳蝶／孩子笑白筍手指多輕的處拿，

美學意識的疼痛。」可以看到台灣的小孩，比幾十年前的小孩，又是不同」。

　　也可以從書中看到台灣的美，如〈七星潭〉中的句子：「海的玻璃杯，一塊薄冰映出滿杯的／絲，光線已自額上揭開立霧溪全身鱗片」。又如〈清水斷崖〉末段：「永遠有一行雁／是往外飛的，在天空尋歸宿／改動了排列。清水斷崖啊／因為這邊岸和漂石不動／季節才能留住海浪／向我寧靜對談這一年的台灣嗎？」賞景不忘關心家園台灣，汪氏所說的「這一年」，到底是哪一年，哪一年的台灣，不是每一年的台灣都讓人「驚心動魄」嗎？

　　作者的書寫，也讓人回憶到從前，如〈記得〉的第一則：「田溝裡鷺鷥叼起小青蛇的，剎那／把身子躍入敞開的小河的，剎那／一下子愣住了，那漂來的香蕉軀幹／抱住它，喜悅順河流走／笑聲叫聲的，剎那／／童時，我們卻是什麼都曾擁有」。讀詩的剎那，彷彿也同作者一起躍入那敞開的時光小河，順河喜悅的流走。

　　我們也隨著汪氏，回到五十年前我們就讀的小學，如〈曹公小學〉乙首第三段：「這是五十年前小學，這土地／此刻真小，小如茄苳的手掌／我站在紋路盡頭，瞧看自己／二年級到六年級的天地，一切都陌生／而回憶熱著，時間內擰出我對學校的／每一寸丈量，我身體裡那個小孩要放出來」，多麼生動，也多麼感動。

　　那麼小的小學，卻培養出大人物的海軍艦長，中將官階的詩人汪啟疆，每個奮鬥過的人，回到那麼小的小學，心中有多少回憶？多少感觸？

如果回到你生長的小鎮呢？作者在〈柴頭埤，鳳山鎮〉乙詩，帶我們回到它生長的小鎮，也彷彿讓每個讀者回到他自己生長的小鎮：「你仍坐在那／水閘的墩椿後，白天／你吃著布袋蓮紫花，夜晚／火金姑從你身體內，將柴頭埤／閃動在水光間，七十六公頃面積」，不論面積多大，每個人心中都會閃動著他自己的柴頭埤。這是他生長的地方，讓他永遠忘不了的地方，他怎能不加以用心「詩」寫？

汪氏如此用心的拍攝台灣，點滴拼貼台灣，如此串連成一首長長的史詩（Epic），誰曰不宜？

五、企圖逃避禁錮而無法逃避

汪啓疆是個詩人，詩人愛好自由，卻不幸也是個軍人，尤其是海軍重要幹部，曾任艦長，幹到中將退役，這兩種身分是否會發生排斥糾葛，一直是我心中想要探究的問題。

於是我從汪氏的作品中，讀到詩作骨子裡有種思想被禁錮，靈魂極需要出口的潛意識。他的許多詩中，隱隱透露出在現實體制下，無法言宣的悲傷。他的許多詩作，或明或暗都在告訴我們，他的人生被扭曲，身體被職務綁架禁錮，極欲奔逃而出的渴望。但這種渴望，一直到他退役，都不曾付諸實現，因此他詩作中的悲劇精神之產生，緣由在此。

以〈潮汐〉乙首兩段詩為例，夜的意象代表讓人安心的隱喻，而蜘蛛則是囚禁的象徵。作者企盼在夜的擁抱中「委屈入睡」，而「蛛絲黏成每根入夜的頭髮，纏住了枕頭」，是他夜不安寧的重要原因。在現實的逼迫中，以兩種背反的意

象來對比，讓人印象深刻。當然，其中也不乏稍稍露骨的表示，例如〈心象〉乙首的前兩句：「人的臉被心所捏塑／面容有承納和忍耐」，足夠說明我前面的論點：「他的詩是內在心靈反射的寫照，寫出他在現實人生中的悲傷和隱忍。」

〈海軍車廂〉更是一首利用孩子和母親的意象，來訴說汪氏心中逃避的主題，逃避成人世界的被監視、行動被干涉；唯有如同孩子，在母親的懷抱中，才能享有自由、安全與舒適。這個車廂，象徵一個社會，一個世界，車廂不論在什麼情況下，都寧靜的向前走，「爭吵是輪和鐵軌」則代表環境的喧鬧、衝突，但不論外界如何不平靜，如何險惡，只要心如孩子，單純潔白，即可能逃脫人生的困頓，末尾四行「心鬆開來展放了月光／心鬆開來展示著／持續湧過的海洋」是汪氏內心潛在的盼望，暗示在嚴格規律的軍人生活下，盼望逃避那種規範，解脫內心的自我壓抑，心鬆開來，舒坦如月光下的情境，如持續湧動的海洋，富有生命的韻律。

其他反映身體桎梏，精神困居牢籠，極欲求得心靈解放的作品，還有很多，限於篇幅，請讀者自行參考比對。

六、結論：海洋詩延伸到土地台灣詩的美學

曾在海軍服役，有「海洋詩座標」美譽的汪啟疆，退役後，心力著重在對人與土地的關愛，因此海洋詩和土地台灣詩之間，其實有很多共鳴、感應、薰染、浸漬之互動，因之呈現許多不同層次、層面的交疊、交錯、交織、交融的現象，有心人可以慢慢爬梳其中的詩作美學因緣。

　　汪氏是中生代詩人群中，少數成就突出的幾位之一，寫作方式平實細膩又充滿深情，不論對海洋或對土地台灣，他常以一喻百，以十九世紀正宗歐洲單一贅敘（iterative）模式的寫實主義，有時也受到一些超現實主義的薰陶，但總的來說，其寫作技巧雖有時隱含多種他意，也再三轉折，不易捉摸，但尚不至於「沒辦法理解」。

　　他的詩作，我認為有四種特色：第一，普遍環境共相下的特殊人物、地點、史實之書寫，也就是同中之異。第二，材料單一，卻有代表性。第三，對生存環境、歷史與個人關係之探索檢討。第四，對台灣詩的重新塑造，有別於某些刻意的悲情及冷冷的旅遊寫作成品。

　　汪氏整冊詩集，隱隱約約透露他生活的不快樂年代，身體心靈同受禁閉，而內心渴求光明自由的一絲絲願望，那麼的不易得到。如今汪氏已脫掉「制服」，正可以大大的發揮一番，不必再作虛偽臣服的「囚犯」。

　　　　　　　　　　　　　　98.10.14-16 台灣副刊

波　濤

── 小論海洋詩

　　寫詩要在心中有一片汪洋。因爲有心中有一片汪洋，你的詩才會波濤洶湧起伏，千變萬化，令人嘆爲觀止。

　　舉洛夫的〈背向大海〉一詩爲例，當他寫這一首詩時，心中正如「和南寺」前的太平洋波濤，那時的木魚聲、鐘聲、混合著海潮音，正在洛夫的胸中，形成一片詩人的汪洋。那時的海洋，讓他似有若無的感觸，彷彿面向大海又背向大海的兩極反差對比，使詩的張力形成了無比震撼的效果。

　　大海使洛夫的詩，字裡行間似乎看透人生，又好像看不透，極寫生命之迷人可愛，又隱隱約約指向「四大皆空」，詩變成和海洋一樣深不可測。

　　大海也使洛夫的詩，呈現人生的多個面向，如慾望、驚愕……悔恨、迷失，如同海洋上的夕陽、岩石、沙灘、沙灘上的腳印。海洋讓詩人彷彿讀著岩洞中暗藏的經書，彷彿尋到了那燃燒著智慧的火焰，獲得了某些頓悟。

　　大海也使詩人在他的詩中，表現出了面對人類精神荒原時，只有浩瀚的大海，對他最有啓發，使他對生命最有反思和警醒，使他進入了生命本真的感悟，使他寫出了像海洋一

樣千變萬化的詩,在詩中表達,詩人無法空到無情的矛盾境地。

這就是海和詩的迷人處,洛夫的〈背向大海〉乙詩,已充分做了說明。多年來我一直在想著「詩和海洋」到底有什麼關係,又可以結合成什麼關係,但在讀多了表面歌讚大海的詩,又覺得不如不寫,直接去看海。直到讀到洛夫的〈背向大海〉,我終於大膽的說:「海的千變萬化,正如詩的千變萬化」,許多詩人、在詩海中,都將只撿到一枚小小的貝殼而已。

只有洛夫的詩,才像大海一樣,千變萬化,讓人目不暇給。海洋是一本充滿無限哲理的大書,詩當然也要像海洋一樣隱含無限哲理,才會時時觀看,都會有不同的景象。

99.05.12 台時副刊

附錄：本書作者寫作年表

· **一九四四年**生於嘉義縣新港鄉大潭村。
· **一九五七年**新港國小畢業。
· **一九六〇年**嘉義中學初中部畢業，九月進入嘉中新港分部
就讀。
· **一九六一年**七月重考南師，九月進入南師，開始發表習作
於校刊。
· **一九六二年**開始在南市『青年天地』發表習作。
· **一九六三年**在『野風』發表習作。
· **一九六四年**南師畢業，分發嘉義縣社團國小服務。
· **一九六五年**在『中華副刊』、『中央副刊』發表習作。
· **一九六七年**服務國小三年期滿，參加聯考，進入高雄師大
英語系就讀。
· **一九六八年**在『作品』、『葡萄園詩刊』發表習作。
· **一九七一年**高師大畢業，分發省立民雄高中服務。
· **一九七二年**服預官役。
· **一九七四年**八月退伍，進入省立北港高中服務。
· **一九八〇年**加入風燈詩社，作品開始在各報章雜誌發表。
七月應邀擔任台南市文藝營指導老師。
· **一九八一年**四月出版《中學新詩選讀 —— 青青草原》（青草
地出版），七月應邀擔任台南縣文藝營指導老師；十

月出版詩集《煙雲》。

・**一九八二年**七月擔任雲林縣文藝營指導老師；十一月出版
　散文集《愛之夢》，十二月創辦『詩友季刊』，前後出
　版十三期；詩作入選《感月吟風多少事 —— 百家詩選》
　（張默編）、詩作入選《葡萄園二十年詩選》（文曉村
　編）。

・**一九八三年**詩作入選爾雅版《七十一年詩選》（張默編）。
　七月應邀擔任中部五縣市文藝營指導老師。

・**一九八四年**詩作入選爾雅版《創世紀詩選》（瘂弦等編）

・**一九八五年**詩作入選爾雅版《七十三年詩選》（向明編）

・**一九八六年**詩作入選爾雅版《七十四年詩選》（李瑞騰編）
　及文史哲出版社出版《中華新詩選》（新詩學會編）

・**一九八七年**三月應『台灣日報』邀請撰寫青少年專欄「讀星
　樓談詩」，時間一年，每週一文。五月詩作入選張默編
　著：《小詩選讀》（爾雅出版社）

・**一九八八年**詩作入選文史哲版《中華新詩選粹》『新詩學會編』

・**一九九二年**詩作入選《葡萄園三十年詩選》（文曉村編）

・**一九九四年**六月出版《春之彌陀寺》（雲林縣文化中心）

・**二〇〇〇年**二月自北港高中退休。六月獲「詩運獎」；六
　月起在『國語日報』撰寫「新詩賞析」專欄。十一月
　隨文協訪問團赴北京、湖南、四川、廣西訪問。

・**二〇〇一年**三月起在『台灣時報』副刊撰寫「讀星樓談詩」
　專欄，四月應邀擔任新詩學會優秀青年詩人獎評審。
　九月隨文協訪問團赴北京、新疆訪問。十二月出版評
　論集《兩棵詩樹 —— 詩神的花園》（與吳當合著，爾雅
　出版社）

- **二〇〇二年**六月出版《落蒂短詩選》（列入中外現代詩名家集萃台灣詩叢系列29中英對照版），六月獲中華民國新詩學會頒贈「詩教獎」，八月詩作入選葡萄園四十周年詩選《不惑之歌》（台客編），十一月詩作入選文史哲版《中國詩歌選》（潘皓編）

- **二〇〇三年**二月出版評論集《詩的播種者》（爾雅出版社）；五月獲中國文藝協會「文學評論獎章」；五月詩作入選爾雅版《九十一年詩選》（白靈編）；九月應世界日報主編林煥彰之邀在『湄南河副刊』撰寫「小詩賞析」專欄；九月赴珠海參加「第八屆世界華文詩人會議」；十一月加入《創世紀詩社》

- **二〇〇四年**四月應國語日報邀請為「古今文選」賞析名詩人名詩。六月詩作入選《二〇〇三台灣詩選》（向陽編）；十一月應邀赴泰國曼谷為泰華詩人專題演講。十二月應邀評審台北市「高中職詩歌朗誦比賽」決賽。十二月詩作入選「水都意象──高雄」（高雄廣播電台主編）

- **二〇〇五年**七月出版《追火車的甘蔗团仔》（生智文化出版），四月應邀擔任文藝協會新詩獎章評審；五月擔任雲縣私立正心中學新詩大獎評審。十二月出版《詩的旅行》（台南市立圖書館出版）

- **二〇〇六年**三月隨文協訪問團赴北京、江西、貴州、廣西訪問。六月應邀擔任新詩學會《詩報》編輯，七月應邀至廣州參加「第十一屆世界華文詩人會議」。八月應邀擔任文協「青年文學獎」評審。十二月應邀評審台北市「高中職詩歌朗誦比賽」決賽。

・**二〇〇七年**三月隨文協訪問團赴北京、四川、安徽、浙江等地訪問。並參與在北京現代文學館舉行的綠蒂詩作研討會。五月應邀擔任台北縣林家花園詩獎評審，六月詩作入選《二〇〇六年台灣詩選》（焦桐編），六月應邀撰寫中華副刊「讀星樓小品」專欄。十月應邀參加華山古坑咖啡詩朗誦。十二月應邀評審台北市「高中職詩歌朗誦」決賽。

・**二〇〇八年**四月出版散文集《山澗的水聲》（文史哲出版社）。五月應邀擔任文協《文學人》主編。九月應邀參加「兩岸文化協商會議」台灣代表團，赴澳門開會。十二月應邀參加「黃山第一屆國際詩會」。

・**二〇〇九年**六月詩作〈一朵潔白的山茶花〉入選《2008台灣詩選》（向陽編）。九月應邀至明道大學參加「管管詩作討論會」發表論文。十二月應邀評審台北市「高中職詩歌朗誦比賽」決賽。

・**二〇一〇年**五月詩作〈紅毛城〉入選《2009年台灣詩選》（陳義芝編），六月應邀至國立台灣文學館參加「榴紅詩會在府城」。十月應邀至明道大學參加「張默詩作研討會」暢談「張默的精彩人生」，論文〈野渡無人舟自橫——張默論〉發表在《文學人》第11期二〇一三年五月號。十一月應邀至福建媽祖文化節朗誦詩作。月中與詩人林煥彰應王潤華教授之邀赴元智大學談詩。十二月應邀擔任第30屆世界詩人大會顧問。

・**二〇一一年**二月詩作〈茶香飄進詩境〉入選《2010年台灣詩選》（蕭蕭編）。四月出版詩評集《尋找詩花的路徑》（文史哲出版社）。六月應邀至台南國家文學館參加

「榴紅詩會在府城」，並誦詩。九月出版詩評集《六行寫天地 —— 泰印華人新詩美學》（文史哲出版社）。

· 二〇一二年二月詩作〈廣場〉入選《2011 年台灣詩選》（焦桐編），二月出版詩評集《大家來讀詩》（文史哲出版社），五月詩作入選內政部營建署一〇二年國家公園週創新遊憩系列活動 30 秒行銷短片。六月出版散文集《落蒂散文集》（文史哲出版社）。六月散文入選《一定會幸福 —— 聯副 50 個最動人故事》，六月應邀台南國家文學館參加「榴紅詩會在府城」，並誦詩。七月「台灣工藝發展中心」邀請為《紅豆愛染》詩選寫詩。八月國家圖書館要求捐贈創作手稿。九月出版詩評集《靜觀詩海拍天浪 —— 台灣新詩人論》（文史哲出版社）。十一月出版《台灣之美》詩寫台灣（新北市文化局出版）。

· 二〇一三年三月詩作〈短章〉入選《2012 年台灣詩選》（白靈編），出版散文集《落蒂小品集》（文史哲出版）。十二月起擔任《創世紀》詩雜誌社社長。同月獲台南大學傑出校友。

· 二〇一四年三月詩作〈傷逝〉入選《2013 年台灣詩選》（向陽編）、五月與彭正雄等合力創辦《華文現代詩》季刊創刊號出版，九月到金門參加「金門建縣百年詩酒文化節」，十月參加「創世紀六十周年社慶」，也參加嘉縣「梅山公園文學步道」開幕並在會場朗誦詩作，十一月在內湖碧湖公園「創世紀的魔幻經驗感受」演講並朗誦詩作。十二月校對即將由文史哲出版落蒂的新書《書香滿懷》。